JN320479

高齢者福祉論

永和良之助／坂本 勉／福富昌城 著

ミネルヴァ書房

はじめに

　社会福祉士養成の授業科目と授業内容は，今春から大きく変化している。根拠法である「社会福祉士及び介護福祉士法」(1987(昭和62)年制定)が，施行からほぼ20年たった2007(平成19)年に大幅に改正され，今春4月から施行されているからである。この法改正により，これまでの「老人福祉論」も「高齢者に対する支援と介護保険制度」に改変されている。

　今回の法改正では，「実践力のある社会福祉士養成」が強調されているのが特色で，「高齢者に対する支援と介護保険制度」においても，高齢者福祉の基本的理解に加えて，高齢者介護(問題)に対する幅広い学習が求められている。人口構造の高齢化が急激に進行したことにより，これまで以上に介護(ケア)サービスの整備・充実が高齢者福祉の中心課題となっているからである。

　高齢者分野に従事するソーシャルワーカー(社会福祉士)には，従来から介護(ケア)の知識と技術が求められていたが，今回の法改正により，その傾向は今後，一層強まっていくだろう。

　本書は，こうした時代の変化をふまえて編集・執筆しているが，編集・執筆にあたっては，とくに次の2点に留意した。

　第一に，本書は佛教大学の通信教育で高齢者福祉を学ぶ学徒たちのテキストとしても用いられることから，何よりも「わかりやすさ」と「興味深い」内容になるように留意した。通信教育はテキスト履修が学習の中心となり，ひとりで机に向かう孤独な日々を余儀なくされるだけに，「わかりやすさ」と「興味深さ」がもっとも重要と考えた。またそうしたテキストであれば，高齢者福祉をはじめて学ぶ通学課程の学生は無論のこと現場従事者も理解しやすいと考え，「わかりやすく」「興味深い」内容になるように留意した。文章をできるだけ平易にし，図表や写真，新聞記事なども数多く使用しているのはそのためである。

　第二に，それに加えて，「深く」理解できるように留意した。今回の「老人福祉論」から「高齢者に対する支援と介護保険制度」への改定内容には評価できる点が多いものの，幅広い知識や実務能力を求めるあまり，「広く，浅く」

i

となり「深さ」に欠ける傾向が見られるからである。はじめて高齢者福祉・高齢者介護を学ぶ学徒に，過度に「深い」理解を求めることはできないが，学問である以上，平板・浅薄な理解にとどまっていてはなるまい。また，それでは当の高齢者が迷惑をし，不利益を被るであろう。

わが国の高齢者福祉・介護制度は，1990（平成2）年からはじまった高齢者保健福祉推進10カ年戦略（ゴールドプラン）以降，めまぐるしく変化している。とくに2000（平成12）年度からはじまった介護保険制度により，高齢者福祉・介護制度は急激に変化した。そのために，研究者をはじめとする福祉関係者も，制度設計者（厚生労働省）の動向ばかりに目を奪われがちだが，高齢者介護サービスを底辺から支え，発展させてきたのは，何よりもこの国の福祉がまだ貧しかったころから改善に努力してきた現場従事者たちの熱意による。

高齢者福祉・介護（問題）を正確かつ深く理解するためには，法制度の仕組み・変遷の正確な把握とともに，その制度とつき合わせての現実（実態）把握と，現実の不条理さや矛盾に対する福祉人（現場従事者）の闘い（実践）の把握が不可欠である。そうした「底辺からの視座」を欠いているテキストは，無味乾燥であり，単なる解説書にすぎないであろう。

本書がどこまで「深い」内容となっているかは，読者諸氏の評価を待たなければならないが，「わかりやすさ」と「興味深さ」に加え，「深さ」のあるテキストとなるよう，執筆者一同，努めたつもりである。

とはいえ，本書は社会福祉士養成のテキストという性格上，厚生労働省の定めている授業内容（シラバス）の制約からまったく自由なわけではない。読者諸氏が本書での学習を機に，高齢者福祉・介護への関心をさらに高められることを期待したい。

本書の出版にあたってはミネルヴァ書房編集部の戸田隆之氏，岡田真弓氏に大変お世話になった。ここに厚くお礼を申し上げる。

2009年8月

執筆者を代表して　永和良之助

目　　次

はじめに

第1章　現代社会と高齢者問題

第1節　老いを忌避する現代社会 …………………………………… 1
　1　敬老と軽老…1
　2　なぜ高齢者が老いを忌避するのか…2
　3　高齢者福祉が対象としている人々…3

第2節　高齢社会の進展 ……………………………………………… 4
　1　日本の人口高齢化の特徴…4
　2　人口高齢化の要因…8
　3　人口高齢化の影響と課題…11

第3節　高齢者の生活状況 …………………………………………… 12
　1　健康状況…12
　2　経済状況…14
　3　高齢者を取り巻く家族関係…17
　4　高齢者の居住環境…19
　5　高齢者の社会参加の状況…21

第2章　深刻化する高齢者介護問題

第1節　要介護高齢者の増加とその理由 …………………………… 25
　1　要介護高齢者とは…25
　2　要介護高齢者の増加状況…27
　3　要介護高齢者の増加理由…29

第2節　家族介護の現状 ……………………………………………… 32
　1　介護保険の限界…32
　2　減少している家族介護…33
　3　男性介護者の増加…34
　4　介護者の3分の1以上は老老介護──70歳以上…35

5　長期化する介護期間…36
　第3節　私的介護から公的介護へ………………………………………………36
　　　1　家族介護への幻想…36
　　　2　高齢者介護問題は経済発展の必然…37
　第4節　家庭内高齢者虐待……………………………………………………39
　　　1　全国調査結果の概要…39
　　　2　高齢者虐待の変化…40
　第5節　今後いっそう深刻化する高齢者介護………………………………42

第3章　高齢者介護政策のあゆみ

　第1節　始動期——老人福祉法制定から「福祉見直し」論まで……………47
　　　1　訪問介護と特別養護老人ホームの創設…47
　　　2　訪問介護と特別養護老人ホームの整備状況…49
　　　3　在宅福祉の開始と認知症介護の立ち遅れ…51
　第2節　停滞期——「福祉見直し」論の台頭と日本型福祉社会政策の推進………52
　　　1　「福祉見直し」論の台頭…52
　　　2　日本型福祉社会政策の推進…53
　　　3　日本型福祉の残したもの…57
　　　4　老人保健施設の創設…61
　第3節　発展期——ふたつのゴールドプランの実施…………………………63
　　　1　高齢者保健福祉推進10カ年戦略（ゴールドプラン）の実施…63
　　　2　ふたつのゴールドプランの意義…65
　　　3　ゴールドプランの実施理由…67
　　　4　ゴールドプランの問題点…69
　第4節　新介護政策の実施——介護保険制度…………………………………70
　　　1　高齢者介護制度の変化…70
　　　2　介護保険制度創設の理由…71
　　　3　介護保険制度の実施状況…73

第4章　高齢者ケアサービスの発展

第1節　職業としての介護の意義 …………………………………………81
  1　ケア（介護）とは何か──介護の目的…81
  2　介護を職業とすることの意義…83

第2節　特別養護老人ホームにおける介護のあゆみ ………………………84
  1　初期の特別養護老人ホームの状況…84
  2　収容の場から生活の場へ…87
  3　サービス改善の取組み…90
  4　特養の介護の問題点…95

第3節　新たな高齢者介護の取組み …………………………………………98
  1　小規模多機能施設の誕生…98
  2　宅老所の誕生…103
  3　ユニットケア型特養の創設…105
  4　高齢者介護の今後の課題…108

第5章　認知症ケアとターミナルケア

第1節　認知症とは ……………………………………………………………113
  1　認知症とは（定義）…113
  2　認知症の原因疾患…114
  3　介護で改善可能な症状…115

第2節　認知症高齢者の障害特性 ……………………………………………117
  1　忘れる・覚えられない（記憶障害）…118
  2　わからない（認知・認識障害）…119
  3　できない（行為障害）…120
  4　話せない（言語障害）…120
  5　その他の障害特性…121

第3節　認知症ケアの基本 ……………………………………………………123
  1　介護目標の明確化…123
  2　介護計画は「幸せづくり計画」…124
  3　残されているものを大切に…124

　　　　4　説得より納得…125
　　　　5　認知症ケアは言葉づかいからはじまる…126
　　　　6　自然の力，家族の力の活用…127
　　　　7　認知症高齢者の介護への参加…128
　　第4節　高齢者施設におけるターミナルケア…………………………………129
　　　　1　特別養護老人ホームにおける看取りの現状…129
　　　　2　看取りをめぐる施設間の違い…131
　　　　3　高齢者介護施設でのターミナルケアの可能性…133
　　　　4　高齢者介護施設でのターミナルケアの利点…136
　　　　5　ターミナルケア実践の課題…138

第6章　高齢者福祉の法制度

　　第1節　老人福祉法 ……………………………………………………………143
　　　　1　老人福祉法の内容…143
　　　　2　老人福祉法の課題…146
　　第2節　介護保険法の概要 ……………………………………………………147
　　　　1　法律創設の背景…147
　　　　2　理念と目的…148
　　　　3　介護保険制度の概要…150
　　　　4　保険給付の手続きと内容…151
　　　　5　保険給付の種類…155
　　　　6　費用負担内容と財源構成…158
　　　　7　保険給付と介護報酬…161
　　第3節　高齢者虐待防止法 ……………………………………………………163
　　　　1　法律創設の背景…163
　　　　2　目　的…164
　　　　3　定　義…164
　　　　4　国および地方公共団体の責務等…165
　　　　5　立入調査…165
　　　　6　警察署長に対する援助要請等…166

第4節　高齢社会に関する関連法制度 …………………………………………… 167
　　　1　高齢社会対策基本法…167
　　　2　高齢社会対策大綱…168
　　　3　高齢者医療制度の改革…169
　　　4　NPO活動と福祉活動…174
　第5節　高齢者の居住環境とその整備 …………………………………………… 176
　　　1　高齢者の居住の安定確保に関する法律…176
　　　2　住宅基本法と住生活基本計画…179
　　　3　高齢者，障害者等の移動等の円滑化の促進に関する法律…183
　　　4　建築物・公共施設等の改善…184

第7章　高齢者への介護・福祉サービス

　第1節　介護保険制度下の居宅サービスと施設サービス ……………………… 189
　　　1　サービス内容…189
　　　2　運営基準，人員配置基準…202
　　　3　介護保険前と後の変化…203
　　　4　2005年改正による変化…209
　　　5　介護保険制度外サービス…212
　第2節　地域支援事業 ……………………………………………………………… 214
　　　1　介護予防の理念と制度…214
　　　2　介護予防の方法…215
　　　3　その他の地域支援事業…221
　第3節　地域包括支援センター …………………………………………………… 221
　　　1　地域包括の意味…221
　　　2　3職種の役割と業務…228
　　　3　権利擁護と虐待相談…231

第8章　高齢者への相談支援

　第1節　高齢者への相談支援 ……………………………………………………… 237
　　　1　高齢者の生活ニーズ…237
　　　2　高齢者への相談援助活動の行われる場と実践のあり方…240

第 2 節　相談援助の過程 …………………………………………………… 243
　　1　ケアマネジメントの概念…243
　　2　ケアマネジメントのプロセス…246
　　3　ケアマネジメントと援助の実際…251

第 9 章　高齢者の人権を守る法制度
　第 1 節　脅かされる高齢者の人権 ………………………………………… 259
　　1　高齢者を取り巻く犯罪および被害…259
　　2　高齢者への身体拘束…264
　　3　介護殺人…266
　第 2 節　成年後見制度 ……………………………………………………… 268
　　1　成年後見制度の概要…268
　　2　成年後見事件の推移…270
　　3　成年後見制度の課題…272
　第 3 節　福祉サービス利用援助事業 ……………………………………… 273
　　1　福祉サービス利用援助事業（日常生活自立支援事業）の概要…273
　　2　日常生活自立支援事業と成年後見制度の関係…276
　第 4 節　高齢者の人権保障の課題 ………………………………………… 277
　　1　国際高齢者年と 5 つの原則…277
　　2　高齢者の生きる権利と社会的責務…278
　　3　高齢者の人権保障の課題…280

学習課題……283
索　　引……287

第1章　現代社会と高齢者問題

第1節　老いを忌避する現代社会

1　敬老と軽老

　わが国は,「老人は,多年にわたり社会の進展に寄与してきた者として,かつ,豊富な知識と経験を有する者として敬愛される」(老人福祉法第2条)と定め,敬老を国家規範としている。しかし,現代社会において高齢者が敬われることは稀である。

　歴史上,高齢者が重んじられる時代はあった。だが,そうした社会は,文字を持たない社会,定住社会,短命社会,社会変動の少ない停滞社会,大家族で暮らしていた社会などに限られており,その対極にあるような社会,すなわち国民の大多数が文字を解する社会,移動社会,長命社会,社会変動の激しい社会,核家族化や個人主義化が進んだ社会になると,高齢者の社会的地位は必然的に低下する。

　つまり,産業化以前の伝統社会では高齢者の社会的地位は高く,産業社会になると低下するのである。次々と新しい技術を開発し,その開発された技術を基礎にして新しい産業が生み出されていく社会では,敬老の根拠としていた高齢者の「豊富な知識と経験」に価値を認めなくなっていくからである。

　のみならず,「最少の投資で最大の利益」を得ることを追求する現代社会では,新しい知識・技術に加えてスピード,効率性,生産性が重視されるので,「新しさ」「若さ」に価値が置かれ,「老い」はその対極にあるものとして軽んじられ,高齢者は「変化に対応できない」「頑固」「柔軟性がない」「保守的」「きたない」などとレッテルを貼られ,社会から疎外すらされる。アメリカの老年学者,ロバート・バトラー (Butler, R. N.) が早くも1968年に,社会には高

齢者に対する「誤解や間違った仮説や固定観念が浸透している」と述べたエイジズム（ageism；高齢者差別）の起こりである。[(1)]

2 なぜ高齢者が老いを忌避するのか

　老いを軽んじ，疎んじる現代社会に，当の高齢者はどのように対しているだろうか。わが国では老人と見られないようにするというのがもっとも一般的だろう。すなわち，髪を染める，丹念に化粧をする，若々しい服装をする，ウォーキングなどさまざまなスポーツに励むことなどにより，老いの外見的特徴をできるだけ隠し，老人と見られないようにする。老人と見られるようになってからも，より若い老人と見られるように努力するというのが，現代の多くの高齢者（とくに若者が多く住む都会の高齢者）に見られる傾向であろう。

　行政も，老齢になっても若々しく，活動的に生きる「アクティブエイジング」を奨励している。厚生労働省は1999（平成11）年に「今後5カ年間の高齢者保健福祉施策の方向（ゴールドプラン21）」を定めたが，その柱のひとつは「元気高齢者づくり対策の推進――ヤング・オールド（若々しい高齢者）作戦の推進」である。2005（平成17）年には介護保険法が改定され，現在，介護予防が強力に推進されているが，この介護予防も「若々しい高齢者作戦」のひとつとして実施されている。

　しかし，「若々しい高齢者」の時期はいずれ終わり，「老いた高齢者」として生きなければならない時期が必ずといってよいほどに来るのに，なぜ社会も，当の高齢者も「若々しい高齢者」であることに固執するのだろうか。

　今は老人という語は禁句に近く，老人は高齢者に，老年期は高齢期に言い換えられている。老人福祉を推進する行政機関の主管部署も，かつては老人福祉課を名のっていたが，現在は一様に高齢者福祉課とか長寿福祉課などに名称変更されている。

　その理由の一つは，「老」という語には「歯は抜け，顔にはしわが寄り，皮膚はたるみ，腰は曲がり，足はよろめき」という意味があるからである。「古希」とは70歳の異称であるが，70歳までの生存が稀だった時代には，古希の年齢の人たちは，この「老」の姿に似つかわしい人たちだっただろう。だが，こ[(2)]

の「老」のイメージを現代の70歳の人に重ねることはできない。

　したがって，老人と高齢者を区別することは必要だが，高齢者が老人と見られないように努力しているのは，「若さ」や「美」や，そして「生産性」や「富」に価値を置く現代社会においては，「老い」にはもうひとつ，「自立できなくなり，他者に依存しなければ生きていけない存在」というイメージがあるからである。

　アメリカ合衆国は市民のボランティア活動が非常に盛んな国として知られており，高齢者のボランティア活動も盛んである。だが，アメリカの高齢者は，ボランティアとして「世話をする側」になることには非常に熱心だが，「世話をされる側」になることには抵抗感が非常に強いという。その理由は，他者の世話をすることは自分が有用な存在で，社会に役立っていることを表すが，他者の世話になることは自立できなくなり，無用の存在になったことを意味するからだといわれている。(3)

　こうした反応を文化や国民性の違いとして見るべきではあるまい。今は若く健康な高齢者も，いずれ，しかもそう遠くない時期に，「歯は抜け，腰は曲がり，足はよろめく」ようになり，社会サービス（福祉）を受ける対象になっていくが，社会サービス（福祉）の水準・内容が粗悪であれば，高齢者は安心して老いることはできず，いつまでも自立にしがみつかざるをえないからである。

　人が「若々しい高齢者」の時期を経て「老いた高齢者」になるのは自明である。にもかかわらず，高齢者が「若さ」や「若い高齢者」であることにこだわり，老人と見られることを恐れるのは，その国の高齢者福祉が貧しく，老いは惨めとしか思えないこととも密接に関連している。

3　高齢者福祉が対象としている人々

　高齢者福祉が対象としているのは高齢者であることはいうまでもないが，すべての高齢者が対象となるわけではない。なぜなら，高齢者とは「老人とは異なり，年齢のみに着目した呼称」(『広辞苑（第6版）』2008年）だからである。したがって，高齢者のすべてが福祉ニーズを有しているとは限らないし，また暦年齢が80代，90代と高くても，日常生活や社会生活を営むうえで必要な心身機

能が維持されていたり，職業に従事し「今なお現役」の高齢者などは，高齢者福祉の対象とはならないのである。

　高齢者福祉の最大の対象となるのは，高齢者の中でも，「歯は抜け，顔にはしわが寄り，皮膚はたるみ，腰は曲がり，足はよろめく」ようになった人々や，疾病や障害などのゆえに，日常生活を営むうえにおいて他者の手助け（介護）が必要となった人々や，社会参加が困難になった人々である。

　人の一生は，通常，乳幼児期→少年期→青壮年期→高齢期に区分されるが，長命社会を迎えると，高齢期の期間が非常に長期に及ぶようになる。高齢期はきわめて個人差が大きいことから，高齢者福祉の基本法である老人福祉法（1963年制定）も，何歳からを「老人」とするかは定めていないが，長期にわたる高齢期は，個人差はあるにしても，心身機能が維持され日常生活や社会参加が可能な時期と，その時期が終焉し，心身機能が低下し日常生活は無論のこと社会生活を営むのが困難な時期とに大別される。筆者は前者を「高齢期」，後者を「老年期」ととらえる立場をとっているが，筆者のいう「老年期」を生きている高齢者が，高齢者福祉の対象となるのである。

　その時期がいつはじまるかは個々人によって異なるが，この時期を生きなければならない高齢者は，高齢・疾病・障害などのゆえに生活において種々，他者の手助け（介護）が必要となるうえに，配偶者，友人，知人など親しい人々と死別するという孤独さも体験せざるをえない。仏教のいう人間の四苦である「生老病死」に否応なく直面せざるをえない時期が「老年期」であり，そのときを現在（いま）生きている高齢者が，狭義の高齢者福祉（高齢者介護）の対象となる。

第2節　高齢社会の進展

1　日本の人口高齢化の特徴

　わが国の人口高齢化には4つの特徴がある。第一は，その速度がきわめて急速なことである。人口学では，総人口に占める65歳以上の人口比率（高齢化率）が7％を超えた社会を高齢化社会（aging society），14％を超えた社会を高齢社

表1-1　人口高齢化速度の国際比較

国　名	65歳以上人口比率の到達年次		所要年数
	7％	14％	
日　　本	1970年	1994年	24年
ア メ リ カ	1942	2013	71
イ ギ リ ス	1929	1976	47
ド　イ　ツ	1932	1972	40
フ ラ ン ス	1864	1979	115
スウェーデン	1887	1972	85

資料：総務庁（現総務省）統計局「国勢調査」。
　　　厚生省人口問題研究所『日本の将来推計人口（平成9年1月推計）』（中位推計）
　　　UN, *The Sex and Age Distribution of World Population, 1998* による各年央推計人口に基づく。
出所：『老人福祉のてびき（平成12年度版）』長寿社会開発センター，2000年。

会（aged society）と定義しているが，わが国が高齢化社会の段階に入ったのは1970（昭和45）年で，1994（平成6）年には高齢社会を迎えている。この間の所要年数はわずか24年であるが，先進国の中でこのように短期間に高齢化社会を走り抜け高齢社会に到達した例はこれまでにはない（表1-1参照。なお韓国は日本以上に高齢化が急速で，2000年に高齢化社会を迎えた同国は，2019年には高齢社会の段階に入ると予測されている）。

　2005年の国勢調査の結果によると，65歳以上の高齢者人口は2567万人，高齢化率は20.1％で，イタリアを抜いて世界でもっとも高齢化の進んだ国となっている。この急速な人口高齢化は今後も続き，2015年には高齢者人口は3378万人，高齢化率は26.9％に達すると予測されている（国立社会保障・人口問題研究所『日本の将来推計人口（平成18年12月推計）』）。

　第二の特徴は，高齢化と少子化が同時進行（少子高齢化）していることである。1955（昭和30）年には3012万人（対総人口比率33.4％）であった0～14歳の年少人口は，2005（平成17）年には1752万人（同13.7％）にまで減少している。出生数が1973（昭和48）年の209万人をピークに年々減少しているからである。2007年の出生数は109万人，合計特殊出生率（一人の女性が一生の間に産むと推計される子どもの平均数）は1.34であった（厚生労働省「人口動態統計」）。

　他方，65歳以上の高齢者人口は，1970年739万人（高齢化率7.1％）から2000年2200万人（17.3％）に，そして2005年2567万人（20.1％）と急増している（各

表1-2　前期高齢者と後期高齢者の人口と構成割合の推移

(単位：千人)

	高齢者人口 (65歳以上)	前期高齢者 (65～74歳)	構成割合 (％)	後期高齢者 (75歳以上)	構成割合 (％)
1970年	7,393	5,156	69.7	2,237	30.3
1990年	14,895	8,922	59.9	5,973	40.1
2000年	22,005	13,007	59.1	8,999	40.9
2005年	25,672	14,070	54.8	11,602	45.2
2007年	27,464	14,761	53.7	12,703	46.3

注：人口数は各年10月1日現在。
資料：2005年までは総務省統計局「国勢調査報告」。2007年は同「推計人口」。

年10月1日現在の国勢調査人口)。現在（2008年11月1日現在)の高齢者人口は，2829万人，高齢化率は22.2％と推計されている（総務省統計局「人口推計」)。

第三の特徴は，高齢者の中でも75歳以上の後期高齢者が急増していることである（表1-2参照)。1970年から2007年の37年間に，65～74歳の前期高齢者も515.6万人から1476.1万人に2.9倍増加しているが，後期高齢者人口の増加はそれ以上に著しく，223.7万人から1270.3万人に5.7倍も増加しており，80歳以上に至っては95.7万人から633.9万人に6.6倍も増加している。

高齢社会に向かう過渡期であった高齢化社会の時期は，高齢者といってもまだ若く健康なヤング・オールドの前期高齢者が多数を占めていた。高齢化率が20％を超えた現在は，要介護となる可能性が高い後期高齢者が急増していることに注意しておかなければならない。

表1-3　地域別高齢化率の推移

	1995年	2007年
全　国	14.6％	21.5％
埼玉県	10.1	18.3
千葉県	11.3	19.3
東京都	13.0	19.7
神奈川県	11.0	18.5
愛知県	11.9	18.6
大阪府	11.9	20.5
島根県	21.7	28.2
高知県	20.6	27.2
山形県	19.8	26.3
鹿児島県	19.7	25.7
秋田県	19.6	28.0

資料：1995年は総務省統計局「国勢調査報告」。
　　　2007年は同「推計人口」。

第四の特徴としては，大都市圏の高齢化の急速な進行を挙げることができる。高齢化には地域間格差があり，これまでは農林・漁業を主産業とする地域で高齢化率が高く，大都市圏の高齢化率はさほど高くなかったが，近年になり大都市圏でも高齢化が進んでおり，今後は加速度

表1-4　大都市圏の高齢者人口の推移と将来推計

(単位：万人)

	1995年の高齢者人口	2005年の高齢者人口	2015年の高齢者人口	2005年→2015年の増加数
全　国	1,826	2,567	3,277	710
埼玉県	68	116	179	63
千葉県	65	106	160	53
東京都	154	233	316	83
神奈川県	91	149	218	70
愛知県	82	125	177	52
大阪府	105	165	232	68
計	565	894	1,282	389

資料：1995年と2005年は総務省統計局「国勢調査報告」。2015年は国立社会保障・人口問題研究所「日本の都道府県別将来推計人口（平成19年5月推計）」。

的に進んでいくことが予測されている。

　表1-3は1995（平成7）年に都道府県で高齢化率の高かった上位5県と，首都圏，愛知県，大阪府の大都市圏の高齢化率を対比したものである。1995年の時点ではまださほど高齢化が進んでいなかった大都市圏も，2007（平成19）年には20％近い高齢化率となっており，急速に高齢化が進んでいることがわかる。

　島根県から秋田県までの5県の高齢化率が大都市圏よりはるかに高いのは，1955（昭和30）年ごろからはじまった高度経済成長により産業構造が大きく変化し，大都市圏へ人口が移動していったからである。わが国の産業は高度経済成長がはじまるまでは農林，漁業などの第一次産業が中心で，1950（昭和25）年には就業人口の約半数（48.5％）が第一次産業に従事していたが，1960（昭和35）年32.7％→1970年19.3％→1980年10.9％→1990（平成2）年7.1％→2000年5.0％と急減している（総務省統計局「国勢調査報告」）。

　郷里を離れたのは主に若年層であり，首都圏，愛知，大阪などの大都市圏や都市部に出て，第二次，第三次産業に従事するようになった。農林漁業などの第一次産業が中心だった地域で高度経済成長期以降，まず過疎化がはじまり，そして現在，高齢化率が高いのはそのゆえである。

　他方，大都市圏は地方から若年労働者を多数吸収してきたがゆえに，これまで高齢化率はさほど高くなかったが，今後は深刻な問題に直面せざるをえない。

なぜなら，これら大都市圏では，高度経済成長期以降に地方から移住してきた人々が，今後，大量に高齢期を迎えるために，**表1-4**に見るように高齢者人口が一挙に急増するからである。2005年から2015年の10年間に，65歳以上の高齢者人口は全国で710万人増加すると見込まれているが，その半数以上（54.8％）が首都圏，愛知，大阪の6都府県での増加である。しかも，その高齢者の多くは，「若い高齢者」ではなく，要介護状態になるリスクの高い後期高齢者である。

後述するが，これらの地域，とりわけ首都圏は，要介護高齢者とその家族にとって「最後の拠り所」となる介護施設の整備がもっとも立ち遅れている地域である。早急に介護施設の整備に取り組まなければ深刻な事態に陥ることになるであろう。

2　人口高齢化の要因

わが国の人口高齢化が非常に急速なのは，国民の大多数が長生きをする長命社会となり高齢者人口が急増していることと，少子化の急速な進行のふたつの理由による。

戦後間もない1950年ごろまでは乳幼児の死亡率が高く，65歳以上の高齢者の全死亡者に占める割合は3割程度にすぎなかった。言い換えると，国民の大多数は高齢期を迎えるまでに死亡する短命社会だったが，現在は多くの国民が，高齢期は無論のこと，老年期を迎える長命社会となっている。

わが国の短命社会から長命社会への急激な変化は，平均寿命の推移や100歳以上の高齢者数の増加からもたしかめることができる。1947（昭和22）年，男50.06年，女53.96年だった平均寿命は，1971年には男70.17年，女75.58年と男女とも「古来より稀」といわれていた生存寿命を超えた。2007年現在の平均寿命は男79.19年，女85.99年で，女性は世界一，男性は世界で第3位の長命と推計されている（**表1-5**参照）。

100歳以上の高齢者数は，老人福祉法が制定された1963（昭和38）年から調査がはじめられた。当初は153人であったが，**表1-6**のように年々増加しており，1998（平成10）年には1万人（1万158人）を，2003（平成15）年には2万人（2

表1-5　特定年齢の平均余命の推移

	0歳		65歳	
	男	女	男	女
1947年	50.06	53.96	10.16	12.22
1955	63.60	67.75	11.82	14.13
1965	67.74	72.92	11.88	14.56
1975	71.73	76.89	13.72	16.56
1985	74.78	80.48	15.52	18.94
1990	75.92	81.90	16.22	20.03
1995	76.38	82.85	16.48	20.94
2000	77.72	84.60	17.54	22.42
2005	78.56	85.52	18.13	23.16
2007	79.19	85.99		

注：1970年以前は沖縄県を除く値である。
資料：厚生労働省統計情報部「完全生命表」。

表1-6　100歳以上の高齢者数の推移

（単位：人）

	総　数	男	女
1963年	153	20	133
1975	548	102	446
1985	1,740	359	1,381
1990	3,298	680	2,618
1995	6,378	1,255	5,123
2000	13,036	2,158	10,878
2005	25,554	3,779	21,775
2008	36,276	5,063	31,213

注：各年9月1日現在の人数。
資料：厚生労働省老人保健福祉局調べ。
出所：厚生統計協会『国民の福祉の動向（2008年）』厚生統計協会，2008年。

万561人）を，2007（平成19）年には3万人（3万2295人）を超えている。ただし，その大多数は女性である。

　長命社会の実現においては医療水準の向上が欠かせないことはいうまでもないが，経済発展がその基礎となることを忘れてはならない。高度に発達した経済をもとにして，医療水準の向上はもとより，栄養，住居，公衆衛生，教育，社会保障などの水準が向上し，長命社会は実現する。

　わが国も高度経済発展が基礎となり長命社会が実現したのであるが，その進

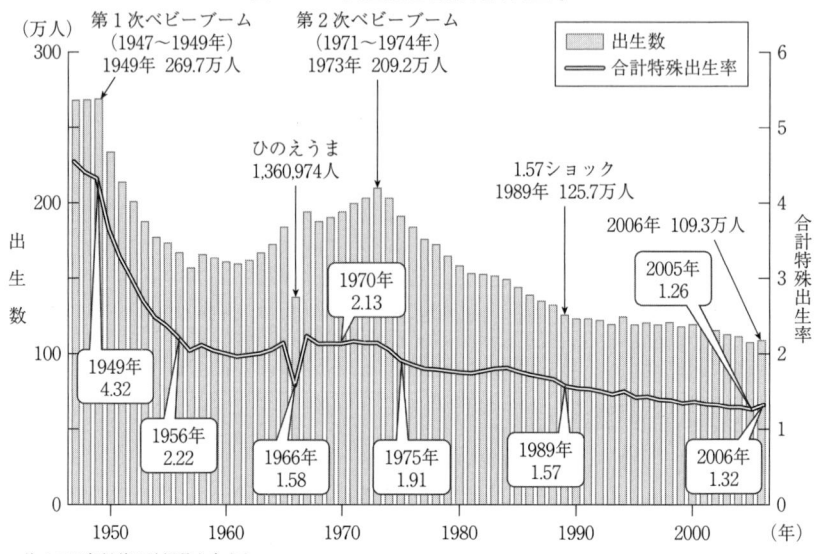

図1-1　出生数と合計特殊出生率

注：1972年以前は沖縄県を含まない。
資料：厚生労働省「人口動態統計」。
出所：エイジング総合研究センター編『少子高齢化社会の基礎知識（改訂版）』中央法規出版，2008年，13頁。

行は必然的に高齢者人口の増加をもたらし，1970（昭和45）年から2005（平成17）年までに，65歳以上の高齢者人口は739万人から2567万人に約3.5倍も増加している。この間に総人口も1億467万人から1億2777万人に増加しているが，高齢者人口を除くと9727万人から1億210万人の増加で，わずか1.05倍の増加にすぎない。

　わが国の総人口は，戦後一貫して増加してきたが，2005年をピークに総人口が減少する人口減少社会に入っている。出生率の低下が原因である。人口を維持するのに必要な出生率の水準（人口置換水準）は2.08とされているが，わが国の合計特殊出生率がこの水準を下回るようになったのは，1974（昭和49）年からで，それ以来，一貫して低下し続けており，近年は人口置換水準を大きく下回る状態が続いている（**図1-1参照**）。高齢者人口は急増しているにもかかわらず，年少人口は出生率の低下により減少しているために，人口構造の高齢化が急速に進んでいるのである。

3 人口高齢化の影響と課題

　先に見た4つの特徴を持つ人口高齢化により，わが国は今後，どのような問題に直面せざるをえないだろうか。大都市圏の高齢化の進行についてはすでに述べたので，少子化と後期高齢者の増加がもたらす影響と課題について簡単に説明しておこう。

　わが国は今後も急速な人口の高齢化が進み，2005年から2025年の20年間に，65歳以上の高齢者人口は2567万人から3635万人に増加すると予測されている。そのうち65〜74歳の前期高齢者は1407万人から1469万人の微増であるのに対して，75歳以上の後期高齢者は1160万人から2167万人にほぼ倍増すると予測されている（国立社会保障・人口問題研究所「日本の将来推計人口（平成18年12月推計）」）。

　なぜ後期高齢者の増加が問題になるのかといえば，高齢になればなるほど心身の機能が低下し，医療と介護の比重が増すからである（第3章で詳述するが，後期高齢者は前期高齢者に比して要介護状態になるリスクが6倍以上も高い）。それゆえ，経済先進国ではいずれも，高齢者を前期高齢者と後期高齢者とに分け，高齢者政策を進めているのであるが，わが国では今後，要介護高齢者を極力つくらない予防重視の高齢者医療・保健・福祉政策の強力な推進とともに，要介護高齢者に対するケアシステムの整備充実が，さらに重要な課題にならざるをえない。

　一方，少子化との同時進行がわが国の人口高齢化の特徴のひとつであったが，少子化の進行は必然的に生産年齢人口（15〜64歳）の減少を招く。現に生産年齢人口は，1995年から2005年の10年間に8717万人から8409万人に300万人以上減少しており，2025年には7096万人に減少すると推計されている（国立社会保障・人口問題研究所「同前掲」）。

　生産年齢人口の減少が問題となるのは，勤労者の社会的経済的負担が増すからであるが，それを計る物差しとして「従属人口指数」がよく用いられる（その指数は，（年少人口＋65歳以上高齢者人口）÷生産年齢人口で求められる）。高等学校への進学率が100％近い現在，15〜18歳の者までも生産年齢人口に含めるのは適切ではないが，数値だけでいえば，1995（平成7）年には43.9％だった従属人口指数は，2025年には68.1％になると予測され，1995年と比較すれば2025

年の勤労者の社会的経済的負担は約1.6倍増すこととなる。年金，高齢者医療，高齢者福祉，高齢者介護などの社会保障に要する費用の負担と給付の関係をどうするかが，今後，一層重要な政治課題とならざるをえない。

　労働人口の減少の中で高齢者介護の担い手をどう確保するのか，という問題も重要である。森幹郎はすでに1971（昭和46）年に，「最近のわが国の労働市場の状況では，老人ホームにも遠からずパート・タイムの職員や東南アジア（貧しい農業国）の娘さんの姿が見られるようになる」だろう，と予見していたが[4]，2008（平成20）年にはインドネシア，2009（平成21）年にはフィリピンからの介護労働者の「輸入」がはじまり，予見は現実となった。森は労働人口が減少すると，社会的評価の低い仕事から外国人労働者への依存がはじまると指摘していたが，高齢者介護への社会的評価を高める努力を早急にしなければ，高齢者介護の人材を海外からの「輸入」に頼らざるをえなくなるだろう。

第3節　高齢者の生活状況

　かつて，病弱（疾病）・貧困・孤独が高齢者の「3悪」であるといわれていた。その要因としては，加齢による心身機能の衰退，職業生活からの引退（収入源の喪失），配偶者との死別などが挙げられていたが，はたして病弱（疾病）・貧困・孤独が，現代においても高齢者の「3悪」であろうか。また現在も「3悪」だとしても，その「悪」の程度はどの程度のものであろうか。こうした問題関心のもとに高齢者の生活状況を見てみよう。

1　健康状況

　図1-2は，65歳以上の高齢者（入院者を除く）が自身の健康状態をどのように見ているかを示したものである。健康状態を「よい」「まあよい」「ふつう」と思っている者が，男では68.1％，女では64.1％となっており，「あまりよくない」「よくない」と思っている者は，男では21.4％，女では23.9％となっている。年齢が高くなるにつれて「あまりよくない」「よくない」と思っている者が増しているのが特徴で，「85歳以上」になると約3分の1（男33.3％，女

第1章　現代社会と高齢者問題

図1-2　高齢者の健康についての意識

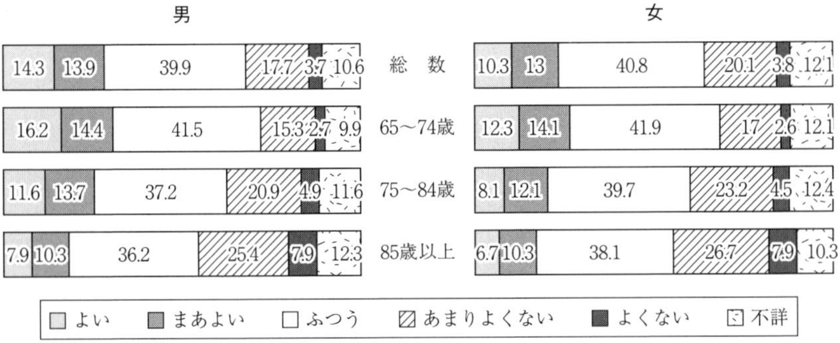

	よい	まあよい	ふつう	あまりよくない	よくない	不詳
男 総数	14.3	13.9	39.9	17.7	3.7	10.6
男 65～74歳	16.2	14.4	41.5	15.3	2.7	9.9
男 75～84歳	11.6	13.7	37.2	20.9	4.9	11.6
男 85歳以上	7.9	10.3	36.2	25.4	7.9	12.3
女 総数	10.3	13	40.8	20.1	3.8	12.1
女 65～74歳	12.3	14.1	41.9	17	2.6	12.1
女 75～84歳	8.1	12.1	39.7	23.2	4.5	12.4
女 85歳以上	6.7	10.3	38.1	26.7	7.9	10.3

資料：厚生労働省「平成16年国民生活基礎調査」。

34.6％）が「あまりよくない」「よくない」としている。

　病気やけがなどで自覚症状のある者の割合を「有訴者率」といい，人口千人当たりの数値で表すが，厚生労働省「平成16年国民生活基礎調査」によると，65歳以上の高齢者（入院者を除く）のそれは493.1で，半数近い高齢者が何らかの心身の不調を訴えている。

　また，病院や診療所などに通院し治療を受けている者の割合を「通院者率」といい，やはり人口千人当たりの数値で表すが，先の「国民生活基礎調査」によると，65歳以上の高齢者のそれは637.9となっており，高齢者の63.8％が通院治療を受けている。「通院者率」がもっとも低いのは「15～24歳」の123.0（12.3％）で，65歳以上の高齢者の「通院者率」は，「15～24歳」の5.2倍となっている。

　こうしたデータを見ると，高齢者の多くは病弱との印象を抱くかもしれないが，どのような症状を心身の不調として訴えているのかを見ると，もっとも多いのは「腰痛」188.8で，以下，「手足の関節が痛む」146.1，「肩こり」127.4，「もの忘れをする」114.2，「目のかすみ」111.1，「耳がきこえにくい」97.5，「手足の動きが悪い」92.4となっており，老化に起因する症状が圧倒的に多い。

　それゆえ通院治療を受けている傷病も，男女ともに「高血圧症」がもっとも多い（男227.8，女251.4）。以下，男は，「糖尿病」99.9，「腰痛症」96.2，「白内障」79.2，「前立腺肥大症」73.4，女は，「腰痛症」134.6，「白内障」126.1，

13

「関節症」83.9,「骨粗しょう症」76.3と続いており，ともに成人病や老化に起因するものが圧倒的に多い。

通院・治療を受けている期間は，「1年〜5年未満」23.4％,「5年〜10年未満」23.5％,「10年〜20年未満」23.5％,「20年以上」13.0％となっており，10年以上にわたっているケースが3分の1以上（36.5％）を占めている。高齢者の疾病の特徴は，成人病や老化に起因するものが多く，かつ高齢になればなるほどひとりでいくつもの疾病を持ち，しかもその疾病の多くは慢性化しており完治することが少ないために，治療期間も長期間に及んでいるのである。

現在，わが国は世界でも有数の長命社会となっているが，その内実は，かくしゃくとした元気な高齢者が圧倒的多数を占めている長命社会ではなく，「一病息災」ならぬ「多病息災」の長命社会であることに，注意しなければならない。

2 経済状況

平均所得だけを見れば，高齢者の経済状態は向上してきているといえる。2005（平成17）年の高齢者世帯（65歳以上の者のみで構成するか，またはこれに18歳未満の未婚の者が加わった世帯）1世帯当たりの年間平均所得金額は301.9万円となっている（「平成18年国民生活基礎調査」）。同年の高齢者世帯と母子世帯を除いた一般世帯1世帯当たりの年間平均所得は563.8万円であるから，高齢者世帯の年間平均所得は一般世帯の約半額となるが，世帯人員一人当たりに換算すると（高齢者世帯の平均世帯人員は1.60人，一般世帯は2.74人），高齢者世帯の平均金額は188.7万円，一般世帯の平均は205.8万円で，大きな差異は見られない。

高齢者の経済状態が向上してきている最大の要因は，公的年金制度の成熟にある。高齢者世帯の公的年金・恩給の平均受給額の推移を見ると，1975（昭和50）年には30.1万円にすぎなかった年金額が，2005（平成17）年には211.9万円と約7倍に増えており，総所得に占める比重も26.2％から70.2％へと増加し，それに反比例するように稼働所得の占める比重は，56.0％から18.0％へと低下している（**表1-7**参照）。

「平成18年国民生活調査」によると，65歳以上の高齢者の95.2％が公的年

表1-7 高齢者世帯における所得の種類別に見た1世帯当たり平均所得金額及びその割合の推移

年次	総所得	稼動所得	公的年金・恩給	財産所得	年金以外の社会保障給付金	仕送り・その他の所得
1世帯当たり平均所得金額(単位:万円)						
1975年	114.7	64.2	30.1	11.1	9.3	
1985	239.3	94.7	112.9	16.2	9.4	6.1
1995	316.9	78.6	198.8	25.2	2.8	11.6
2000	319.5	65.6	209.8	25.0	5.2	13.9
2005	301.9	54.5	211.9	15.7	2.5	17.3
構成割合(単位:%)						
1975年	100.0	56.0	26.2	9.7	8.1	
1985	100.0	39.6	47.2	6.8	2.2	5.6
1995	100.0	24.8	62.7	8.0	2.1	3.5
2000	100.0	20.5	65.7	7.9	1.6	4.3
2005	100.0	18.0	70.2	5.2	0.8	5.7

資料:厚生労働省「国民生活基礎調査」
出所:エイジング総合研究センター編『高齢社会基礎資料('07年-'08年版)』中央法規出版,2007年,160頁に2005年分のデータを加筆。

金・恩給を受給しており,高齢者世帯の6割(59.9%)が所得のすべてを公的年金・恩給に依存している。高齢者の生活において年金がいかに重要な比重を占めているか理解できよう。

だが,すべての高齢者の経済状況が向上しているわけではない。むしろ,以下に見るように,他の年代層以上に貧富の格差が顕著な点に,わが国の高齢者の経済状況の特徴がある。

厚生労働省は3年ごとに詳細な「国民生活基礎調査」を行っているが,調査結果が公表されているもっとも直近のデータ(「平成19年国民生活調査」)によると,2006(平成18)年の高齢者世帯の1世帯当たりの平均所得は306.3万円となっている。世帯人員一人当たりに換算すると,前述したように一般世帯と大きな差異はないが,「50万円未満」が4.0%,「50万〜100万円未満」が11.3%,「100万〜150万円未満」が12.5%,計27.8%を占めている。同年の高齢者世帯の平均世帯人員は1.57人であるから,高齢者世帯の3割近くが月額10万円以下で生活していることになる。

次に,高齢者世帯の貯蓄額を見ると,平均貯蓄額(2006年)は1211.9万円

（高齢者世帯と母子世帯を除く世帯の平均貯蓄現在高は1139.8万円）となっているが，「なし」の世帯が13.4％，「50万円未満」が6.1％，「50万～100万円未満」が3.4％，計22.9％となっている一方で，「3000万円以上」の世帯も10.5％にのぼっている（「平成19年国民生活調査」）。

　また，総務省の「全国消費実態調査」(2004年) によると，高齢者夫婦世帯（夫65歳以上，妻60歳以上の夫婦のみの世帯）の平均住宅・宅地資産額は3588.4万円であるが，「資産なし」の世帯が約1割（9.4％）ある一方で，「1億円以上」の資産を有する世帯が5.6％，「5000万～1億円未満」の資産を有する世帯が11.4％となっている。

　このように富裕な高齢者が一定層いる反面，1か月10万円以下で生活している高齢者世帯が約3割，貯蓄ゼロ，資産なしの高齢者世帯も約1割を占めているのだが，低所得層はとくに女性高齢者に多い。内閣府編『高齢社会白書（平成16年版）』によると，高齢者（65歳以上）の個人平均所得は，男303.6万円に対し，女112.4万円で，男の約3分の1（37.0％）にすぎない。一人暮らし高齢者の平均所得も，男254.0万円に対し，女179.6万円で，男の約7割（70.7％）にすぎない（数値はいずれも2000年のもの）。

　年金制度が成熟していると前述したが，その受給金額には制度間に大きな差異がある。社会保険庁「平成16年度事業年報」によると，2004（平成16）年度末現在，3262万人が老齢年金を受給している。受給者一人当たりの月額平均受給金額を算出してみると（受給者年金総額÷年金受給者数），国家公務員，地方公務員が大半を占める共済組合（受給者226.7万人）が22万6392円，民間サラリーマンが対象となる厚生年金（同998.9万人）が14万8973円に対して，自営業者や主婦が大半を占め，受給者数のもっとも多い国民年金（1982万人）は5万5153円にすぎない（金額は1985年に行われた年金改革（新法）による受給者で算出）。女性（とくに「専業主婦」だった女性）に低所得の高齢者が多いのはそのためである。

　近年，「高齢者はもはや社会的弱者ではない」と強調され，高齢者医療や介護保険などの社会保障給付に対しても「応分の負担」が求められている。高齢者を一律に「経済的弱者」と見るのは誤っているが，低所得の高齢者が相当数

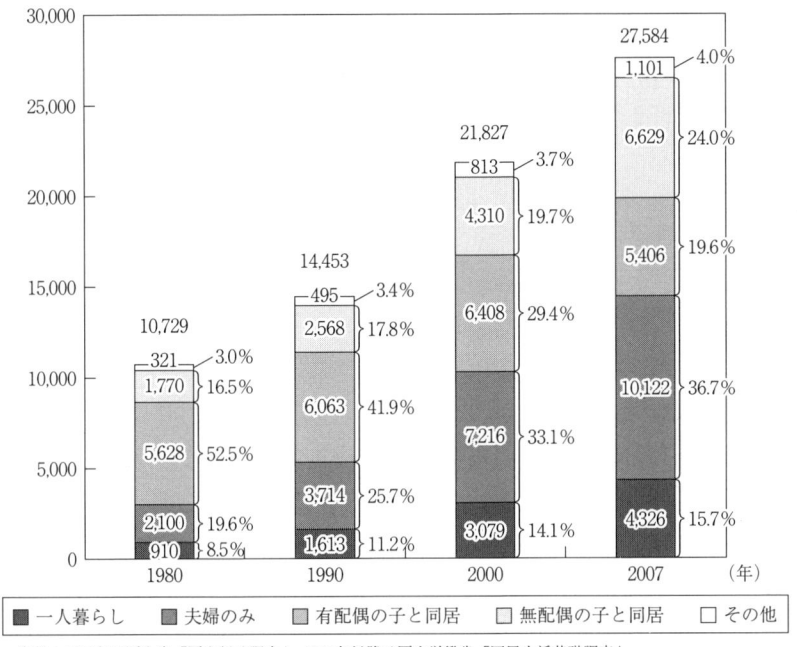

図1-3　家族形態別に見た65歳以上高齢者数と構成割合の推移

年	合計	一人暮らし	夫婦のみ	有配偶の子と同居	無配偶の子と同居	その他
1980	10,729	910 (8.5%)	2,100 (19.6%)	5,628 (52.5%)	1,770 (16.5%)	321 (3.0%)
1990	14,453	1,613 (11.2%)	3,714 (25.7%)	6,063 (41.9%)	2,568 (17.8%)	495 (3.4%)
2000	21,827	3,079 (14.1%)	7,216 (33.1%)	6,408 (29.4%)	4,310 (19.7%)	813 (3.7%)
2007	27,584	4,326 (15.7%)	10,122 (36.7%)	5,406 (19.6%)	6,629 (24.0%)	1,101 (4.0%)

資料：1980年は厚生省「厚生行政調査」，1990年以降は厚生労働省「国民生活基礎調査」。

存在していることを看過し，「豊かな高齢者像」のみを強調するのは，それ以上に大きな誤りだといわなければならない。

3　高齢者を取り巻く家族関係

　高齢者はどのような家族形態の中で生活しているだろうか。「平成19年国民生活基礎調査」によると，65歳以上の高齢者2758.4万人の居住形態は，①夫婦のみで暮らしている高齢者がもっとも多く1012.2万人（構成割合36.7％），次に多いのが，②配偶者のいない未婚の子と暮らしている高齢者で662.9万人（24.0％），以下，③子ども夫婦と同居生活をしている高齢者が540.6万人（19.6％），④一人暮らしの高齢者が432.6万人（15.7％。内訳は男117.4万人，女315.3万人で，男27.1％，女72.9％の比率となっている），⑤その他110.1万人（4.0％）となっている（図1-3参照）。

　家族形態別に見ると，高齢者の居住形態は次のように変化している。第一は，

図 1-4　高齢者の男女・年齢・階級別に見た家族構成

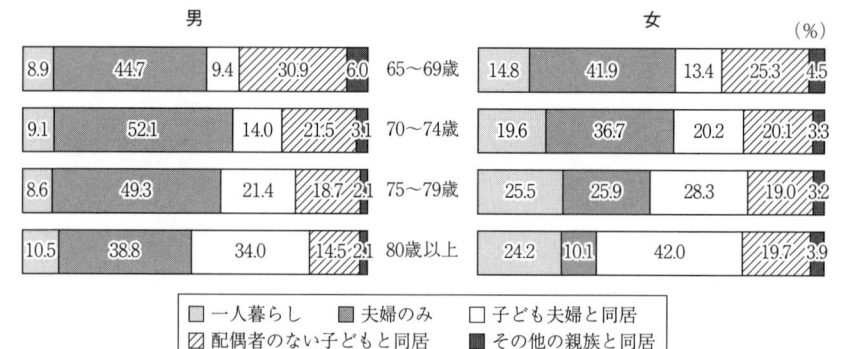

男					年齢	女				(%)
8.9	44.7	9.4	30.9	6.0	65～69歳	14.8	41.9	13.4	25.3	4.5
9.1	52.1	14.0	21.5	3.1	70～74歳	19.6	36.7	20.2	20.1	3.3
8.6	49.3	21.4	18.7	2.1	75～79歳	25.5	25.9	28.3	19.0	3.2
10.5	38.8	34.0	14.5	2.2	80歳以上	24.2	10.1	42.0	19.7	3.9

□ 一人暮らし　■ 夫婦のみ　□ 子ども夫婦と同居
▨ 配偶者のない子どもと同居　■ その他の親族と同居

資料：厚生労働省「平成18年国民生活基礎調査」．

　一人暮らしの高齢者の増加で，1980（昭和55）年から2007（平成19）年までの間に，その構成割合は8.5％から15.7％に増している。第二は，夫婦のみで暮らす高齢者の増加で，その構成割合は19.6％から36.7％へとやはり大きく増えている。第三は，このふたつの傾向に反比例するように，子ども夫婦と暮らす高齢者世帯（その多くは高齢者，子ども夫婦，その子ども（孫）で構成する3世代同居世帯）の急激な減少で，その構成割合は1980年52.5％から2007年19.6％と大きく低下している（その一方で，配偶者のいない子との同居は1980年16.5％から2007年24.0％と増加している）。

　後に見るように，わが国は高齢者と成人した子との同居率が高いことを「良き伝統」とし，家族介護を中心とする「日本型福祉社会」政策を推進してきた。しかし，1980（昭和55）年には69.0％だった子どもとの同居率は，年々低下し，2007（平成19）年には43.6％にまで低下している。まだ4割強の高齢者が子と同居しているとはいえ，そのうちの半数以上は，**図1-3**に見るように未婚や配偶者のいない子どもとの同居である。そのため「昼間独居」となる高齢者は少なくない。

　さらに**図1-4**を見ると，次の二つの特徴が見てとれる。第一は，男性はどの年齢層を見ても「夫婦のみ」で暮している割合がもっとも高く，「80歳以上」になっても約4割（38.8％）が配偶者（妻）と生活しているのに対して，女性は「65～69歳」では41.9％が配偶者（夫）と生活しているのに，「80歳以上」

表1-8　別居している子との接触頻度　　　　　　　（％）

	ほとんど毎日	週に1回以上	月に1～2回	年に数回	ほとんどない
日　　本	16.7	30.1	34.9	15.7	2.6
韓　　国	23.1	43.7	25.4	6.2	1.6
アメリカ	41.2	39.6	12.5	5.0	1.7
ド イ ツ	24.8	33.8	18.2	19.6	3.7
フランス	28.0	39.2	18.6	11.9	2.3

注：子との接触とは，実際に会うことの他，電話等による接触を含む。
　　調査対象は60歳以上。
資料：内閣府「高齢者の生活と意識に関する国際比較調査（平成18年）」。

になると配偶者に先立たれることが多いため10.1％と激減していることである。そのため，「80歳以上」の「一人暮らし」は，男性の場合は10.5％なのに対して，女性は24.2％と男性の2倍以上も多い。「老人問題は女性問題でもある」といわれるゆえんである。

　第二は，男女とも年齢が高くなるにつれて「子ども夫婦」との同居率が高まっていることである。一人暮らしとなった老親を子どもが「引き取る」ケースが少なくないからであろう。

　なお，わが国の高齢者の「別居している子との接触頻度」は，表1-8のように低く，「週に1回以上」子と会ったり電話などで接触をしている割合は，「韓国」66.8％，「アメリカ」80.8％，「フランス」67.2％，「ドイツ」58.6％なのに対して，わが国の場合46.8％にすぎない。

4　高齢者の居住環境

　総務省では5年ごとに「住宅・土地統計調査」を行っているが，2003（平成15）年の調査によると，高齢者が居住している住宅は，「一戸建」80.5％，「共同（集合）」15.9％，「長屋建」3.2％となっている。大都市圏ではこの数値よりも「共同（集合）」住宅の比重が高く，「一戸建」が低くなっているが，全体的には「一戸建」の住宅に住んでいる高齢者が圧倒的に多い。

　住宅の所有状況では，「持ち家」が84.0％，「借家」が15.9％となっており，高齢者の多くは自己所有の住宅に住んでいる。しかし，「高齢単身主世帯」の持ち家率は65.0％にすぎず，「借家」が34.8％となっており，そのうち半数以

上（52.0％）が「民営借家」（アパートやマンションを含む）に居住している。なぜこのことが問題なのかというと，一人暮らしの高齢者，とくに低所得の一人暮らしの高齢者の場合には，高齢になればなるほど賃貸契約の条件が厳しくなり，日当たりが悪い，部屋が狭隘，エレベーターがないなどの低劣な環境での生活を余儀なくされることが少なくないからである。

　第二の問題点は，加齢に配慮した設備・構造になっていないことである。内閣府の「高齢者の住宅と生活環境に関する意識調査」（2006年）によると，自宅内で「この1年間に転倒したことがある」高齢者の割合は，「65〜69歳」では8.5％であるが，「75〜79歳」では11.3％，「80〜84歳」では18.6％と年齢が高くなるにつれ増加し，「85歳以上」では25.3％にも達している。

　しかも，「この1年間に何度も転んだことがある」割合は，「85歳以上」の場合には12.6％にも達している。そして，転倒の結果，「75〜79歳」では9.1％，「80〜84歳」では16.2％，「85歳以上」では20.8％が骨折をしている。転倒した場所でもっとも多いのは，「85歳以上」の場合は，「廊下」25.0％，「居間・茶の間・リビング」20.8％，「浴室」12.5％となっている（複数回答）。

　また厚生労働省「平成18年人口動態統計」によると，65歳以上の高齢者の「家庭における不慮の事故の死亡数」は，「浴槽内での溺死」2938名，「浴槽への転落による溺死」44名，「スリップ，つまずき及びよろめきによる同一平面上での転倒死」890名，「階段及びステップからの転落・転倒死」321名，計4193名となっている。

　このようにわが国では，高齢者の住宅内での事故や事故死が多いが，先の内閣府の「高齢者の住宅と生活環境に関する意識調査」を見ても，住宅改修をした割合はきわめて低く，「手すりの設置」7.4％，「住宅内の段差の解消」3.4％，「床や通路面の材料を滑らない安全なものに取替え」2.0％にすぎない。また総務省統計局「住宅・土地統計調査」（2003年）を見ても，持ち家に住む「65歳以上の高齢者のいる世帯」において何らかの「高齢者等対応の設備工事をした」世帯は15.3％に過ぎない。

　要介護者がいる世帯においてすら，厚生労働省の「介護サービス世帯調査」（2000年）によると，「手すりを付けている（付けた）」世帯は，玄関18.2％，ト

イレ33.5%，浴室31.9%，階段18.1%にすぎず，「入り口に段差がない（解消した）」世帯は，玄関9.8%，居室22.3%，トイレ17.4%，浴室11.4%にすぎない（介護保険制度では20万円の上限内ではあるが住宅改修制度があるので，現在はどのような状況になっているのか関心が持たれるが，厚生労働省のこの調査はその後行われていない）。

　在宅福祉の「宅」は住宅の「宅」を意味するように，在宅福祉は安全で良質な住宅が前提になるが，高齢者が住んでいる住宅にはその基本条件を欠いているものが少なくない。高齢者が生活している住宅は，建築年数がたち老朽化しているものが多いだけに，北欧諸国のように，玄関，階段，廊下，浴室，トイレなどへの手すりの設置や段差の解消などの住宅改修の公的支援を積極的に進める必要がある。

5　高齢者の社会参加の状況

　「高齢者は余暇階級」とする見方がある。労働生活から解放されたことにより生活時間のすべてが「余暇」になるとして，このような見方も生まれてくるのであるが，わが国の場合，「高齢者は余暇階級」とすることはできない。2005（平成17）年に就業していた65歳以上の高齢者数は504万人で，65歳以上人口の約2割（19.6%）を占めているからである（総務省「労働力調査」）。その比率は「若い高齢者」になればなるほど高く，「65〜69歳」では男性の約半数（49.5%）が，女性も約3割（28.5%）が就業している（厚生労働省「平成16年高年齢者就業実態調査」）。とくに農業，漁業，林業の第一次産業は，図1-5に見るように高齢者によって支えられているといっても過言ではない。

　次に，職業以外の高齢者の社会参加の状況を，内閣府「高齢者の地域社会への参加に関する意識調査」（この調査は60歳以上の男女を対象にして1988年から5年おきに行われている）で見てみると，65.3%の人が何らかのサークル・団体活動に参加している。「町内会・自治会」が39.1%でもっとも多く，以下，「趣味のサークル・団体」22.0%，「老人クラブ」20.9%，「健康・スポーツのサークル・団体」14.1%と続いている。1988（昭和63）年の調査時には33.3%ともっとも多かった「老人クラブ」への参加が20.9%と大きく低下し，11.0%だった

図1-5　産業別就業者の年齢階級別割合

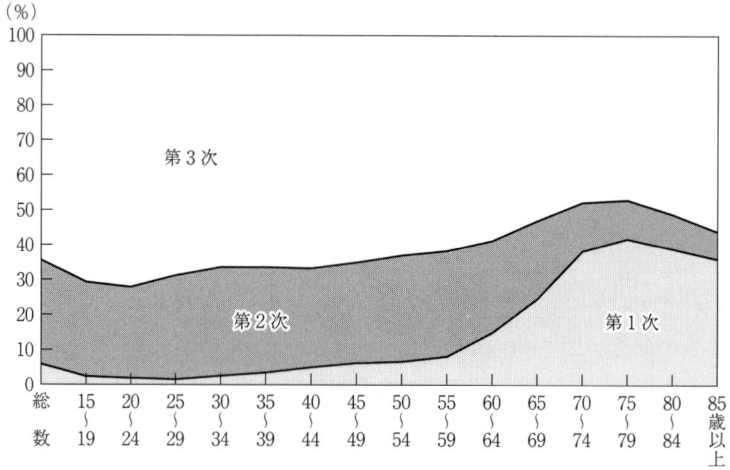

資料：総務省統計局「国勢調査報告」(2005年)。
出所：エイジング総合研究センター編『少子高齢化社会の基礎知識（改訂版）』中央法規出版, 2008年。

「趣味のサークル・団体」への参加が22.0％と倍増しているのが特徴である。

また，この調査では47.7％の人が「地域の福祉や環境を改善することを目的とした民間非営利活動（NPO）に関心がある」と答え，47.3％が「地域活動に参加したい」と答えている。事実，高齢者の社会貢献への意識は高く，調査年次は古くなるが，ボランティア活動に従事している者の年齢割合を見ても，60歳代以上がほぼ過半数を占めている（全国社会福祉協議会「全国ボランティア活動実態調査」1996年）。

ただし，高齢者のすべてが社会とつながりを持ち生活をしているわけではない。先の内閣府の調査でも，34.7％の人が一切のサークル・団体活動に参加していない。「健康・体力に自信がないから（年をとっているから）」がその最大の理由である。「ほとんど外出することのない」高齢者も13.8％いる。その割合は高年齢になるにつれて上昇し，80歳以上では25％にも達している。

このことは，「若い高齢者」の時期は，仕事，ボランティア活動，サークル・団体活動などを通じての「アクティブエイジング」が可能であるが，老年期に入ると，社会とのつながりが絶たれ，孤立した生活になりがちなことを示している。

注

(1) ロバート・N. バトラー／グレッグ・中村文子訳『老後はなぜ悲劇なのか——アメリカの老人たちの生活』メヂカルフレンド社，1991年参照。
(2) 森幹郎『政策老年学』垣内出版，1981年。同『老人問題——理解の仕方』ミネルヴァ書房，1988年参照。
(3) 藤田真理子「『ヘルプング』と『世話をする』——アメリカ人の自立と介護」青柳まちこ編『老いの人類学』世界思想社，2004年参照。
(4) 森幹郎『老人福祉の考え方』老人生活研究所，1973年，237頁。

参考文献

早川和男『居住福祉』岩波書店，1997年。
堀秀彦『銀の座席』朝日新聞社，1984年。
森幹郎『老人問題——理解の仕方』ミネルヴァ書房，1988年。
森幹郎『老いとは何か——老い観の再発見』ミネルヴァ書房，1989年。

第2章　深刻化する高齢者介護問題

第1節　要介護高齢者の増加とその理由

1　要介護高齢者とは

　要介護高齢者とは，心身の障害，疾病，老衰などのために日常生活を営むことに支障が生じ，食事，排泄，入浴，衣類の着脱，外出など日常生活全般にわたって他者の手助けが必要となった高齢者のことをいう。

　2000（平成12）年4月1日からはじまった介護保険制度では，こうした高齢者を介護度により要介護1〜5の5段階に分けている。さらに「要介護状態になる恐れがある」高齢者も要支援者とし（厚生労働省では「要介護等高齢者」と表現している），介護保険サービスの給付対象としている。要介護認定は介護にどの程度の時間を要するかで行われているが，**表2−1**は要介護・要支援状態のおおまかな状態像である。

　よくいわれるところの「寝たきり高齢者」とは，要介護4，5にほぼ該当し，歩行や立位保持などの移動動作，排泄，食事，入浴，衣類の着脱などの身の回りのことが自力ではほとんどできない高齢者である。ただし，その大多数は，「寝たきり」の言葉の持つイメージとは異なり，座位がとれ，車いすでの生活が可能な「障害高齢者」である。

　もっとも介護が難しいのは，「寝たきり高齢者」とともに認知症の高齢者であるが，厚生労働省では，認知症が認められる高齢者すべてを要介護と認定しているわけではなく，**表2−2**「認知症高齢者の日常生活自立度判定基準」のランクⅡa以上に該当する者，すなわち知的能力の低下のゆえに，たびたび道に迷ったり，買物や金銭・服薬の管理ができなかったり，食事，排泄，入浴などに介助を要したり，徘徊，妄想，不潔行為，暴言・暴力などの精神症状が見

表 2-1　要介護・要支援状態の目安

自立（非該当）	自立した生活ができ，介護サービスによる支援の必要性はなし。
要支援1	通常の日常生活に支障はないが，要介護状態とならないように一部支援が必要。
要支援2	歩行などに不安が見られ，排泄，入浴などに一部介助が必要であるが，身体機能における改善の可能性がある。
要介護1	立ち上がりが不安定で，杖歩行の場合がある。排泄，入浴などで部分的に一部介助を要する。
要介護2	立ち上がりなど自力では困難で，排泄，入浴など，常時，部分ないし全部介助が必要。理解力の低下や問題行動が見られることがある。
要介護3	立ち上がり，起き上がりが自力ではできず，車椅子を使用した生活スタイルも見られ，排泄，入浴，衣服の着脱などで部分的もしくは全介助が必要。理解力の低下といくつかの問題行動が見られる。
要介護4	寝たきりに近い状態で，排泄，入浴，衣服の着脱など日常生活全般に全介助が必要。理解力の低下と多くの問題行動が見られる。
要介護5	日常生活全般に全介助が必要で，意思伝達も困難な状況。

出所：結城康博『介護──現場からの検証』岩波書店，2008年，6頁に下線部を加筆。

られるなど，「日常生活に支障をきたすような症状・行動や意思疎通の困難さ」が認められる高齢者を要介護と判定しており，2005年の段階で169万人と推計している（後述，**表2-10**参照）。

　要介護状態となった主な原因は，「平成19年国民生活基礎調査」によると，「総数」でもっとも多いのは「脳血管疾患」の21.5％で，以下，「認知症」14.4％，「高齢による衰弱」14.3％，「関節疾患」12.4％，「骨折・転倒」9.8％となっている。

　ただし，男女ではその原因は大きく異なっている。男性の場合は脳卒中などの「脳血管疾患」が3割以上（33.5％）を占めているのに対して，女性の場合は15.6％で男性の半分以下である。その代わりにリウマチなどの「関節疾患」と「骨折・転倒」は男性の2〜3倍も多く，「認知症」や「高齢による衰弱」も男性よりはるかに多い（**図2-1**参照）。その主たる理由は，女性は男性よりも長生きで，骨格や筋肉が男性よりも脆弱なことにあると思われるが，このことは，高齢女性の介護予防は男性よりもはるかに難しいことを意味している。

表 2-2　認知症高齢者の日常生活自立度判定基準

ランク	判定基準	見られる症状・行動の例
Ⅰ	何らかの痴呆を有するが，日常生活は家庭内及び社会的にほぼ自立している。	
Ⅱ	日常生活に支障を来すような症状・行動や意志疎通の困難さが多少見られても，誰かが注意していれば自立できる。	
Ⅱa	家庭外で上記Ⅱの状態が見られる。	たびたび道に迷うとか，買物や事務，金銭管理などそれまでできたことにミスが目立つ等
Ⅱb	家庭内でも上記Ⅱの状態が見られる。	服薬管理ができない，電話の応対や訪問者との応対など一人で留守番ができない等
Ⅲ	日常生活に支障を来すような症状・行動や意志疎通の困難さがときどき見られ，介護を必要とする。	
Ⅲa	日中を中心として上記Ⅲの状態が見られる。	着替え，食事，排便・排尿が上手にできない・時間がかかる。 やたらに物を目に入れる，物を拾い集める，徘徊，失禁，大声・奇声をあげる，火の不始末，不潔行為，性的異常行為等
Ⅲb	夜間を中心として上記Ⅲの状態が見られる。	ランクⅢaに同じ
Ⅳ	日常生活に支障を来すような症状・行動や意志疎通の困難さが頻繁に見られ，常に介護を必要とする。	ランクⅢに同じ
M	著しい精神症状や問題行動あるいは重篤な身体疾患が見られ，専門医療を必要とする。	せん妄，妄想，興奮，自傷・他害等の精神症状や精神症状に起因する問題行動が継続する状態等

出所：長寿社会開発センター『老人福祉関係法令通知集（平成7年度版）』1995年。

2　要介護高齢者の増加状況

　要介護・要支援と認定された65歳以上の高齢者は，2000年度247.1万人から2005年度には417.5万人に増え，2000年度から2005年度までの6年間に約1.7倍も増加している（認定者数はいずれも年度末のもの）。とくに要支援，要介護1と認定された高齢者の増加が著しく，ともに2倍以上に増加している（図2-2参照）。

　要介護高齢者のこうした増加は，介護保険制度を設計した厚生労働省の予測を超えている。同省では要介護状態にある高齢者は2000（平成12）年に280万人（高齢者人口に占める割合は12.7％）となり，以後，毎年約10万人ずつ増え，2010

図2-1　要介護高齢者の介護が必要となった主な原因

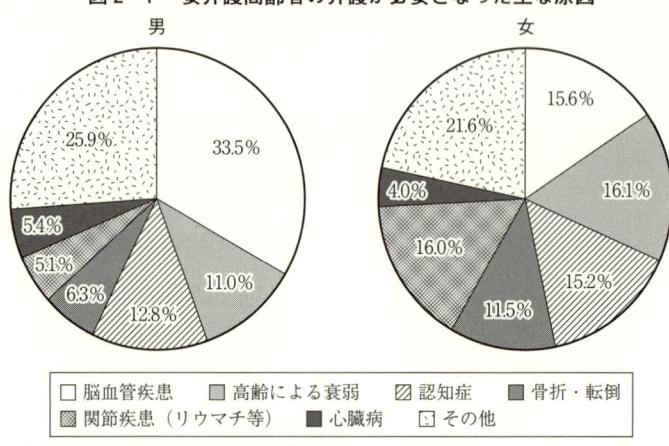

男
- 33.5%
- 11.0%
- 12.8%
- 6.3%
- 5.1%
- 5.4%
- 25.9%

女
- 15.6%
- 16.1%
- 15.2%
- 11.5%
- 16.0%
- 4.0%
- 21.6%

凡例：□脳血管疾患　■高齢による衰弱　認知症　■骨折・転倒　■関節疾患（リウマチ等）　■心臓病　□その他

資料：厚生労働省「平成19年国民生活基礎調査」。

図2-2　第1号被保険者（65歳以上）の要介護度別認定者数の推移

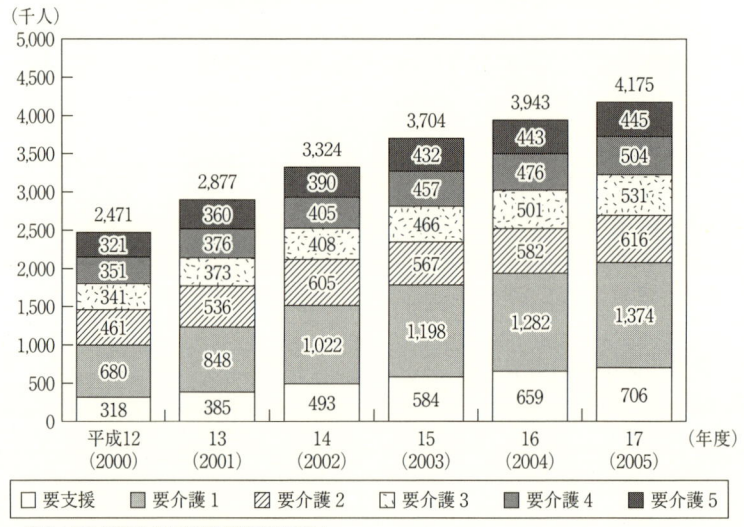

（千人）

年度	要支援	要介護1	要介護2	要介護3	要介護4	要介護5	合計
平成12（2000）	318	680	461	341	351	321	2,471
13（2001）	385	848	536	373	376	360	2,877
14（2002）	493	1,022	605	408	405	390	3,324
15（2003）	584	1,198	567	466	457	432	3,704
16（2004）	659	1,282	582	501	476	443	3,943
17（2005）	706	1,374	616	531	504	445	4,175

資料：厚生労働省「介護保険事業状況報告」。

年には390万人（同13.6％）となる，との推計のもとに介護保険制度を組立てていたが（図2-3参照），2004（平成16）年度の時点ですでに厚生労働省が予測していた2010年の要介護高齢者数に達している。

　要介護の発生率も厚生労働省の予測をはるかに上回っている。同省では要介

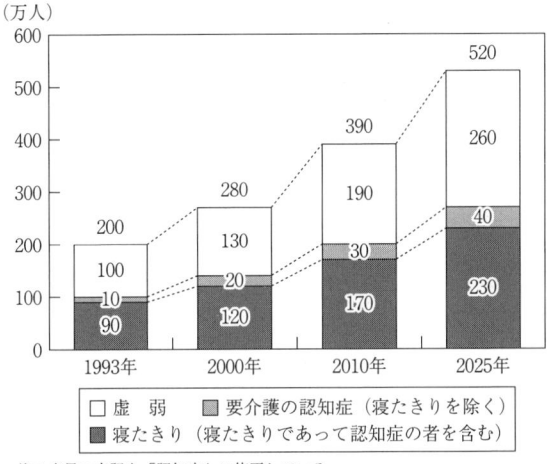

図2-3　寝たきり・認知症・虚弱高齢者の将来推計

(万人)
```
1993年: 虚弱100, 認知症10, 寝たきり90, 計200
2000年: 虚弱130, 認知症20, 寝たきり120, 計280
2010年: 虚弱190, 認知症30, 寝たきり170, 計390
2025年: 虚弱260, 認知症40, 寝たきり230, 計520
```

□ 虚弱　▨ 要介護の認知症（寝たきりを除く）
■ 寝たきり（寝たきりであって認知症の者を含む）

注：痴呆の表記を「認知症」に修正している。
出所：厚生労働省『厚生白書（平成10年版）』1998年。

護等高齢者の出現率を2010年の段階で65歳以上高齢者全体の13.6％と見込んでいたが，現実には2000年度11.0％→2001年度12.4％→2002年度13.9％→2003年度15.1％→2004年度15.7％と増加しており，2002（平成14）年度の時点ですでに厚生労働省が予測していた2010年の段階に達している。

　しかし，2006（平成18）年度になると，要介護・要支援認定者数は425.1万人で，前年度よりわずか7.6万人の増加にとどまっている（**図2-2**参照）。要介護高齢者の急増にともなう介護給付費の増加を抑制すべく，2005（平成17）年に介護保険法が改定され，増加の著しかった要支援，要介護1の高齢者の認定抑制がはかられたからである。抑制効果は顕著に現れており，要支援，要介護1と認定される高齢者は，**表2-3**に見るように改定後には減少している。

3　要介護高齢者の増加理由

　要介護高齢者の急増は介護予防の不足によるところが大きいとして，厚生労働省は2005（平成17）年に介護保険法を大幅に改定し，「介護予防重視への転換」を打ち出しているが（介護保険法の改定内容については第7章を参照のこと），要介護高齢者の増加は，介護予防の不足というよりも，①75歳以上の後期高齢

表2-3　要支援・要介護1の認定者数

(単位：万人)

	要支援		要介護 1		計
2005年10月	69.6		134.6		204.2
	要支援1	要支援2	経過的要介護	要介護1	
2006年10月	37.9	34.6	25.3	103.9	201.8
2007年10月	53.7	57.7	1.3	78.3	191.0

資料：厚生労働省「介護保険事業報告（暫定）」。

者が急増している，②その後期高齢者の多くは女性であるというふたつの理由，言い換えれば「自然増」によるところが大きい。以下，その理由を説明しよう。

　後期高齢者人口は，1970（昭和45）年の223.7万人（65歳以上の高齢者人口全体に占める比率は30.3％）から，2007（平成19）年には1270.3万人（同46.3％）と5.7倍も増加しているが，前期高齢者と後期高齢者とでは要介護状態になる発生率が大きく異なる。

　国勢調査の行われた2005（平成17）年のデータで見ると，2005年の65歳以上の高齢者人口は，65～74歳の前期高齢者が1407万人，75歳以上の後期高齢者が1160万人，計2567万人であったが，2005年度末現在，要介護・要支援と認定された高齢者は，前期高齢者が68.2万人（要支援12.6万人，要介護55.6万人），後期高齢者が349.4万人（要支援58万人，要介護291.4万人），計417.5万人で，後期高齢者が要介護・要支援認定者の83.7％を占めている。

　高齢者人口に占める割合は半数以下（46.3％）であるにもかかわらず，後期高齢者が要介護・要支援認定者の8割以上（83.7％）にも達しているのは，前期高齢者の場合には要介護の発生率が4.8％（68.2万人÷1407万人）なのに対して，後期高齢者の場合には30.4％（349.4万人÷1160万人）にもなり，要介護となる発生率が前期高齢者よりも6倍以上も高いからである。

　高齢者人口が急増しても，その大部分が前期高齢者であれば，要介護の発生率は5％弱であるから，要介護の高齢者は徐々に増加することはあっても急激に増加することはないが，わが国では近年，前期高齢者に比してはるかに要介護になるリスクの高い後期高齢者が急増しているために要介護の高齢者もまた急増しているのである。

第2章 深刻化する高齢者介護問題

表2-4 高齢者人口の年齢階層性別内訳

(2005年)

年齢階級	総数（千人）	男		女	
		実数（千人）	構成割合(%)	実数（千人）	構成割合(%)
65～69歳	7,434	3,545	47.7	3,889	52.3
70～74	6,637	3,039	45.8	3,598	54.2
(再掲)65～74歳	14,071	6,584	46.8	7,487	53.2
75～79歳	5,261	2,256	42.9	3,005	57.1
80～84	3,412	1,223	35.8	2,189	64.2
85～89	1,850	555	30.0	1,295	70.0
90歳以上	1,078	256	23.7	822	76.3
(再掲)75歳以上	11,601	4,290	37.0	7,311	63.0

注：10月1日現在の国勢調査人口。
資料：総務省統計局「平成17年国勢調査報告」。

次に，要介護高齢者数の性別内訳を見てみよう。

「平成16年国民生活基礎調査」（厚生労働省）によると，65歳以上の「手助けや見守りを要する者」は，男102.9万人（34.2%），女197.6万人（65.8%），計300.5万人と推計されており，女性の方が2倍近くも多くなっている。

また厚生労働省は要介護・要支援と認定された高齢者の性別内訳を公表していないが，同省の「介護給付費実態調査月報」で第一号被保険者（65歳以上）の介護保険サービス利用者数を見ると，女性が常にほぼ7割以上を占めている（たとえば2006年11月審査分では男105.7万人（26.1%），女299.3万人（73.9%），計405万人となっている）。要介護・要支援と認定された高齢者のすべてが介護保険サービスを利用しているわけではないが，要介護高齢者は圧倒的に女性に多いことがうなずけよう。

それにはふたつの理由がある。理由のひとつは，後期高齢者の多くは女性だということによる。2005年の高齢者人口でいえば，前期高齢者数は男658万人，女749万人で，男46.8%，女53.2%の構成割合であるが，後期高齢者になると，男429万人，女731万人で，構成割合は男37.0%，女63.0%となり，女性が6割以上を占めている。この差はより高齢になるにつれて拡がり，「85～89歳」では70.0%，「90歳以上」では76.3%を女性が占めている（表2-4参照）。

もうひとつの理由は，後期高齢期に入ると，女性の方が男性よりも要介護に

表2-5 性別・年齢階級別に見た要介護高齢者の発生率

年齢	男(%)	女(%)
65～69歳	3.3	2.8
70～74	5.7	5.9
75～79	9.9	11.9
80～84	18.5	25.0
85歳以上	39.5	49.8

資料：厚生労働省「平成16年国民生活基礎調査」。

なるリスクがはるかに高くなることによる。「平成16年国民生活基礎調査」によると，性別と年齢別に見た要介護の発生率は，**表2-5**のようになっている。

「65～69歳」と「70～74歳」の前期高齢期では，性別による差異は見られないが，後期高齢期になると，「75～79歳」は男9.9％，女11.9％，「80～84歳」は男18.5％，女25.0％，「85歳以上」は男39.5％，女49.8％と，年齢が高くなるにつれ女性の方が要介護となる比率がはるかに高くなっていることが一見してわかるだろう。

以上のふたつの理由から，すなわち，①前期高齢者よりも要介護となるリスクがはるかに高い後期高齢者人口が急増している，②そして，その後期高齢者人口は男性よりも要介護となるリスクが高い女性が多数を占めているというふたつの理由から，要介護の高齢者が急増しているのである。

第2節　家族介護の現状

1　介護保険の限界

　介護保険がスタートして以来，居宅介護サービスを利用する65歳以上の高齢者は，2000（平成12）年度119.3万人から2005（平成17）年度には248.9万人（2.1倍）に増加している[1]。利用者数だけではなく，要介護・要支援と認定された高齢者が居宅介護サービスを利用する割合も，2000年度の48.2％から2005年度には63.2％と増加している[2]。

　しかし，居宅介護サービスの利用が増えても，重介護を要する高齢者が在宅生活を続けるのは依然として厳しい。**表2-6**は，2004（平成16）年度に要介護・要支援と認定された65歳以上の第一号被保険者全体（394.4万人）と「単独世帯」（一人暮らし）の高齢者の介護度の構成割合を一覧にしたものである。「全体」では要介護3以上が36.0％に達しているが，「単独世帯」の場合は大半

が要支援と要介護1に集中しており，要介護3以上は約1割（10.5％）にすぎない。

理由は簡単で，一人暮らしの高齢者の場合は，介護度1または介護度2程度の軽介護状態であれば，訪問介護などの居宅サービスを利用することにより在宅生活を続けることが可能であるが，それ以上に重くなれば，家族介護が望めないために在宅生活の継続が困難になるからで

表2-6　一人暮らし高齢者の要介護・要支援認定割合
（2004年度）

	全体	単独世帯
要支援	16.7	33.5
要介護1	32.5	43.5
要介護2	14.8	12.5
要介護3	12.7	6.1
要介護4	12.1	3.7
要介護5	11.2	0.7

資料：「全体」の認定割合は厚生労働省「介護保険事業状況報告」。単独世帯の認定割合は「平成16年国民生活基礎調査」。

ある。言い換えれば介護保険サービスの限界を示しているのであるが，この限界を補うものは，現状では家族介護しかない。しかし，家族の介護力も次に見るように年々低下している。

２　減少している家族介護

「平成16年国民生活基礎調査」によると，在宅で要介護状態にある65歳以上の高齢者は300.5万人で，その主たる介護者は，「家族」242.6万人（80.7％），「事業者」32.4万人（10.8％），「その他」11.2万人（3.7％），「不詳」14.3万人（4.8％）となっている。

介護者が家族の場合は，「同居介護」が213.2万人（70.9％），「別居介護」が29.4万人（9.8％）となっている（図2-4参照）。

家族が介護をしている在宅高齢者の比率は，「平成10年国民生活基礎調査」では91.8％，「平成13年国民生活基礎調査」では82.4％であったから，1998（平成10）年から2004（平成16）年の間に11.1ポイント減少していることになる。とくに家族が同居しての介護は，1998年85.8％→2001年73.0％→2004年70.9％と2000年の介護保険実施を間に挟んで大きく減少している。他方，「事業者」が介護者となっているケースは，1998年5.2％→2001年7.8％→2004年10.8％と徐々に増加している。

図2-4　要介護高齢者から見た主な介護者の続柄

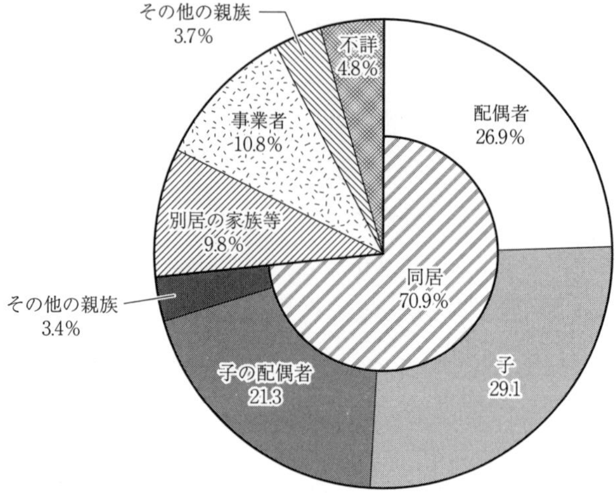

- その他の親族 3.7%
- 不詳 4.8%
- 事業者 10.8%
- 別居の家族等 9.8%
- その他の親族 3.4%
- 子の配偶者 21.3
- 子 29.1
- 配偶者 26.9%
- 同居 70.9%

資料:「平成16年国民生活基礎調査」。

3　男性介護者の増加

　要介護高齢者と主たる家族介護者との関係（続柄）を「平成16年国民生活基礎調査」で見ると，「配偶者」26.9％，「子」29.1％，「子の配偶者」21.3％，「その他の親族」3.4％，計80.7％となっている（図2-4参照）。

　性別は，男性27.7％，女性72.3％となっており，老親介護は依然として女性が多くを担っている。だが，「平成10年国民生活調査」時には男性16.5％，女性83.5％，「平成13年国民生活調査」時には男性23.6％，女性76.4％であったから，男性が介護を担う割合は年々増加してきているといえる。

　とくに「配偶者」と「子」の場合にその傾向が顕著になっており，「夫」が介護者となる比率は，1998年26.2％から2004年32.5％に増え，「息子」が介護者となる比率は，1998年26.9％から2004年41.7％と大きく増加している（**表2-7参照**）。第2章で見たように，「夫婦のみ」で暮らす高齢者や「未婚や配偶者のいない子」と暮らす高齢者が増加しているからである。

　他方，これまで日本的介護の特徴であった「嫁」による介護は，次第に減少している。介護者が「子の配偶者」である場合，その大半は息子の妻（嫁）であるから（**表2-7参照**），「子の配偶者」とは「嫁」と見て差し支えないが，そ

表2-7　要介護高齢者と同居している主な家族介護者の性別内訳

(％)

高齢者との続柄	男			女		
	1998年	2001年	2004年	1998年	2001年	2004年
配偶者	26.2	30.5	32.5	73.8	69.5	67.5
子	26.9	36.3	41.7	73.1	63.7	58.3
子の配偶者	0.3	2.4	3.3	99.7	97.6	96.7
その他の親族	14.7	20.2	24.2	85.3	79.8	75.8
計	16.5	23.6	27.8	83.5	76.4	72.3

資料：「平成10年国民生活基礎調査」「平成13年国民生活基礎調査」「平成16年国民生活基礎調査」。

の比率は，「平成10年国民生活基礎調査」では29.9％，「平成13年国民生活基礎調査」では24.7％，「平成16年国民生活基礎調査」では21.3％と年々減少している。家族介護が今後も続くとしても，「配偶者」と「子」による介護が中心となり，「嫁」による介護は確実に低下していくであろう。

4　介護者の3分の1以上は老老介護──70歳以上

　介護にあたっている家族の年齢は，**表2-8**のように推移している。いずれの調査年次においてももっとも多いのは「50～59歳」であるが，「70歳以上」の介護者が年々増加しているのが特徴で，2007年には35.2％まで増加している。「老老介護」といわれるゆえんである。[3]

　より「老老介護」になりがちなのは，男性が介護者となる場合で，「平成19年国民生活基礎調査」によれば，介護者が「70歳以上」の割合は，女32.3％に対し男43.1％となっている。介護者が女性の場合には妻以外に娘や息子の妻が介護者となることが多いのに対して，男性が介護者となる場合には「夫婦のみ」で暮らす高齢者世帯が増加していることから高齢の夫が介護者となることが多いためである。

　また，近年は認知症の妻や夫が，認知症の夫や妻を在宅介護している「認認介護」の実態も次第に明らかになってきている。

表2-8 要介護高齢者と同居している家族介護者の年齢構成割合の年次推移

(%)

	2001年	2004年	2007年
40歳未満	3.8	3.0	2.4
40〜49歳	12.9	12.8	9.2
50〜59歳	29.2	28.3	29.2
60〜69歳	25.6	26.7	23.9
70〜79歳	22.2	20.3	23.6
80歳以上	6.4	8.9	11.6

資料：「平成13年国民生活基礎調査」「平成16年国民生活基礎調査」「平成19年国民生活基礎調査」。

5 長期化する介護期間

「平成19年国民生活基礎調査」で要介護状態になってからの期間（家族からすれば介護をするようになってからの期間）を見ると（「期間不詳」を除く），「1か月未満」0.8％，「1か月以上6か月未満」7.0％，「6か月以上1年未満」8.2％，「1年以上3年未満」32.7％，「3年以上5年未満」23.6％，「5年以上10年未満」16.9％，「10年以上」10.7％となっており，「3年以上」が51.2％と半数を超えている。「平成16年国民生活基礎調査」でもほぼ同様で，「3年以上」が48.5％となっている。

医療水準が向上し，その高度に発達した医療を健康保険証1枚で容易に利用できるようになったことから，わが国は世界でももっとも長命社会になったが，同時にそのゆえにひとたび要介護状態になると，その期間も長期にならざるをえなくなっているのである。

第3節 私的介護から公的介護へ

1 家族介護への幻想

経済が高度に発展し，長命社会になると，高齢者介護は家族による私的介護から公的な介護制度へと移行していかざるをえないが，わが国では1970年代末から80年代末までの約10年間にわたって家族介護に固執する「日本型福祉社会」政策が実施されてきた。

「日本型福祉社会」政策とは，次章で詳しく説明するが，「先進国に範を求めるのではなく，個人の自助努力を基礎としつつ日本型ともいうべき新しい福祉社会の実現を目指す」というもので，「家族による相互扶助」（家族介護）が基

軸に据えられた。「家族は，わが国の含み資産」（厚生省『厚生白書（昭和53年版）』）であると信じられていたからである。

　だが，「家族による相互扶助」を基軸に据えた福祉政策は，わが国のように高度に経済が発達し長命社会を迎えた国においては破綻せざるをえない。厚生省老人保健審議会は1996（平成8）年4月に，「高齢者の介護は，それを負担する家族に肉体的，精神的，経済的重圧となり，心で想う介護が全うできず，家族の崩壊や離職をはじめ様々な家庭的悲劇の原因となる」（「高齢者介護保険制度の創設について」）と述べ，介護保険制度創設の必要性を強調したが，あまりにも遅すぎた認識だったといわなければならない。

　しかし，わが国には今なお，「日本には子どもが年老いた親の世話をする良き美風がある」とか「家族介護・家庭介護が理想」と信じている人々が，政治家を含め少なくない。そこで，なぜわが国のように高度に経済が発達した社会においては，家族介護が困難・不可能になるのか，その理由を説明しておこう。

2　高齢者介護問題は経済発展の必然

　理解を容易にするために筆者の私的体験をまず紹介しよう。筆者は1947（昭和22）年に，当時人口15万人の地方の中都市で生まれた。いわゆる団塊の世代（1947～49年生まれ）のひとりである。

　産まれたのは病院ではなく，自宅で「産婆さん」の手によって出生した。幼年期には兄弟や近所の子どもたちと遊んで育ち，保育所や幼稚園に行くことはなかった。家庭には祖父，祖母が一緒に暮らしており9人家族であった。祖母は筆者が小学6年生の時に（1959年），祖父は中学1年生の時に（1960年），ともに自宅で家族に見守られながら亡くなった。筆者の家庭が特別に貧しく入院費用がなかったからではない。当時は高齢者の大半が自宅で家族から看病・介護を受けながら臨終を迎えていた（図2-5）。

　以上の筆者の体験は，決して特別なものではなく，筆者たち団塊の世代やそれ以前の世代の共通体験であるが，現代の青年には昔話としか思えないであろう。現代の青年のほとんどは，病院で生まれ，保育所か幼稚園で育ち，自宅で死の床についた祖父母の姿を知っている者は皆無に近いと思われるからである。

図2-5　臨終の場の変化

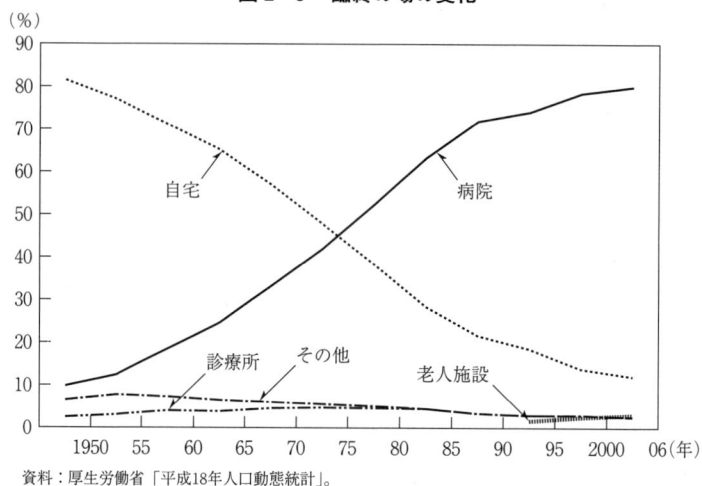

資料：厚生労働省「平成18年人口動態統計」。

　筆者が自身の体験をここに紹介したのは，わが国においても，かつては出産，育児，高齢者の介護や死の看取りは，家庭の中で行われる営み事（家事）のひとつであったことを伝えたかったからである。

　筆者たち団塊の世代が幼年期を過ごした時代は，まだ農林業などの第一次産業中心の時代であったが（7頁参照），第一次産業中心の社会では，育児や高齢者介護が社会問題となることはない。なぜなら，そこでは職（労働）と住まいの場が一致ないしは近接しているために，人々（とくに主婦）は仕事をしながら育児や介護をすることができたし，育児は高齢者の仕事（役割）であったからである。また，短命社会であったから，たとえ要介護になっても，現在のように介護期間が長期化することはなかった。

　しかし，経済が高度に発達しはじめると，都市への人口の集中，女性の労働市場への参加，核家族化などが進み，かつては家庭の中で行われていた，出産，育児，高齢者の介護，死の看取りなどは，家庭で行われることはなくなり，それぞれの専門家や専門施設に委ねられるようになる（こうした現象を家事機能の外部化または社会化という）。

　前述したように，わが国には今なお「日本には子どもが年老いた親の世話をする美風がある」と信じていたり郷愁の念を抱いている人々が少なくないが，

それは経済が未発達だったから可能だったことを知っておかなければならない。また，わが国や中国，韓国など儒教の影響を受けている国においては，伝統的に家族介護が行われていたと思い込んでいる人も少なくないが，いずれの国においても第一次産業中心の時期には高齢者介護は家族が担っており，それは「儒教国」にかぎった伝統ではないことも知っておかなければならない。

　家族介護が困難・不可能になった直接的な理由は，前述した要介護高齢者数の増加，介護期間の長期化，老老介護などに見られる長命社会が実現したことによる影響と，都市への人口の集中（農山村地域においては過疎化の進行），核家族化の進行，一人暮らしや夫婦のみで暮らす高齢者の増加（子どもとの同居率の低下），働く女性の増加などにより生じた家族の介護力の低下などに求めることができるが，これらをもたらした要因は経済発展にある。それゆえ，高齢者の介護問題とは，経済発展の必然であり，経済が高度に発達した「豊かな社会」になると，必ず直面する社会問題であるとの認識が必要なのである。

　このことが正しく認識できず，公的な介護制度の充実が遅れたり，怠ったりすると，「敬老」が社会規範ではなくなった現代社会においては，次に見るような高齢者虐待が起きる。

第4節　家庭内高齢者虐待

1　全国調査結果の概要

　近年，わが国では家庭内での高齢者虐待が深刻化していることから，高齢者虐待防止法（法律の正式名は「高齢者虐待の防止，高齢者の養護者に対する支援等に関する法律」）が2005（平成17）年11月に制定され，2006（平成18）年4月1日から施行されているが，2007（平成19）年9月，厚生労働省はこの法律に基づく初めての調査結果を公表した（以下，「厚労省調査」と略。高齢者虐待防止法の内容および高齢者虐待の定義については第6章第3節を参照のこと）。

　「厚労省調査」によると，2006年度に全国の1829の市町村が事実確認のうえ，「養護者」（大半は家族）による虐待と認定した件数は1万2569件で，そのうち虐待が原因で31名の高齢者が死亡している。

家庭内での高齢者虐待は外部からは容易には窺い知ることができないので，市町村が把握した上記の虐待件数も氷山の一角にすぎないと見なければならないが，家庭内での高齢者虐待は先に見た家族介護の状況と深い関連があるので，「厚労省調査」で明らかになった特徴的な点を以下に紹介する。

① 虐待者でもっとも多かったのは「息子」37.1％で，次いで「夫」14.1％，「娘」13.5％，「息子の配偶者（嫁）」10.2％であった。

② 虐待内容（重複あり）では「身体的虐待」が64.1％ともっとも多く，次いで怒鳴る，無視する，排泄の失敗を嘲笑するなどの「心理的虐待」が35.6％，「介護放棄（ネグレクト）」が29.4％，「経済的虐待」が27.4％，「性的虐待」が0.7％であった。

③ 虐待を受けていた高齢者（被虐待高齢者）の男女比は，「女性」76.9％，「男性」22.8％（「不明」0.3％）で，虐待被害者の大半は女性であった。

④ 虐待にあっている高齢者の年齢は，「80～89歳」がもっとも多く，39.8％と4割近くに達している。「90歳以上」が9.4％，「70～79歳」が36.8％なので，虐待にあっている高齢者の大多数は後期高齢者であるといえる（65～69歳」は10.7％）。

⑤ 被虐待高齢者の多くは要介護の高齢者であった。2006年度の65歳以上の高齢者の要介護認定率は16.2％であるが，被虐待高齢者の場合は67.2％で，「自立」はわずか3.5％にすぎなかった（残りの約3割は「未申請」24.5％，「申請中」1.5％，「不明」3.3％）。認知症も75.9％に見られ，「自立または認知症なし」は17.5％にすぎなかった（その他は「認知症の有無が不明」が6.6％）。

2　高齢者虐待の変化

　高齢者虐待に関する調査は，1994（平成6）年に高齢者処遇研究会が全国の在宅介護支援センターを通じて行って以来，これまでにさまざまな研究者や民間団体により行われてきたが，いずれの調査においても，家庭内虐待にあっている高齢者は，女性が圧倒的に多く，かつ年齢が80歳以上で，要介護状態にある高齢者に多い，という3つの共通点があった。それは今回の「厚労省調査」

でも変わっていないが，これまでの調査結果と比較すると明らかに変化している点がふたつある。

　第一は，虐待加害者が女性から男性に入れ替わったことである。研究者によるもっとも直近の調査は，淑徳大学多々良研究室が1998（平成10）年に全国の在宅介護支援センターとデイサービスセンターを通じて行った調査かと思われるが，多々良研究室の調査では，家族による虐待の62.5％は「女性」によるもので，「男性」が加害者なのは37.5％であった。それに対して「厚労省調査」では，「女性」28.6％，「男性」53.7％で（その他は性別が不明），男性家族による虐待は女性よりも2倍近くも多くなっている。その内訳を見ても，「妻」4.9％に対し「夫」14.1％，「娘」13.5％に対し「息子」37.1％と，男性が虐待加害者となっている比率は圧倒的に高い。

　第二の変化は，これまではいずれの調査を見ても，「息子の配偶者」，すなわち「嫁」による虐待がもっとも多かったが，今回の「厚労省調査」では「嫁」による虐待は大きく減少する一方で，「息子」による虐待が急増していることである。先の多々良らの調査では「息子」が23.5％，「子の配偶者」が36.0％となっており，そのうちの99.2％が「嫁」であったが，「厚労省調査」では「嫁」は10.2％と大きく減少し，「息子」が37.1％と急増している。

　以上のふたつの変化が生じたのは，先に見た男性介護者の増加と深い関係があることは否めないだろう。とくに「息子」が介護者となるケースは，1998（平成10）年の26.9％から2004（平成16）年には41.7％に急増しているが，「息子」による介護が増えるにつれ，その老親虐待も増えている。他方，「嫁」による虐待が減少しているのは，これも前述したように「嫁」による介護が年々減少していることに加えて，介護保険サービスが容易に利用できるようになったことから介護負担が減少したためと思われる。

　わが国では今なお「家庭介護・家族介護が理想」と信じている人々が少なくないが，現代社会において家族が高齢者介護を担おうとすれば，①男性（とくに夫）も介護者となる，②「老老介護」となる，③介護期間は長期に及ぶ，という3つの可能性がきわめて高いことを覚悟しなければならない。また，「息子」や「夫」など男性が介護者となる場合には，「妻」「娘」「嫁」など女性が

表 2-9 高齢化の推移と将来推計

年次	65歳以上		65〜74歳（再掲）		75歳以上（再掲）	
	実数(千人)	高齢化率(%)	実数(千人)	構成割合(%)	実数(千人)	構成割合(%)
2000	22,005	17.3	13,007	10.2	8,999	7.1
2005	25,672	20.1	14,070	11.0	11,602	9.1
2010	29,412	23.1	15,190	11.9	14,222	11.2
2015	33,781	26.9	17,329	13.8	16,452	13.1
2020	35,899	29.2	17,162	14.0	18,737	15.3

資料：2005年までは総務省「国勢調査」。2010年以降は国立社会保障・人口問題研究所「日本の将来推計人口」（平成18年12月推計）。

介護者となる場合に比して，高齢者虐待が起きる可能性がはるかに高いことも認識しておかなければならない。

第5節　今後いっそう深刻化する高齢者介護

これまで，①要介護高齢者の急増とその理由，②介護保険実施以降，居宅介護サービスの利用が増えてきているものの，そのレベルは要支援や要介護1程度の軽度の高齢者の生活を支えるものにすぎないこと，③それゆえ要介護高齢者が在宅生活を継続していくためには家族介護が不可欠であるが，その介護力も年々低下してきていること，④のみならず家庭内虐待が深刻になってきていることを見てきたが，今後，「介護の社会化」が十分な財源を持って強力に推進されなければ，高齢者介護は一層深刻化していくであろう。次に述べる4つの困難な問題が待ち受けているからである。

第一に，今後も要介護高齢者が急増することは避け難い。国立社会保障・人口問題研究所は，65歳以上の高齢者人口は2005年の2567.2万人から2020年には3589.9万人に1千万人以上増加すると予測しているが，そのうち約7割は後期高齢者である（**表2-9**参照）。

厚生労働省は前述したように2005（平成17）年に介護保険法を改定し，高齢者介護システムの「介護予防重視への転換」を打ち出した。「介護予防」に取り組むことで一定の効果をあげることができたとしても，前期高齢者に比してはるかに要介護になるリスクの高い後期高齢者が今後も急増する以上，介護予

表2-10 認知症高齢者の現状と将来推計

(単位:万人)

	2002年	2005年	2010年	2015年	2020年	2025年
認知症自立度Ⅱ以上	149 6.3%	169 6.7%	209 7.2%	250 7.6%	289 8.4%	323 9.3%
認知症自立度Ⅲ以上	79 3.4%	90 3.6%	111 3.9%	135 4.1%	157 4.5%	176 5.1%

注:下段は65歳以上人口比(%)。
資料:厚生労働省老健局高齢者介護研究会「2015年の高齢者介護——高齢者の尊厳を支えるケアの確立に向けて」2003年6月26日。

防には自ずと限界があり,要介護高齢者がさらに増加することは避け難い。

第二に,認知症高齢者の増加が避け難いからである。認知症はより高齢になるにつれ発症率が高くなっており,後期高齢者の増加に応じて認知症高齢者も増加する。それゆえ,厚生労働省も現在(2005年),169万人と推計されている認知症高齢者が,2015年には250万人に,2025年には323万人に増加すると見込んでいる(**表2-10**参照)。

認知症高齢者の増加が「寝たきり」高齢者の増加以上に深刻なのは,寝たきり予防のような予防効果が望めないことに加えて,在宅介護サービスの中心となる訪問介護,訪問看護などのデリバリーサービス(delivery service)が有効ではないからである。

これらは,ある一定の決まった時間に利用者宅を訪問し,短時間の間に必要な援助を手早く済ませ,次の利用者宅を訪問するという巡回型,スポット型のサービスであることで共通している。こうした方式のサービスは,家事援助が中心となる虚弱な高齢者や,身体介護が中心となる「寝たきり」高齢者には有効ではあるが,認知症高齢者の場合には,長時間にわたって見守りをし,適時必要な援助を行うことが求められるので有効ではない。[5]

したがって認知症ケアにおいては,認知症専用のデイサービスセンター,小規模多機能型居宅介護,グループホームなどの「在宅施設」を大量に整備する必要があるが,厚生労働省には認知症高齢者に対してデリバリーサービスは有効ではないという認識がこれまで欠けていたし,そのためこれらの「在宅施設」数も大きく不足しているのが現状である。

表2-11 大都市圏の65歳以上高齢者数と将来推計

（人口の単位は千人）

	2005年		2025年	
	高齢者人口	高齢化率(%)	高齢者人口	高齢化率(%)
埼玉県	1,157	16.4	2,005	29.7
千葉県	1,061	17.5	1,781	30.3
東京都	2,295	18.2	3,431	26.3
神奈川県	1,480	16.8	2,429	27.3
愛知県	1,249	17.2	1,928	26.5
大阪府	1,635	18.5	2,397	29.7
その他の地域	16,795	21.8	22,406	32.3
計（全国）	25,672	20.1	36,377	30.5

　第三に，家族の持つ介護機能がさらに低下することも避け難いからである。家族の介護力がもっとも備わっているのは，祖父母・息子（娘）夫婦・孫で暮らす「三世代同居世帯」であるが，すでに第2章で見たように，伝統的な家族形態といわれていたこの世帯は年々低下する一方，家族介護が期待できない「一人暮らし」や，家族の介護力の乏しい「夫婦のみ」や「配偶者のいない子」と暮らす高齢者が増加している。今後，こうした傾向がさらに強まっていくことも避け難い。

　第四に，今後は首都圏（東京都，神奈川県，埼玉県，千葉県）と，名古屋市，大阪市が所在する愛知県，大阪府の大都市圏で高齢者介護問題が深刻化していくことが十分に予測できるからである。

　これらの大都市圏は，これまでは高齢化率はさほど高くはなかったが，高度経済成長期以降に地方から移住してきた人々が，今後，次々と高齢期を迎えるために高齢者人口が急増する。その状況はすでに第1章で見たが，再度確認すると，65歳以上の高齢者人口は，2025年には現在（2005年）よりも，埼玉県84.8万人（1.7倍），千葉県72.0万人（1.7倍），東京都113.6万人（1.5倍），神奈川県94.9万人（1.6倍），愛知県67.9万人（1.5倍），大阪府76.2万人（1.5倍）とそれぞれ増え，計506.4万人増加すると予測されている。わが国全体で高齢者人口は，2005年から2025年までに1071万人増加すると見込まれているが，そのうちの約半数（47.3％）が上記の6都府県に集中している（**表2-11**参照）。

第 2 章　深刻化する高齢者介護問題

表 2 -12　大都市圏における介護保険施設定員数

(2005年10月 1 日現在)

	65歳以上人口 （千人）	施設定員数 （人）	65歳以上人口 10万人対定員数(人)	全国順位
埼 玉 県	1,157	28,678	2,479	46
千 葉 県	1,061	27,835	2,623	44
東 京 都	2,295	51,405	2,240	47
神奈川県	1,480	38,752	2,618	45
愛 知 県	1,249	34,193	2,738	43
大 阪 府	1,635	47,844	2,926	40
その他の道府県	16,795	582,330	3,467	
全　　国	25,672	811,037	3,159	

資料：65歳以上人口は総務省「国勢調査報告」。介護保険施設定員数は厚生労働省「介護サービス施設・事業所調査」。

　大都市圏での高齢者介護が今後一層深刻になると予想されるのは，この急増する高齢者人口の多くが，要介護になるリスクがきわめて高い後期高齢者であるにもかかわらず，これらの大都市圏では介護施設の整備が著しく立ち遅れているからである。

　表 2 -12は，65歳以上の高齢者人口10万人に対する介護保険三施設（特別養護老人ホーム，老人保健施設，介護療養型医療施設）の定員数を一覧にしたものである。全国47都道府県の中で高齢者人口比に対して施設入居・入所定員数がもっとも低いのは，東京都で，以下，埼玉県，神奈川県，千葉県，愛知県と続き，「ワースト 5 」はすべて大都市圏に集中している。

　認知症グループホームの整備も遅れている。現在（2005年10月 1 日現在）の認知症グループホームの利用定員数は， 9 万4907人で，65歳以上の人口10万人に対する定員数（平均）は369人であるが（厚生労働省「介護サービス・事業所調査」），上記の大都市圏とそれ以外の地域とに分け，それぞれの利用定員数を求めてみると，大都市圏以外の地域は447人であるのに対して，大都市圏は223人で半分にすぎない。もっとも少ないのは，東京都の81人で全国最下位である。他の地域も千葉県246人，大阪府248人，神奈川県269人，愛知県295人，埼玉県309人となっている。

　「施設が不足していても在宅サービスで補える」との主張は，高齢者介護に

従事したことのない者の空論や願望にすぎない。介護度の軽い高齢者ならばともかく重介護を要する高齢者を在宅介護サービスで支えるにはおのずと限度がある。第3章で見るように，介護保険制度がはじまって以降，介護付き有料老人ホームが大都市圏を中心に急増しているのはそのゆえである。早急に施設整備を行わなければ，これら大都市圏では今後，「介護地獄」が起きる可能性が十二分にある。

注
(1) 厚生労働省「介護保険事業状況報告」により，2000年度は2000年4月～2001年2月までの，2005年度は2005年3月～2006年2月までのサービス利用者数の平均値を算出。
(2) 注(1)の居宅介護サービス利用者数を，各年度末の65歳以上の要介護・要支援認定者数により算出。
(3) 『広辞苑』では「老老介護」を2008年の第6版で初めて収録し，「高齢者が高齢者の介護を在宅ですること。親の介護をする子も高齢化している場合などを指す」と説明している。
(4) 多々良紀夫「日本における高齢者虐待問題の現状――高齢者サービス機関の全国調査をもとにして」多々良紀夫編『高齢者虐待――日本の現状と課題』中央法規出版，2001年。
(5) 詳しくは，永和良之助『悲しみをわかちあえますか――高齢者の人権と福祉』創風社出版，2003年を参照。

参考文献
永和良之助『悲しみをわかち合えますか――高齢者の人権と福祉』創風社出版，2003年。
染谷俶子編『老いと家族――変貌する高齢者と家族』ミネルヴァ書房，2000年。
宮武剛『介護保険の再出発』保健同人社，2006年。
森幹郎『政策視点の老年学』ミネルヴァ書房，1983年。

第3章　高齢者介護政策のあゆみ

第1節　始動期――老人福祉法制定から「福祉見直し」論まで

1　訪問介護と特別養護老人ホームの創設

　わが国で高齢者介護が社会制度としてはじまったのは，1963（昭和38）年8月の老人福祉法の施行（制定は1963年7月）からである。それまでは，戦前の養老院から養老施設と名称を変更した生活保護施設に，生活に困窮している身寄りのない高齢者を「収容保護」するのが唯一の高齢者福祉施策であったが，老人福祉法の施行により，訪問介護（ホームヘルプサービス。当時の事業名は「老人家庭奉仕員派遣事業」）と特別養護老人ホームが法制化され，居宅介護と施設介護が行われるようになった。ともに行政による「福祉の措置」として，言い換えれば公的責任のもとに実施されたが，訪問介護と特別養護老人ホームが創設されたのには次のような社会的要因があった。

　第一は，高齢者に対する家族扶養機能の弱体化である。財産や家業を相続し「家を継いだ子どもが親をみる」相続家族制度と，農林漁業などの第一次産業中心の社会であることが，家族による高齢者扶養の社会的基盤であるが，前者は子ども間の均等相続を定めた戦後の民法改正（1947年）により，後者は1955年ごろからはじまった高度経済成長により次第に崩れはじめた。とくに高度経済成長の影響は大きく，都市部への人口の集中や，それまでの農業を中心とする第一次産業の衰退や，夫婦と子どものみの家庭（核家族）の増加といった社会変動が生じ，一人暮らしの高齢者や子どもに「みてもらえない」高齢者が増加しはじめた。

　かかる高齢者で心身の機能が低下した高齢者の身の回りの世話をするために，1956（昭和31）年に長野県上田市で「家庭養護婦」を派遣する事業が実施され

るようになったのが，わが国の訪問介護のはじまりで，老人福祉法が制定されるまでに同様の事業が，長野県下13市町村，大阪市，名古屋市，神戸市，秩父市，布施市（現東大阪市の一部）で実施されていたという。(1)

　第二は，「寝たきり老人」の増加という新たな老人問題の出現である。寝たきり高齢者も高度経済成長の開始とともに増えはじめ，厚生省（現厚生労働省，以下同様）が1960（昭和35）年に行った「高齢者調査」では約22万人（65歳以上高齢者人口の4.2％）と推計されている。1963（昭和38）年の「高齢者実態調査」では約32万人（同5.6％）に増加し，介護に困窮する家庭がさらに増えていた。(2)

　養老施設（老人福祉法制定により養護老人ホームに名称変更）でも入所期間が長期化するにつれ病弱・虚弱な老人が増え，寝たきり高齢者が増加していた。厚生省の1962（昭和37）年の調査では入所者のうち35.9％が「病弱」で，そのうち9.2％が寝たきり状態であったという。(3)当時の養老施設は大部屋雑居の生活であったが，こうした大部屋で健康な高齢者と寝たきりの高齢者が雑居生活をするのには種々問題が生じていた。

　このような一般家庭と養老施設での寝たきり高齢者の増加を受けて，「諸外国にその例をみるナーシングホーム（看護施設）を計画的に設置してゆくことを考えなければならない」（『厚生白書（昭和37年版）』）として創設されたのが特別養護老人ホームである。

　しかし，訪問介護と特別養護老人ホームには次のような性格の違いがあった。特別養護老人ホームの場合には，入所条件に経済的要件はなく，常時介護が必要であり，かつ家庭では介護できないことだけが，サービス受給の要件であった。それに対して，訪問介護の場合には経済的要件が課せられていた。すなわち，老人福祉法上では「身体上又は精神上の障害があって日常生活を営むのに支障がある老人」（第12条，1963年法制定時）が対象となっていたが，実際の運用においてはホームヘルパーの派遣世帯に占める「被保護老人世帯の割合は，おおむね50％以上とする」（1962年「厚生省事務次官通知」）と定められており，生活保護受給や低所得の高齢者世帯に限定されていた。1969（昭和44）年度から「寝たきり老人家庭奉仕員派遣事業」と，寝たきり高齢者などに特殊寝台などを貸与する「日常生活用具給付等事業」がはじまったが，その対象もやはり

低所得の高齢者世帯に限定されていた。

　特別養護老人ホームも施設数が不足していたために，現実には低所得世帯の高齢者の入所が優先されたが，普遍主義の考え方のもとに創設されたのに対して，訪問介護は当初から選別主義と救貧主義の考え方のもとに置かれていたのである。

2　訪問介護と特別養護老人ホームの整備状況

　訪問介護と特別養護老人ホームは，1960年代にはほとんど整備が進んでいない。当時，「自分の収入で暮らせる」高齢者は，老人福祉法制定時で33.2％，1968（昭和43）年においても39％にすぎなく（『厚生白書（昭和48年版）』），まず所得保障（年金）と医療制度の充実を優先させなければならなかったからである。1969（昭和44）年の総理府の調査においても，高齢者が「政府に一番力を入れてほしい」としていたのは，「年金を増やしてほしい」（45％）と「気軽に医者にかかれるようにしてほしい」（24％）のふたつで，「老人ホームや老人住宅をふやしてほしい」はわずか6％にすぎなかった。こうした事情から，老人福祉法制定について，「マスコミも一般の高齢者も，この法律の制定に大きな関心は寄せていなかった」といわれている[(4)]。

　特別養護老人ホームの整備が進みはじめるのは，1970（昭和45）年に策定され，1971（昭和46）年から実施された「社会福祉施設緊急整備5カ年計画」からである。この計画は，社会福祉施設，とくに特別養護老人ホームや重度心身障害児・者施設の整備が立ち遅れているとの中央社会福祉審議会の答申（「社会福祉施設の緊急整備について」1970年11月）を受けて実施されたもので，1975（昭和50）年度末までに特別養護老人ホームの入所定員数を5万2300人にまで増やすというものであった。この目標は1973（昭和48）年に起きた石油危機による経済状況の悪化により達成はできなかったが，1970年12月から1975年10月のほぼ5年間に，施設数は152か所から539か所に（3.5倍），入所定員数は1万1280名から4万1606名に（3.7倍）増加した（**表3-1**）。だがそれでも65歳以上の高齢者人口に対する入所定員比率は，まだ0.47％にすぎなかった。

　訪問介護は特別養護老人ホーム以上に整備されなかった。この事業がはじま

表3-1 特別養護老人ホームの整備状況

年度	施設数	定員数
1963	1	80
64	13	954
65	27	1,912
66	42	3,142
67	62	4,592
68	81	5,861
69	109	7,819
70	152	11,280
71	197	14,751
72	272	20,183
73	350	26,503
74	451	33,955
75	539	41,606

注：1972年以降は10月1日，それ以前は12月末現在の数値。
資料：厚生省「社会福祉施設調査」。
出所：全国老人福祉施設協議会『1978年老人福祉年報』全国社会福祉協議会，1978年。

表3-2 ホームヘルパー数の推移

年度	設置市町村数	ホームヘルパー数	派遣世帯数
1964	160	611	6,616
65	229	673	6,890
66	316	855	7,399
67	451	1,108	9,508
68	638	1,338	13,877
69	1,960	4,145	25,785
70	2,223	4,746	30,801
71	2,533	5,586	37,586
72	2,728	6,233	44,726
73	2,940	7,278	53,140
74	3,049	8,178	58,443
75	3,106	8,549	62,395

資料：厚生省「社会福祉行政業務報告」。
出所：森幹郎『老人問題解説事典』中央法規出版，1984年，212頁。

った1963（昭和38）年に予算措置されたホームヘルパー数は，全国でわずか250名にすぎなかった。その後，表3-2のようにホームヘルパー数が徐々に増え，1965年673名から，1970年4746名，1975年8549名と増加し，1975年には全国の市町村（1975年の全国の市町村数は3257）の大半（95.4％）にホームヘルパーが配置されたが，ヘルパー数は65歳以上の高齢者人口千人当たりに換算すると，1975年になっても0.96名という低水準であった。

　後述するが，1970年代に入ると「居宅処遇」が強調され，さまざまな在宅福祉施策が講じられている。にもかかわらず在宅福祉の中心となるホームヘルパー数が遅々として増えなかったのは，特別養護老人ホームの場合には，入所に要する費用（措置費）の8割を国，2割を都道府県が負担していた（後に国庫負担2分の1，都道府県，市町村各4分の1に改定）のに対して，訪問介護の場合には，費用負担割合が国，都道府県，市町村それぞれ3分の1となっており，実施主体である市町村の負担が大きかったことも一因であるが，最大の理由は，

前述したように救貧施策として実施されていたことにあった。利用者数が限定されていたためにヘルパー数も増加しなかったのである。

3 在宅福祉の開始と認知症介護の立ち遅れ

社会福祉の解説書では，在宅福祉サービスは「1970年代後半から，わが国において改めて主張されるようになっている社会福祉の新しい動きのひとつ」とされているが，高齢者福祉においては，1970年代初めから在宅福祉サービスの必要性が強調され実施されている。

すなわち，1970（昭和45）年に中央社会福祉審議会が「事情の許すかぎり居宅において，家族，近隣の暖かい理解のもとに生活を営むことが，老人自身のニードであるとともに，より多くの幸せをもたらすものであるから」，今後は「施設対策とともに居宅処遇を原則とした老人の需要の多様性に応じたサービスのあり方」を検討するよう意見具申した（「老人問題に関する総合的諸施策について」）のを受けて，厚生省は1971（昭和46）年度から，身体に障害のある高齢者が特別養護老人ホームなどでリハビリを受ける「在宅老人機能回復訓練事業」と，一人暮らしの高齢者が体調を崩したときなどに近隣の住民や民生委員を派遣する「独居老人介護人派遣事業」を，1973（昭和48）年度には特別養護老人ホームなどの老人福祉施設に食事に行く（宅配も可）「食事サービス事業」などを実施している。

これらはいずれも，利用対象者を一人暮らしや低所得者の高齢者に限定していたり，予算が少ないために実施施設も限られているといった欠点はあったが，1970年代初めの早い時期から在宅福祉施策が実施されていたことは注目に値するし，「在宅老人機能回復訓練事業」や「食事サービス事業」の実施は，社会福祉施設の地域開放の先駆けとしても評価できよう。

だが，認知症介護については何の措置も講じられていない。まだ深刻な社会問題になっていなかったからではない。認知症高齢者を抱え，その介護に苦闘している家族の姿をリアルに描いた有吉佐和子の『恍惚の人』が大ベストセラーとなったのは1972年であるが，その当時，認知症高齢者は優に30万人を超えていたと推計される。

著者は小説の中で，地方自治体（東京都）の老人福祉担当者に，家庭で介護できないのであれば「精神病院しか収容する施設はない」と語らせているが，それは著者の創作ではなく，厚生省老人福祉課長が1981（昭和56）年になっても，「老人ホームの入所者がぼけていく場合はお世話していますが，本来は精神衛生対策の分野。狭い意味での老人福祉では何の対策もありません」と語っていたように，当時の国（厚生省）の政策そのものであった。認知症高齢者は異常な問題行動を起こし，他の入所者に「著しい迷惑を及ぼすおそれがある」とされ，老人福祉の対象外とされていたのである。

認知症高齢者の受け入れが特別養護老人ホームではじまるのは，厚生省が都道府県ごとに特別養護老人ホームを1か所指定し，「痴呆性老人処遇技術研修事業」をはじめた1984（昭和59）年からである。

第2節　停滞期──「福祉見直し」論の台頭と日本型福祉社会政策の推進

1　「福祉見直し」論の台頭

1970年代初頭は，①1973（昭和48）年1月から70歳以上の高齢者の医療費の自己負担分を公費で全額負担する老人医療費無料化の実施（10月からは65歳以上の寝たきり高齢者にも拡大），②同年9月には厚生年金法と国民年金法を改正し，それまで月額2万円だった老齢年金を一挙に2.5倍に引き上げ，③前述した「社会福祉施設緊急整備5カ年計画」の実施など，高齢者に対する社会保障が大きく進展した時期であった。当時は1968（昭和43）年に国民総生産（GNP）が世界第2位になるなど高度経済成長が続いており，こうした施策を実施する財源のゆとりもあった。

しかし，1973（昭和48）年10月に勃発した中東戦争で生じた石油危機により，わが国の経済は狂乱物価，インフレ，不況に陥った。1975（昭和50）年には歳入不足から赤字国債を発行するに至り，約20年間続いた高度経済成長は終焉した。

かかる状況を背景に，大蔵省（現財務省）や財政関係の政府審議会を中心に「福祉見直し」が強く主張された。「わが国の社会保障は全体としてみれば既に

国際的にも遜色のない水準に達している」（財政制度審議会「社会保障についての報告」1975年12月）という主張のもとに，高度経済成長時代に実施していた福祉政策を見直し，低経済成長期に見合った福祉政策を構築する必要があるとするのが，その骨子であったから，社会福祉に対する公費支出の抑制が主張された。

最大の狙いは老人医療費の無料化の廃止にあったが，福祉サービスでは「社会福祉需要の増大と多様化，高度化に対応するためには，今後は在宅福祉サービスの充実」が必要と強調され（社会保障長期計画懇談会「今後の社会保障のあり方について」1975年8月），1978（昭和52）年から寝たきり高齢者に対するショートステイ（「寝たきり老人短期保護事業」）と入浴サービスが，1979（昭和54）年からはデイサービスが国庫補助事業として開始された。だが「在宅福祉」が強調されたのは，そのほうが安上がりと考えられていたからであって，社会サービスとして充実をはかろうとしたわけではなかった。現に当時の在宅福祉サービスの中心であった訪問介護を見ても，ホームヘルパー数は1975年度8549名から1980年度9709名と5年間で1160名，年間230名程度しか増加しておらず，65歳以上の高齢者人口千人当たりに換算すると，1975年度0.96名から1980年度0.91名とむしろ減少している。(9)

2　日本型福祉社会政策の推進

政府は「福祉見直し」を経て，1979（昭和54）年8月に「新経済7カ年計画」を閣議決定し，「日本型ともいうべき新しい福祉社会の実現を目指す」と宣言した。「増税なき財政再建」と行政改革の推進を目的に首相の諮問機関として1981（昭和55）年3月に発足した臨時行政調査会も，「外国にモデルを求めるのではない新しい福祉社会の建設」を国家目標に掲げた。

かくして，わが国は1970年代末から「日本型福祉社会」の道を歩みはじめたが，それを推進する目的は，「福祉見直し」の徹底にあり，社会福祉，とりわけ老人福祉への公費支出を極力抑制することにあった。「日本型福祉」推進の司令塔であった臨時行政調査会は，「個人の自立・自助努力」と「家庭や近隣など地域社会での連帯と相互扶助」と「民間活力」を基礎とし，「効率の良い政府が適正な負担のもとに福祉の充実をはかる」ことにより，「日本型福祉

がめざす「活力ある福祉社会」が実現できるとした。具体的には次のような政策が推進された。

　まず，何よりも家族による相互扶助が強調された。1982（昭和57）年12月，中曽根康弘首相（当時）は首相就任後の最初の国会で，「西欧型の福祉国家とは異なった，日本的な充実した，家庭を中心とする福祉を推進する」と所信表明演説をしたが，この「家庭を中心とする福祉」の推進こそが「日本型福祉」の基軸であった。なぜそれが「西欧型の福祉国家とは異なった」日本独自のものなのかといえば，「老親と子の同居は我が国の特質」であり「福祉における含み資産」（『厚生白書（昭和53年版）』）と考えられていたからである。もっと端的にいえば，「わが国には子どもが年老いた親の世話をする良き美風がある」と信じられていたのである。具体的には次のふたつの政策が推進された。

　ひとつは，税制や住宅政策を通じての老親との同居奨励策であり，高齢の親と同居する場合には住宅建設に対する公的資金の低利融資や所得税の老年者控除の増額などの優遇措置が講じられ，1986（昭和61）年6月に閣議決定した「長寿社会対策大綱」では，「同居に適した公的住宅の供給」，「同居に適した大型の住宅の建設や増改築の推進」，「公的住宅においては親子2世帯が隣居・近居となる場合の優先入居」などを定めている。

　もうひとつは，家族による在宅介護の奨励で，保健所や社会福祉協議会などが中心となり「家族介護者教室」や「在宅介護講習会」が各地で開催された。

　「地域社会での連帯と相互扶助」では，ボランティア活動が奨励され，社会福祉協議会を中心に育成がはかられた。筆者の住む愛媛県松山市でも，社会福祉協議会が「有償性ボランティア」を組織し，掃除，買い物，洗濯などの家事援助や寝たきり高齢者の訪問入浴サービスの補助などを行う「地域福祉サービス事業」が1985（昭和60）年からはじまったが，このような「社協運営型」の「住民参加型在宅福祉活動」が1989（平成元）年度までに90の社会福祉協議会で実施されている。

　ボランティア活動は重要ではあるが，「日本型福祉」のボランティア活動奨励には多くの問題があった。最大の問題点は，福祉サービス（公助）の充実を欠いた中で自助努力と共助が強調されたことにある。現に中央社会福祉審議会

は，在宅サービスの推進にあたっては，「まず，当該老人及び家族による自主的な努力を前提に，地域の住民やボランティア及び民間福祉団体等による自主的な支援活動が組み込まれた福祉供給システムを形成」するように意見具申をし（「当面の在宅老人対策のあり方について」1981年12月），行政による援助（公助）を求める前に，まず「老人とその家族による」自助努力と「地域住民やボランティア等」による共助を求めている。

なぜ自助努力と共助を求め，公助は最後の手段とされたのかといえば，そうしなければ「西欧型の高福祉，高負担による『大きな政府』への道を歩む」ことになり（臨時行政調査会「第三次答申」1982年7月），「大きな政府」への道を歩めば民間部門の活力を失わせ，「先進国病に悩むことになる」（同「最終答申」1983年3月）と考えられていたからである。ボランティア活動の推進は，「老人とその家族による」自助努力とともに福祉への公費支出を抑制する手段として位置づけられていたのである。

「適正な負担」をはかる方策としては，1982（昭和57）年に老人保健法を制定し，老人医療費の無料化を廃止するとともに，福祉サービスにおける「受益者負担の適正化」を進め，それまで低所得世帯に限定し，無料で実施していた訪問介護を，1982年から課税世帯にも認めるとともに費用負担制度を導入した。

特別養護老人ホームや養護老人ホームにおいても，入所者本人から費用を徴収するとともに，扶養義務者（大半は子）からも費用を徴収する新たな費用徴収制度が1980（昭和55）年1月からはじまった。多くの先進国では，福祉サービスの充実とともに老親に対する子の扶養義務を廃止していったが，家族による相互扶助を社会福祉の基軸に据えたわが国では，逆にそれを強化していったのである。

「民間活力の活用」では，営利企業によるシルバービジネスの振興策が講じられた。福祉分野でも「民間活力の活用」をはかるようにとの主張は，臨時行政調査会の第一次答申（1981年）からはじまっていたが，具体化したのは，1985（昭和60）年1月に社会保障制度審議会が「市場機構を通じて民間企業のもつ創造性，効率性が適切に発揮される場合には，公的部門によるサービスに比べ老人のニーズにより適合したサービスが安価に提供される可能性が大き

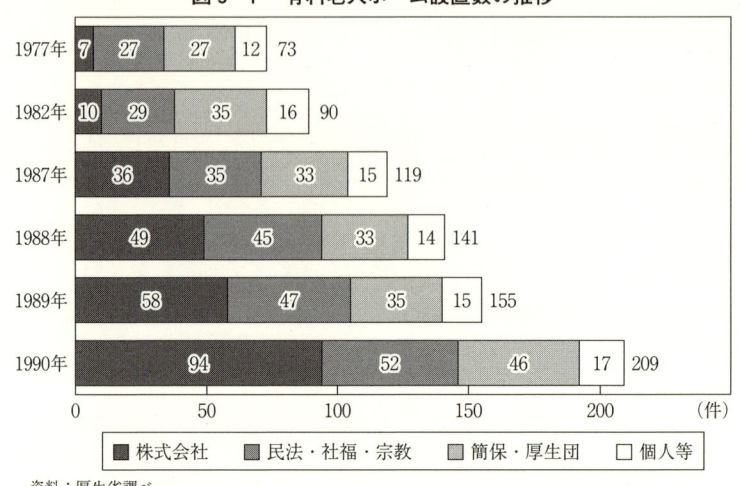

図3-1 有料老人ホーム設置数の推移

年	株式会社	民法・社福・宗教	簡保・厚生団	個人等	計
1977年	7	27	27	12	73
1982年	10	29	35	16	90
1987年	36	35	33	15	119
1988年	49	45	33	14	141
1989年	58	47	35	15	155
1990年	94	52	46	17	209

資料：厚生省調べ。
出所：樋口恵子編『有料老人ホームいまここが問題』岩波ブックレット No.271, 1992年。

い」とし，「公的部門が責任をもって提供すべきサービスであっても，支障のない限り適正な管理のもとに，民間に委託することを考えるべきである」(「老人福祉の在り方について（建議)｣）と民間企業に対しても公的サービスを委託するよう求めてからである。

　厚生省はこの建議を受け，同年11月に省内にシルバーサービス振興室（後に課に昇格）を設置するとともに，1987（昭和62）年12月に福祉関係3審議会合同企画分科会が，シルバービジネスの健全育成をはかるためには有料老人ホームや民間企業の行う在宅介護への公的融資，税制上の優遇措置，公的サービスの民間企業への委託を進める必要があると意見具申した（「今後のシルバーサービスの在り方について」)のを受けて，民間企業が有料老人ホームを設置する場合には社会福祉・医療事業団（現独立行政法人福祉医療機構）や政府系金融機関による低利融資を認めた。さらに1988（昭和63）年9月には「民間事業者による在宅介護サービス及び入浴サービスのガイドライン」を策定し，民間企業がこれを充たしている場合には，訪問介護と寝たきり高齢者の入浴サービスの事業委託をしてもよいと地方自治体に通知した。

　厚生省のこうした措置は，民間企業の有料老人ホーム建設や在宅介護参入の

「呼び水」となり，民間企業経営の有料老人ホームは，1982年当時はわずか10施設にすぎなかったが，1987年36施設，1990年には94施設と増加した（図3-1）。大阪ガス，神戸製鋼，長谷工務店，清水建設，松下電器（現パナソニック），日本生命などの大企業が，都心部やリゾート地に富裕層の高齢者を対象に「高額」有料老人ホーム経営をはじめたのはこのころである。

訪問介護，訪問入浴，配食，福祉用具のレンタル・販売などに乗り出す民間企業も増加し，1996（平成8）年にはその企業数は**表3-3**のように1881にまで増加している。その中には現在，「大手介護企業」となっているセントケア（事業開始1983年），ツクイ（1983年），ケアジャパン（1990年），アースサポート（1992年），やさしい手（1993年），ベネッセスタイルケア（1995年）や，2007年に介護保険事業の指定取り消しを受けたコムスン（1988年）なども含まれている。

表3-3　介護保険前における民間企業の在宅福祉サービスの企業数
（1996年9月1日現在）

事業内容	事業所数
訪問介護	131
訪問入浴	75
配食サービス	110
福祉用具の賃貸・販売	1,107
緊急通報サービス	56
移送サービス	254
デイサービス	13
ショートステイ	12
寝具乾燥消毒	123
計	1,881

資料：厚生労働省「平成8年健康・福祉関連サービス産業統計調査」。

3　日本型福祉の残したもの

以上の内容を持つ「日本型福祉社会」政策が1970年代末から約10年間実施されたことにより，どのような事態が生じたかを次に指摘しておく。

まず，何よりも介護サービスの基盤整備が著しく停滞した。**図3-2**はホームヘルパー数の国際比較であるが，1987（昭和62）年当時の日本のヘルパー数は，イギリス，フランスの約6分の1，スウェーデン，ノルウェーの45〜50分の1でしかなかった。1982（昭和57）年から課税世帯にもホームヘルパーの派遣が認められるようになったが，ヘルパーの絶対数が少ない現状では，低所得や一人暮らしの高齢者世帯が優先され，中所得層以上の高齢者はほとんど利用できなかった。

図3-2 ホームヘルパー数の人口10万対比国際比較

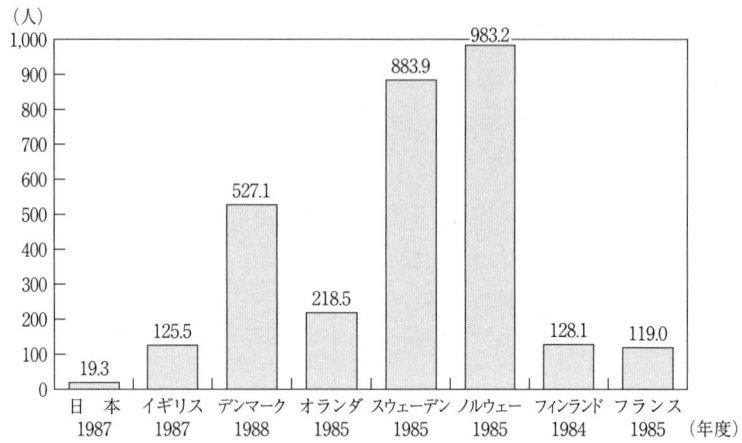

(人)
国	年度	人数
日本	1987	19.3
イギリス	1987	125.5
デンマーク	1988	527.1
オランダ	1985	218.5
スウェーデン	1985	883.9
ノルウェー	1985	983.2
フィンランド	1984	128.1
フランス	1985	119.0

注：1）日本，イギリス，デンマーク，オランダについては常勤換算。
　　2）スウェーデン，ノルウェー，フィンランド，フランスについては非常勤を含む。
　　3）イギリスについては，イングランドのみの数字である。
出所：河畠修『高齢者の現代史』明石書店，2001年，95頁。

　1970年代末から国庫事業としてはじまったショートステイ，デイサービスも整備は進んでいない。各年の『厚生白書』を見ても，ショートステイの年間総実施人数は，1980年度が2.5万人，1981年度から1985年度まではいずれも2万7845名でまったく増えておらず，1日当たりの実施人数は全国でわずか76名にすぎなかった。デイサービスの実施施設も，1982年度74施設，1983年度も74施設，1984年度86施設，1985年度96施設とわずかしか整備されていない。1986年度から若干増えはじめ1988年度には630施設に増えているが，それでも当時の全国の市町村数は3200余であったから，5市町村に1施設の割合でしか設置されていなかった。
　特別養護老人ホームも定員数そのものは1979年度7万1481名から1988年度14万4673名と10年間で倍増しているが，65歳以上の高齢者人口に対する入所定員比率は，1979年度の0.69％から1988年度には1.0％と微増したにすぎなかった。
　次に，公的な介護サービスが不足したために介護問題が一層深刻化したことを指摘しておく。武田京子は全国の地方紙を調べ，家族が寝たきりや認知症の高齢者の介護に困り果てて遂には殺害してしまった「介護殺人」が，1992（平

第3章　高齢者介護政策のあゆみ

資料　檻の中

　私の主人は痴ほう症になってから9年になります。病気は少しずつ進み，7年くらいたった時に，我が家を出ても帰って来ることが出来なくなりました。身寄りもない大都会で，来る日も来る日も他人様の好意に支えられて生きていくのが耐えられなくなって，逃げるように私の身内を頼って田舎へ帰って来ました。

　環境のひどく変わった生活に，主人は不安を感じたのか「帰る，帰る」と，予想もつかない方角へ10キロも15キロも歩いて大脱走を試みました。どの服にも迷子札をつけていたために助かり，よくぞ命があったと思うようなことばかりでした。

（中略）

　今は薬の副作用によるパーキンソン病も併発し，足も弱り，言葉も話せなくなり，一日中，ウォーン，ウォーンと奇声を発しながら，せまい家の中をウロウロ歩き回っています。カギのかかったドアのところまで行くと，両手でゆさぶって，あきらめて帰って来ます。

　そんな主人にほとほと疲れ，「お父さん，病院入ってくれへん」と言うと，目にいっぱい涙をため，正座をして合掌し深々と頭を下げるのです。ものが言えないだけに哀れで，今日も，どこへも行かず檻（おり）の中で暮れました。

（『毎日新聞』「女の気持」1990年3月14日付）

成4）年度だけで20件起きていることを明らかにしたが[11]，こうした「介護殺人」や，介護に疲労困憊した家族が要介護の高齢者を道連れに自殺する「介護心中」が多発するようになったのは，1980年代に入ってからである。

　とくに困窮をきわめたのは認知症の高齢者を抱えた家族だった。認知症高齢者の場合には，身体介助に加え常時の見守りと徘徊や妄想などの「異常行動」や精神症状への対応が必要なため，介護者の心身の疲労とストレスは「寝たきり」高齢者の介護以上に大きいことが多いが，特別養護老人ホームで認知症高齢者の受入れが制度上はじまったのは，前述したように1984（昭和59）年からであったし，ショートステイとデイサービス施設は圧倒的に少ないうえに認知症高齢者は除外されていた。当時のショートステイは「寝たきり老人短期保護事業」であり，デイサービスは主に虚弱な高齢者を対象としていたからである[12]。

　そのため，次に紹介する女性のように，認知症の夫とともに「一日中，どこへも行かず檻の中で暮れました」という生活を余儀なくされる人々も少なくな

59

表3-4 老人病院数・病床数の推移

年度	病院数	病床数
1983（昭和58）	635	67,462
84（ 59）	664	74,810
85（ 60）	710	85,503
86（ 61）	764	95,698
87（ 62）	817	105,846
88（ 63）	906	123,355
89（平成元）	1,114	143,121

注：病院数・病床数とも「特例許可老人病院」と「特例許可外老人病院」の合計を掲げている。
資料：1983年度は『国民の福祉の動向』第33巻第12号，厚生統計協会，1986年。84年度以降は三浦文夫編『図説高齢者白書 1992』全国社会福祉協議会，1992年，100頁。

かった。

第三に，「社会的入院」が一層増加するとともに，要介護高齢者の尊厳（人権）を侵す状況が拡大していったことを指摘しておく。

高齢者が治療を目的とするのではなく，「家ではみられない」などの理由から医療機関に入院させられる「社会的入院」の現象が生じたのは，1973（昭和48）年に老人医療費の無料化がはじまってからであった。1960年代からすでに寝たきり高齢者が増加していたが，既述したように，1970年代に入っても特別養護老人ホームの整備は立ち遅れていたし，在宅サービスもホームヘルパー数そのものが圧倒的に少なく，派遣世帯も低所得や一人暮らし世帯に限定されていた。そうした状況下で老人医療費の無料化が10年間続いたから，福祉サービスを利用できず在宅介護に困っていた家族が，「逃げ道」として要介護の高齢者を医療施設に入院させる「社会的入院」が急増し，老人医療費も急増していったのだった。

当初，「社会的入院」の受け皿となったのは一般病院であったが，老人保健法制定により老人医療費の無料化が廃止されて以降は，老人病院が急増している。特別養護老人ホームの入所定員数は1983年度10万5887床から1989年度15万2988床と年平均7850床の増加にとどまっていたのに対して，老人病院の病床数は**表3-4**に見るように，1983年度6.7万床から1989年度14.3万床へと7.6万床増加し，年平均1万2600床のペースで増加している。老人病院がこのように急増したのは，公的な介護サービス，とくに特別養護老人ホームが不足していたために，介護に困り果てた家族が「手軽に」利用できる「介護施設」は老人病院しかなかったからである。

老人病院で良き介護サービスが提供されているのであればまだ救いはあったが，1980年代半ば以降になると，少なからぬ老人病院において，「患者」を検

査漬け，点滴漬け，薬漬けにしたり，劣悪きわまりない看護・介護をしている実態が次々と明らかにされた。その代表作ともいえる大熊一夫『ルポ老人病棟』(朝日新聞社，1988年)の書き出しが，「お年寄りはベッドに縛りつけられた」ではじまるように，認知症や寝たきりの高齢者がベッドや車いすに縛られたり，向精神薬で抑制されたりするのは別に珍しいことではなかった。特別養護老人ホームでも認知症高齢者の入所が増えた80年代末ごろから，このような身体拘束が拡がっていった。

だが，こうした劣悪な老人病院であっても，1980年代に入ると，かなり裕福な家庭でなければ利用できなかった。老人医療費の無料化の廃止で入院費の一部負担が必要であったし，「お世話料」などの名目での「法定外費用」を徴収されるのが通常だったからである。その費用が負担できないのであれば家族が自宅で介護する以外になかったが，その介護は，後に厚生省が自ら認めたように「在宅サービスなしにお互い無理を重ねる介護」にならざるをえなかった。1980年代に入り「介護殺人」や「介護心中」事件が多発するようになったのには，このような背景もあった。

以上，指摘した事象はすべて円環のようにつながっている。すでに1970 (昭和45) 年に高齢化社会を迎え，急速に高齢化が進んでいたにもかかわらず，「大きな政府」への道を歩めば「民間部門の活力を失わせ，先進国病に悩むことになる」として公的サービスの整備を抑制し，「家庭を中心とする福祉」の美名のもとに老親との同居や家族介護を奨励するといった時代錯誤の政策を進めた結果にほかならない。

4 老人保健施設の創設

老人保健施設は1986 (昭和61) 年の老人保健法の改定 (施行は1987年1月) により創設されたが，以下に見るように「日本型福祉社会」政策の「落し子」といわざるをえない。

老人保健施設の最大の特徴は，医療機関に入院している「症状の安定している」高齢者や，家庭介護が困難となった高齢者を一定期間入所させ (当初は長くて3か月間程度とされていた)，医学的管理のもとに看護，介護，リハビリを行

うことにより家庭復帰をはかる「中間施設」として創設された点にある。前述した「社会的入院」の是正と，増加する一方の老人医療費の抑制も目的にしていた。

　当時，唯一の介護施設であった特別養護老人ホームと老人保健施設とでは，施設の性格や利用手続きなど種々違いがあったが，決定的な違いは，①建設費（施設整備費と設備整備費）が特別養護老人ホームの場合は公費負担が4分の3，設置者負担（民間では社会福祉法人のみが設置できる）が4分の1なのに対して，老人保健施設は若干の公費補助はあるものの設置者（設置主体の大半は医療法人）がほぼ全額を負担しなければならない，②運営費が特別養護老人ホームは全額公費で賄われるのに対して，老人保健施設は各種医療保険からの拠出が7割で，公費負担は3割（後に5割に改定）にすぎない，③食費や部屋代などの入所者の居住費は，特別養護老人ホームは費用負担があるものの全額公費で賄われるのに対して，老人保健施設は入所者が全額負担しなければならないという3点にあった。

　老人保健施設はこのように特別養護老人ホームよりもはるかに公費負担が少なくてすみ，福祉に対する公費支出の抑制を最大の目的としていた「日本型福祉社会」政策に合致することから創設されたことは明らかであるが，老人保健施設を病院と居宅の「中間施設」として位置づけたことは重大な誤りだったといわなければならない。

　なぜなら，森幹郎が指摘していたように[14]，医療施設で入院治療を受け，症状が軽快した精神障害者，麻薬中毒患者，アルコール中毒患者などを一定期間入所させ，その後の社会生活，家庭生活に適応させようとするのが，先進国に見られる中間施設であり，要介護高齢者の場合には，「初めは，たとえ，中間施設を意図して制度化しても，どうしても長期間の滞在になりやすく」，時間の経過とともに「特別養護老人ホームとなんら異なるところがない」ようになるのは十二分に予測できていたからである。

　森の予見どおり，老人保健施設は創設されて以来，軽介護の高齢者以外は常に元の医療施設に戻るか，特別養護老人ホームの「入所待ち施設」になっており，家庭復帰の機能はほとんど果たしえていない。

表3-5　ゴールドプラン整備目標

	1989年度末実績	1999年度末目標
ホームヘルパー	31,405人	10万人
デイサービス	1,080ヶ所	1万ヶ所
ショートステイ	4,274床	5万床
在宅介護支援センター	0	1万ヶ所
特別養護老人ホーム	162,019床	24万床
老人保健施設	27,811床	28万床
ケアハウス	200人	10万人
高齢者生活福祉センター	0	400ヶ所

出所：厚生省老人保健福祉局老人福祉計画課・老人福祉振興課『老人福祉のてびき（平成8年度版）』長寿社会開発センター，1997年。

第3節　発展期——ふたつのゴールドプランの実施

1　高齢者保健福祉推進10カ年戦略（ゴールドプラン）の実施

「高齢者保健福祉推進10カ年戦略（ゴールドプラン）」は，1989（平成2）年12月に厚生省・大蔵省・自治省の3大臣の合意のもとに策定され，1990（平成2）年度から2000（平成12）年度までの10年間実施された。①在宅福祉対策の緊急整備，②施設の緊急整備，③「寝たきり老人ゼロ作戦」の推進を主目標とし，総額6兆円（民間分を含む）を投入し，**表3-5**の整備目標を2000年度までに達成するというのが，その骨子であった。

ゴールドプランは，1995（平成7）年度から「新・高齢者保健福祉推進10カ年戦略（新ゴールドプラン）」に改められ，①利用者本位・自立支援，②普遍主義，③総合的サービスの実施，④地域主義の4つの基本理念のもとに，**表3-6**のように整備目標をさらに引き上げ，再スタートした。目標年次は1995年度から2000年度までの5年間であり，この期間に投入する事業費は9兆円（民間分を含む）が予定された。

ゴールドプランが新ゴールドプランに改められたのは，1993（平成5）年度末までに全市町村で策定された老人保健福祉計画（後述）を集計してみると，ゴールドプランの整備目標では在宅福祉と施設の緊急整備が行えないことが明らかとなり，高齢社会福祉ビジョン懇談会から「目標水準の思い切った引き上

表3-6 高齢者保健福祉推進10カ年戦略（ゴールドプラン）主要項目，新旧比較

	ゴールドプラン（平成元年12月 3大臣合意）	新ゴールドプラン（平成6年12月 3大臣合意）	
		当面の整備目標	今後取り組むべき高齢者介護サービス基盤の整備（主要項目）
1 数量		（数量(注1)）	基本理念　1 利用者本位・自立支援 2 普遍主義 3 総合的サービスの提供 4 地域主義
(1) 在宅サービス		〈在宅〉	
ホームヘルパー	10万人	17万人	サービス基盤の整備
デイサービス／デイケア	1万か所	1.7万か所	1 在宅サービス
ショートステイ	5万床	6万人分	・かかりつけ医の充実強化
在宅介護支援センター	1万か所	1万か所	・ケアプランの策定
老人訪問看護ステーション	──	5000か所	・配食サービス，緊急通報システムの普及
(2) 施設サービス		〈施設〉	2 施設サービス
特別養護老人ホーム	24万床	29万人分	・特別養護老人ホームの基準面積の拡大（個室化の推進）
老人保健施設	28万床	28万人分	・充実した介護力を整えた老人病棟の整備推進
ケアハウス	10万人	10万人分	・福祉用具の積極的導入による施設機能の近代化
高齢者生活福祉センター	400か所	400か所	
		〈マンパワー〉	3 ねたきり老人対策〈新ねたきり老人ゼロ作戦の展開〉
		寮母・介護職員　20万人	・地域リハビリテーション事業の実施，市町村保健センターの整備
		看護職員等　10万人	
		PT・OT　1.5万人	4 痴呆性老人対策の総合的実施
2 施策		（平成7年度の新規施策）	・痴呆性老人の治療・ケアの充実（グループホームの実施等）
	・ねたきりゼロ作戦	・24時間対応ヘルパー（巡回型）の創設	支援施策
	・長寿社会福祉基金　等	・デイサービスE型（痴呆性老人向け毎日通所型）基準の弾力化	1 マンパワーの養成確保 ・養成施設の整備，研修体制の整備
		・特別養護老人ホームの居室面積の拡大	2 福祉用具の開発・普及の推進 ・福祉用具の研究開発・普及の促進
		・都市型小規模特別養護老人ホームの整備等	3 民間サービスの活用 ・民間サービスの積極的活用によるサービス供給の多様化・弾力化
			4 住宅対策・まちづくりの推進（注2） ・シルバーハウジング等の高齢者対応型住宅の整備 ・高齢者・障害者に配慮されたまちづくりの推進
		・今後取り組むべき高齢者介護サービスの基盤の整備及び当面の整備目標の更なる充実については，消費税率の見直しに関連して行われる検討の中で，財源の確保を含め，改めて検討。	

注：1) 市町村老人保健福祉計画を踏まえて平成11年度末までに緊急に行うべき高齢者介護サービス基盤の当面の整備目標である。
　　2) 住宅対策・まちづくりの推進については，厚生・建設両省で策定したものであり，今後，両省は，当該施設の推進に協力して取り組んでいくこととしている。
出所：厚生省老人保健福祉局老人福祉計画課・老人福祉振興課『老人福祉のてびき（平成8年度版）』長寿社会開発センター，1997年。

げを行う」必要があるとの意見（「21世紀福祉ビジョン」1994年6月）が出されたためであった。

2　ふたつのゴールドプランの意義

　1990年度から実施されたゴールドプランと，これをさらに発展させ1995年度から実施された新ゴールドプランには，次のような意義が認められる。

　第一に，高い整備目標を掲げ，在宅・施設サービスの整備を行ったことである。その目標がいかに高かったかは，**表3-5**の89年度末の在宅・施設サービスの状況と**表3-6**の新ゴールドプランの達成目標とを比較すれば頷けると思うが，より理解するためにゴールドプラン前のサービス量と新ゴールドプランの達成目標を年平均に換算して対比してみよう（**表3-7**参照）。

　ゴールドプラン実施前と比較すると，ホームヘルパー11.9倍，デイサービス14.8倍，ショートステイ13倍，特別養護老人ホーム2.1倍，老人保健施設2.7倍の増加であり，とくに在宅サービスの増加が際立っていることが理解できよう。逆言すれば，このように高い整備目標を掲げなければならないほど，介護サービスの基盤整備は「日本型福祉」の10年間に大きく立ち遅れてしまっていたのである。

　第二に，単に数値目標を掲げただけではなく，財源を確保し，10年間に15兆円以上の事業費（民間負担分を含む）を投入したことである。これだけの巨額の資金が投入されたのは，高齢者福祉のみならずわが国の社会福祉史上かつてないことであった。

　第三に，1990（平成2）年6月に「老人福祉法等の一部を改正する法律」により社会福祉関係八法を一括改正し，ゴールドプランを推進するための法整備を行ったことである。この法律は通常，「福祉関係八法改正」と略称されているが，法律の正式名称からもわかるように老人福祉法を中心に改正が行われた。

　法改正の主眼は，住民にもっとも身近な市町村が在宅・施設サービスを一体的，計画的に実施する体制づくりにあり，在宅サービスに加え特別養護老人ホームなど施設入所の決定権が都道府県から町村に移譲されるとともに，全市町村に1993（平成5）年度末までに「老人保健福祉計画」の策定が義務づけら

表3-7　ゴールドプラン前の実績と新ゴールドプランの整備目標

(年平均)

	1989年度末実績	1999年度末目標	備考：事業開始年
ホームヘルパー	1,163人	13,860人	1963年
デイサービス	98カ所	1,447カ所	1979年
ショートステイ	356床	4,644床	1978年
特別養護老人ホーム	6,000床	12,798人	1963年
老人保健施設	9,270床	25,219人	1987年

注：ホームヘルパーの89年度末の実績は3万1,405人であるが，訪問介護がはじまったのは1963年なので，ゴールドプラン前のホームヘルパーの年平均の増加数は，1,163名（3万1,405人÷27年間）となる。他方，新ゴールドプランでは3万1,405人のヘルパーを17万人にまで増やすのが目標なので，年平均の増加は（17万人－3万1,405人）÷10年となる。表3-7はこのような計算方法で算出し作成している。

れた。1994（平成6）年度に新ゴールドプランが策定され，1995年度から実施されたのは，市町村が策定した老人保健福祉計画を集計してみると，当初のゴールドプランの整備目標では不足していたからである。

第四に，これがもっとも重要であるが，家族介護に依存していた「日本型福祉」から「介護の社会化」の推進に方向転換したことである。巨額の公費を投入したのもそのゆえであるが，家族介護から「介護の社会化」への方向転換は，ゴールドプランの策定にあわせて行われた「老人家庭奉仕員派遣事業運営要綱」の改正（1989年）によく現れており，「家族が老人の介護を行えない状況にある場合」となっていた派遣条件が，「老人またはその家族が介護サービスを必要とする場合」と改正された。普遍主義への転換である。

第五に，これまでわが国には見られなかった福祉理念やノーマライゼーションに基づいた施策が追求されたことである。それはとくに新ゴールドプランに現れており，利用者本位・自立支援，普遍主義，総合的サービスの実施，地域主義の4つを基本理念とし，24時間巡回型訪問介護の創設，ケアプランの策定，特別養護老人ホームの個室化，認知症グループホームの創設，高齢者・障害者の住みやすい街づくりの推進などがはかられた（表3-6参照）。

第六に，在宅介護を推進するために次の4つの施策を新たに実施したことである。

① 在宅介護支援センターの創設

在宅介護支援センターは「在宅介護について総合的な相談に応じる」ことを目的にして，各中学校区に1か所設置することを目標に1990（平成2）年度に創設されたが，単に相談に応じるだけの機関ではなく，利用者・家族に代わって在宅サービスの利用手続きの代行を行う権限を与え，サービス利用を簡易・迅速にしたことと，社会福祉士を念頭に置きソーシャルワーカーの配置を義務づけたところに意義があった。なお，2005（平成17）年に行われた介護保険法の改定により，在宅介護支援センターの多くは地域包括支援センターに転換している。

② ホームヘルパーの研修制度の創設

　これまでホームヘルパーに「資格」制度はなかったが，質の確保をはかるために1991（平成3）年度から，ヘルパー1級は360時間以上，2級は90時間以上（後に120時間以上に変更），3級は40時間以上（同50時間以上）とする段階別研修を開始し，ヘルパー業務に従事する者に研修の受講を義務づけた。

③ 老人訪問看護制度の創設

　高齢者の在宅介護は訪問介護と並んで訪問看護が不可欠であるが，1991（平成3）年9月，老人保健法を改正し，老人訪問看護制度が創設された（施行は1992年4月から）。これを受け，新ゴールドプランは訪問看護ステーションを全国に5000か所設置する目標を加えた。

④ 認知症高齢者グループホーム等の創設

　認知症高齢者が家庭的な環境のもとに，少人数で生活し，専門性豊かな職員から援助を受けるグループホームケアが，認知症高齢者の介護においてはもっとも適していることが北欧で経験的に実証されてきたが，わが国でもそうした経験則に従って，1992（平成4）年度から認知症高齢者専用のデイサービス（デイサービスE型）の，1997（平成9）年度からは認知症高齢者グループ設置に対する国庫補助事業がはじまった。

3　ゴールドプランの実施理由

　以上のような意義・内容を有するゴールドプランと，それに先立ち実施された「日本型福祉」政策とでは落差があまりにも大きい。なぜゴールドプランは

実施されたのか。

　その理由は「日本型福祉」政策が行き詰まり，転換をはからざるをえなかったことに尽きるが，ゴールドプランが実施された直接的な契機は，1989（平成元）年7月に行われた参議院選挙での与党の大敗・野党との議席数の逆転にある。敗因は前年に導入された消費税への国民の強い不満にあった。政府・与党は消費税を「高齢化社会に備える」ことを理由に導入しただけに，国民の支持を再び得るためには消費税をそのために用いている「証明」が必要だったのである。ゴールドプランが参議院選挙からわずか5か月後の1989年12月に，厚生・大蔵・自治省の3大臣の合意により慌しく策定されたのは，そのゆえである。

　だが，ゴールドプランが単なる政治的パフォーマンスにとどまらずに前述した意義を持ちえたのは，厚生省が上記の政治状況を利用して，それまで推進していた「日本型福祉社会」政策に終止符を打ち，「介護の社会化」を推進する政策への転換をはかったからである。

　厚生省は先の参議院選直後に「介護対策の基本的考え方と目指すべき方向」を検討するため省内に「介護対策検討会」を設置したが，その「検討報告書」が同年12月に公表されている。そこには「在宅サービスなしにお互い無理を重ねる介護」から「在宅サービスを適切に活用する家族介護」への転換など家族介護へのこだわりがまだ残されていたが，①「どこでも，いつでも，的確で質の良いサービスを，安心して，気軽に受けることができる」体制の整備，②ホームヘルパーの派遣を起床時から就寝時までに拡大し，24時間安心できる体制の整備，③これまでの「寝たきりを前提とした介護」から「寝たきりにしない介護」への転換，④これまでの供給側の事情が優先される介護から利用者本位のサービスへの転換など，力点は明らかに「介護の社会化」の推進に置かれていた。

　前述の政治状況に厚生省の「介護の社会化」推進への政策転換の意思が加わり，ゴールドプランが策定・実施されたのだが，厚生省はその実施過程において，次節で見る介護保険制度をすでに用意していた。

4　ゴールドプランの問題点

　1990（平成2）年からはじまったふたつのゴールドプランには前述した意義があったが，問題も少なからずあった。ゴールドプランは短期間に在宅・施設サービスの供給量を拡大することをめざしたが，在宅サービスと施設が別々に整備されたわけではなく，特別養護老人ホームと老人保健施設を基幹施設とし，そこにショートステイ，デイサービス（老人保健施設の場合はデイケア），在宅介護支援センター，ケアハウスはもとより，訪問介護，訪問看護ステーションなども併設する「大規模多機能施設」を設置することにより，施設と在宅サービスの整備を同時に行う方策をとった。

　こうした方策は経済的には効率的ではあるが，いわゆる「箱ものづくり」が中心なために，政・官・業の癒着を生んだり，営利に目ざとい者たちを台頭させてしまう危険性がある。その最たるものが，1996（平成8）年暮れに発覚し，当時の厚生省事務次官までが収賄容疑で逮捕された「彩福祉グループ」事件であった。彩福祉グループは1993（平成5）年に社会福祉法人の認可を受けてから，わずか3年間に特別養護老人ホームを基幹施設とした大規模施設を埼玉県と山形県に8つも設置していたが，同グループは厚生官僚の後押しにより施設整備の認可と多額の建設補助金を得た後に，建設業者に工事を「丸投げ」し「還流金」を得るなどの方法により補助金以下の金額で施設を建て，その差額を約26億円も得ていた。彩福祉グループほどの規模でなくても，類似の事件がゴールドプランの時期には数多く起きている。

　ゴールドプランがはじまった1990（平成2）年は，日本の「バブル経済」が崩壊し，以後，約10年間続くことになった経済不況がはじまった年であった。その時期に15兆円以上もの巨額の資金が投じられたゴールドプランが大規模施設の建設を中心にして実施されたために，ビジネスチャンスとして高齢者福祉に群がる者たちが少なくなかったのである。そして不幸なことに，こうした人物たちが経営している高齢者施設が，現在も各地に数多く存在している。

第4節　新介護政策の実施——介護保険制度

1　高齢者介護制度の変化

　2000（平成12）年4月1日から，高齢者介護は介護保険法により実施されることとなったが，介護保険制度実施前と後では，高齢者介護制度は次のように大きく変化した。

　① 従来，老人福祉法に基づく高齢者介護（特別養護老人ホームへの入所，訪問介護，ショートステイ，デイサービス等の利用）の多くは，市町村による「福祉の措置」として行われてきた。すなわち，市町村は高齢者やその家族等から介護サービスの利用申請を受け，その可否を審査し，職権で提供するサービス内容や事業者を決定してきたが，介護保険制度では，市町村により要介護状態（要支援を含む）にあると認定された高齢者は，自身の責任でサービス内容や事業者を決め，事業者と契約を結び，サービスを利用することとなった（措置制度から利用契約制度への転換）。

　② 老人福祉法に基づく高齢者介護の費用は，従来は利用料を除くと全額公費（税）で賄われてきたが，介護保険制度では高齢者介護に要した費用の1割を利用者が負担し，残り9割を40歳以上の者（被保険者）が拠出する介護保険料と公費とで半額ずつ負担する仕組みに変わった（税方式から社会保険方式の導入）。

　③ 老人福祉法に基づく高齢者介護の利用者負担は，従来は所得に応じて費用を負担する応能負担方式であったが，介護保険制度は減免制度を設けてはいるものの，利用したサービスの内容・多寡に応じて利用料を負担する応益負担方式をとっている（応能負担から応益負担方式への転換）。

　④ 従前の高齢者介護は，老人福祉法（特別養護老人ホーム，訪問介護，デイサービス等）と老人保健法（老人保健施設，訪問看護，デイケア等）の双方で行われ，利用手続きや費用負担の仕組みが異なっていたが，双方を介護保険制度のもとに統合した（高齢者介護制度の統合）。

　⑤ 社会福祉事業はきわめて公共性が高いことから，従来はこれを営むこと

ができるのは，原則，国，地方公共団体と，民間では社会福祉法人を中心とする非営利法人に限定されていたが，介護保険制度は多様な事業者が「介護保険市場」で競争をすることによりサービスの質の向上がはかれるとして，一部事業規制はあるものの営利企業を含む法人格を有するすべての団体の参入を認めた（社会福祉事業の規制緩和と競争原理の導入）。

⑥　従来，高齢者介護の多くは公費でもって運営されていたことから，運営費の使途は「公の支配」のもとに置かれていたが，介護保険事業による収入は「サービスの対価」であることから収入の使途規制は撤廃された。職員配置についても，従来は常勤正規職員の配置を原則としていたが，介護保険制度は職員の雇用形態・雇用方法は経営上の問題とし，資格要件と人員基準のみを課すにとどまっている（経営の自由の保証）。

介護保険法は1997（平成9）年に成立したが，経営の自由と社会福祉事業の規制緩和がはかられたことから，異業種から介護ビジネスに参入する企業が続出した。現在，業界最大手となっているニチイ学館（1998年にヘルシーライフサービスを買収），ベネッセや，1997年にコムスンを子会社化したグッドウィルなどは，その代表的な企業である。

2　介護保険制度創設の理由

以上の違いを見れば，介護保険制度は従前の高齢者介護制度とはまったく異なる新たな介護制度だといわなければならないが，なぜ介護保険制度は創設されたのか。

厚生省と政府審議会は，①老人福祉（措置制度）と老人医療とに分かれ実施されている現行介護制度には問題が多々あるので，措置制度を廃止し，新たな制度のもとに統合する必要がある，②長命社会を迎えたわが国では誰もが要介護となる可能性が高いことや，介護期間の長期化や老老介護などの家族介護の厳しい状況を挙げ，「介護の社会化」を推進する必要があるとした。だが，ともに真の創設理由ではない。

なぜなら，利用者にサービスを選ぶ自由がないなどの措置制度上の問題点は運用改善で解決可能であったし，市町村の権限のもとに高齢者介護を統合する

ことも可能であったからである。1992（平成4）年からはじまったスウェーデンのエーデル改革は，訪問看護とナーシングホームをコミューン（基礎自治体。日本の市町村に相当する）の権限のもとに移すものであったが，わが国でもすでに1990（平成2）年から在宅・施設サービスを一体的に実施する権限を市町村に移し，訪問看護や老人保健施設も含めた市町村老人保健福祉計画を策定していたのだから，エーデル改革に倣い老人保健法のもとにあった訪問看護と老人保健施設を老人福祉法のもとに移行させ，統合することは可能であった。また，「介護の社会化」の推進も，先に見たようにゴールドプランの実施からすでにはじまっていた。

　新たに政策が打ち出される場合，先行実施していた政策の転換をはかろうとするのが通常であるから，先行政策と何がもっとも違うのかに着目しなければならない。介護保険制度とそれに先立ち実施されていたゴールドプランとの最大の違いは，ともに「介護の社会化」の推進を目的としていても，ゴールドプランが多額の公費を投入しその推進を行ったのに対して，介護保険制度は公費支出を極力抑制しながらその推進をはかった点にある。

　介護保険制度は，①高齢者介護に要した総費用の1割を利用者が負担する，②残りの半分を40歳以上の被保険者が拠出する介護保険料を充てる仕組みに変えたことで，特別養護老人ホーム，訪問介護，通所介護，ショートステイなど老人福祉制度（措置制度）のもとで行っていた介護費用を従前の半分以下に抑えた。

　また，法人格を有するすべての団体に介護保険事業への参入を認めたことも，公費支出を極力抑制しながら「介護の社会化」を推進する方策としてきわめて有効であった。なぜなら，営利企業を中心に医療法人，NPO法人，生協法人などが介護保険事業に参入したことにより，訪問介護，通所介護，ショートステイ，訪問入浴，有料老人ホームなどの特定施設，認知症高齢者グループホームなどの居宅サービス量が大幅に増えたが，それに必要な施設整備費や設備整備費は，それぞれの法人が自己努力で賄っており，従前のように国庫補助金を支出する必要はまったくなかったからである。

　このように公費支出を極力抑制しつつ介護サービス量を大幅に増やすところ

に介護保険制度創設の最大の目的があったが，厚生省がこうした方策をとった背景には，1990（平成2）年にバブル経済が崩壊して以来続いていた経済不況と，巨額の財政赤字に陥っている国家財政（2000年度末現在，その金額は地方分を合わせると666兆円にも達していた）のもとで，今後増加する一方の高齢者介護費用を持続的・安定的に確保するためには，社会保険方式を導入する以外にない（そのためには措置制度と税方式を中心とする従来の高齢者介護制度を解体しなければならない）とする認識があったことは疑問の余地がないだろう。

　再度繰り返すが，介護保険制度は公費支出を可能な限り抑えつつ介護サービス量の増加をはかることを目的にしている。しかしそれは，介護保険制度は常に介護保険財政によって変転する宿命を背負っていることを意味する。介護保険財政において公費負担が増えるたびに制度改定が目まぐるしく行われるのはそのゆえである。

３　介護保険制度の実施状況

　介護保険制度が実施されて以降の要介護高齢者の増加状況や介護保険サービスの限界などについては，すでに第1章，第2章で説明した。また介護保険制度の仕組みについては第6章，第7章で詳しく説明されるので，ここでは介護保険サービス事業者の状況のみ説明しておこう。

　表3-8は，介護保険制度がはじまって以降のサービス類型別に見た事業所の増加状況である。居宅系サービス事業所の増加が著しいのが特徴で，とりわけ訪問介護，通所介護，認知症グループホームの増加が著しく，2000（平成12）年10月から2008（平成20）年2月の間に，訪問介護2.6倍，通所介護3.1倍，認知症グループホームに至っては13.8倍も増加している。

　表3-9，**表3-10**，**表3-11**は，とくに増加の著しい訪問介護，通所介護，認知症グループホームの2001年と2008年の団体別の構成割合（シェア率）の推移を示したものである（本来なら介護保険がスタートした2000年度と比較すべきであるが，厚生労働省の公表資料では社会福祉協議会と社団法人・財団法人の2000年度の事業所数が公表されていないため2001年度分と比較している）。

　介護保険前には，訪問介護や通所介護は老人福祉法に基づく措置制度で行わ

表3-8　サービス類型別ごとの事業所の増加状況

サービスの種類	事業所・施設数		増加した割合(％)
	2000年10月	2008年2月	
訪問介護	9,833	25,305	257.3
訪問入浴介護	2,269	2,303	101.7
訪問看護ステーション	4,730	8,041	170.0
通所介護	8,037	25,029	311.4
通所リハビリテーション	4,911	6,530	133.0
短期入所生活介護	4,515	7,080	156.8
短期入所療養介護	4,651	3,805	81.8
認知症対応型共同生活介護	675	9,327	1381.8
福祉用具貸与	2,685	6,579	245.0
居宅介護支援	17,176	30,692	178.7
介護老人福祉施設	4,463	5,986	134.1
介護老人保健施設	2,667	3,509	131.6
介護療養型医療施設	3,862	2,427	62.8

注：2008年の事業所数には介護予防指定事業所は含めていない。また訪問介護には夜間対応型訪問介護（92か所）、通所介護には認知症対応型通所介護（2883か所）を含めている。
資料：2000年の事業所数は厚生労働省「介護サービス施設・事業所調査」、2008年の事業所数は厚生労働省「介護給付費実態調査月報（2008年4月審査分）」より作成。

表3-9　訪問介護の設置主体別事業所数の構成割合

(％)

	2001年10月1日現在	2008年2月末現在
地方公共団体	2.0	0.4
社会福祉協議会	19.2	7.9
社会福祉法人	22.8	14.4
医療法人	10.7	6.0
社団・財団法人	2.0	1.2
協同組合	5.0	3.1
NPO法人	3.1	5.8
営利法人	34.0	59.9
その他	1.2	1.2

資料：2001年の事業所数は厚生労働省「介護サービス施設・事業所調査」、2008年の事業所数は厚生労働省「介護給付費実態調査月報（2008年4月審査分）」より作成。

表 3-10 通所介護の設置主体別事業所数の構成割合

(%)

	2001年10月1日現在	2008年2月末現在
地方公共団体	4.7	1.9
社会福祉協議会	16.7	7.1
社会福祉法人	58.9	35.1
医療法人	5.6	8.4
社団・財団法人	1.1	0.7
協同組合	1.5	1.8
NPO法人	2.1	5.7
営利法人	8.8	38.3
その他	0.6	1.0

資料：表3-9に同じ。

表 3-11 認知症グループホームの設置主体別事業所数の構成割合

(%)

	2001年10月1日現在	2008年2月末現在
地方公共団体	0.7	0.2
社会福祉協議会	1.3	0.6
社会福祉法人	35.4	21.3
医療法人	29.5	17.9
社団・財団法人	0.7	0.3
協同組合	0.2	0.3
NPO法人	6.0	5.3
営利法人	26.1	53.2
その他	0.2	0.8

資料：表3-9に同じ。

れていたことから，サービス提供は，地方公共団体，社会福祉協議会の公的部門と民間では社会福祉法人がほぼ一手に担ってきたが，介護保険実施後はいずれもその比重が大きく低下している。とくに社会福祉協議会と社会福祉法人の比重低下は著しく，2001年から2008年の間に，社会福祉協議会の訪問介護のシェア率は19.2％から7.9％に，通所介護も16.7％から7.9％に大きく低下している。社会福祉法人の場合も，訪問介護が22.8％から14.4％に，通所介護に至っては58.9％から35.1％と23.8ポイントも低下している。

　介護保険実施前には学識者やマスコミから伸張が期待されていた生協，農協，

NPO法人の非営利法人も，NPO法人の場合は増加しているものの，生協と農協のシェア率はほとんど伸びていない。

もっとも大きく事業拡大したのは営利法人で，2001年から2008年の間に，訪問介護が34.0％から59.9％に，通所介護が8.3％から38.3％に，認知症グループホームが26.1％から53.2％にと，いずれもシェア率が大きく伸びている。

営利法人の中にはさほど開業資金の要らない訪問介護のみを経営しているような零細企業も少なくないが，介護保険前から高齢者介護事業に進出し，現在では「大手介護企業」となっているセントケア，ニチイ学館，ケアジャパン，ベネッセ，ツクイなどに加えて，近年は，パナソニック，神戸製鋼，大阪ガス，セコム，フランスベッド，オリックス，ダスキン，東京電力，関西電力，中国電力，四国電力，九州電力などの大企業が介護保険サービスに本格的に進出している。そして，その多くは首都圏，阪神地域，愛知県などの大都市部で介護つき有料老人ホームを設置し，そこに通所介護，認知症グループホーム，訪問介護，訪問看護などの居宅サービス事業所を併設する経営戦略をとっている。

最後に団体別の介護保険収入を見ておこう。

厚生労働省は団体別の介護保険収入の年次別内訳を公表していないが，2004（平成6）年12月分の介護費用額（事業者からすれば介護報酬）の総額は，**図3-3**のようになっている。営利法人は介護保険施設（特別養護老人ホーム，老人保健施設，介護療養型医療施設）を設置できないために，介護保険収入全体では，特別養護老人ホームの大半を設置経営している社会福祉法人がもっとも多く，次いで老人保健施設と介護療養型医療施設を数多く経営している医療法人が続いているが，居宅介護サービスに限ると，**図3-4**のように営利法人がもっとも収入が多く，すでに3分の1以上を占めている。

介護保険実施前に厚生労働省と政府審議会が強調したのは，「NPO法人など多様な事業者の参入」であったが，現実に進行したのは「営利企業の凄まじい参入」だったといえる。

第 3 章 高齢者介護政策のあゆみ

図 3-3 介護保険サービス費用額5,353億円（2004年12月サービス分）の団体別内訳と構成割合

- 生協 1％ 46億円
- 農協 1％ 33億円
- 地方公共団体 4％
- NPO 1％ 50億円
- その他 6％
- 営利法人 16％ 882億円
- 社会福祉法人（社協以外） 37％ 1,977億円
- 社協 3％ 168億円
- 医療法人 31％ 1,680億円

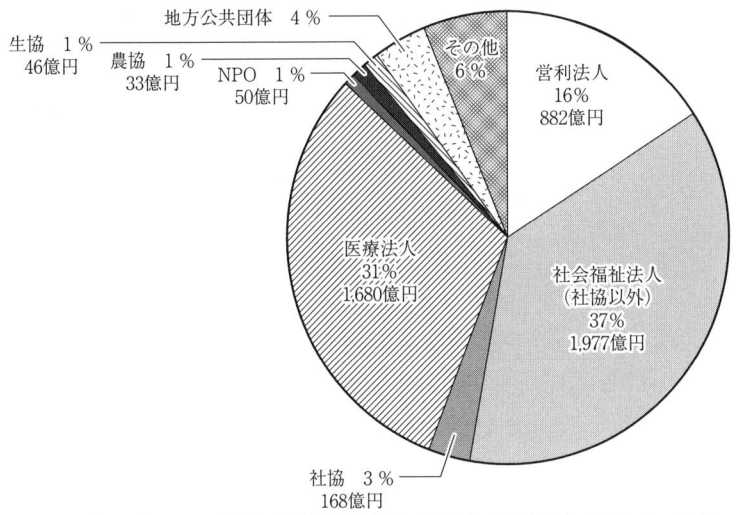

出所：社会福祉法人経営研究会編『社会福祉法人経営の現状と課題』全国社会福祉協議会，2006年，53頁。

図 3-4 居宅介護費用2,555億円（2004年12月サービス分）の団体別内訳と構成割合

- 農協 1％
- 地方公共団体 2％
- 生協 2％
- NPO 2％
- その他 6％
- 営利法人 34％ 881億円
- 社会福祉法人（社協以外） 28％ 710億円
- 社協 6％
- 医療法人 19％ 482億円

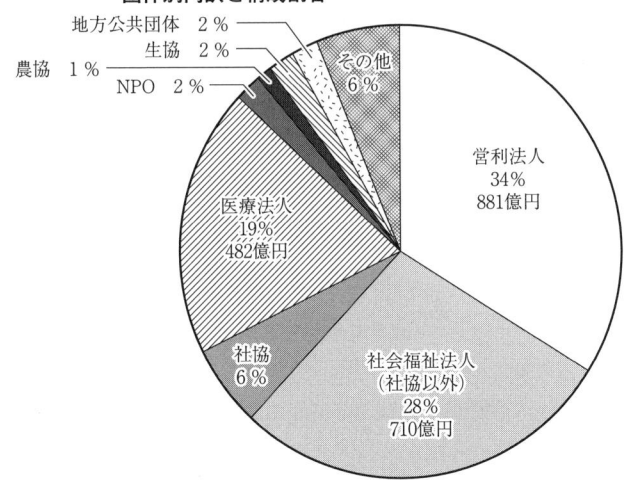

出所：図 3-3 と同じ。

注

(1) 森幹郎『老人問題解説事典』中央法規出版，1984年，211頁。
(2) 森幹郎，前掲書，221頁。
(3) 森幹郎「戦後老人対策のあゆみ」佐口卓・森幹郎・三浦文夫『老人はどこで死ぬか──老人福祉の課題』至誠堂，1970年，154頁。
(4) 日本福祉文化学会監修／河畠修・厚美薫・島村節子『増補 高齢者生活年表──1925－2000年』日本エディタースクール出版部，2001年，38頁。
(5) 森幹郎，前掲論文，151頁。
(6) 仲村優一他編『現代社会福祉事典』全国社会福祉協議会，1988年，192頁。
(7) 東京都民生局が1973年に行った調査（「老人の生活実態及び健康に関する調査」）が当時の認知症高齢者に関する唯一の実態調査であるが，同調査では65歳以上高齢者の4.5％を認知症と推計している。この数値により全国の認知症高齢者数を推計すると，1972年の高齢者人口は787.9万人だったので35.4万人と推計される。
(8) 毎日新聞「記者の目」1981年1月13日。
(9) 老人福祉のテキストの中には，1970年代末までに訪問介護，デイサービス，ショートステイが実施されるようになったことから，「在宅福祉関連のサービスメニューの充実がすすんだ」とするものがある（福祉士養成講座編集委員会編『新版・社会福祉士養成講座老人福祉論』中央法規出版，2007年，79頁）。だが，厚生労働省の見解に忠実なテキストであっても，「サービスメニューの充実がすすんだ」としているのであって，「サービスの充実がすすんだ」とはしていないことに注意しなければならない。
(10) 田中尚輝・足立清史『高齢者NPOが社会を変える』岩波ブックレット，2000年。
(11) 武田京子『老女はなぜ家族に殺されるのか』ミネルヴァ書房，1994年，14頁。
(12) デイサービスがはじまった当初，厚生省はデイサービスの対象・目的を「在宅の虚弱老人及びねたきり老人等に対し，通所又は訪問により各種のサービスを提供することによって，これらの者の生活の助長，社会的孤立感の解消，心身機能の維持向上等を図るとともに，その家族の身体的，精神的な負担の軽減を図ることを目的とする」（「老人デイサービス運営事業実施要綱」1979年）と定めており，虚弱な高齢者を主たる対象としていた。
(13) 老人病院とは，高齢者の入院を主たる目的としている病院の通称で，介護職員を配置することを条件に医療法で定められている医師や看護師の配置基準が緩和される特例を受けている「特例許可老人病院」と，その特例を受けていない「特例許可外老人病院」とがあった。

⑭　森幹郎『政策老年学』垣内出版，1981年，249～252頁。同「老人福祉施設の今後のあり方──我が国における中間施設の是非を中心として」社会保障制度審議会委託研究，1984年。

⑮　詳しくは，永和良之助『なぜ高齢者福祉は腐蝕するのか』創風社出版，1998年参照。

参考文献
生井久美子『付き添って──明日はわが身の老人介護』朝日新聞社，1996年。
大熊一夫『ルポ老人病棟』朝日新聞社，1988年。
河畠修『高齢者の現代史』明石書店，2001年。
田邊順一『老い──貧しき高齢化社会を生きる』平凡社，1985年。

第4章　高齢者ケアサービスの発展

第1節　職業としての介護の意義

1　ケア（介護）とは何か——介護の目的

　ケア（care）はきわめて多義的な概念で，英語の辞書を引くと「心配（心配り）」「配慮」「注意（見守り）」「世話」「介護」などの訳語が挙げられているが，福祉領域では介護とほぼ同意語として用いられており，病，心身の機能障害，老衰などのゆえに身辺自力できなくなった人々を対象に，起床から就寝に至るまでの生活行動を手助けする行為として理解されている。

　したがって，食事，排泄，入浴，衣類の着脱，移動などの身体介助が，介護の基礎となる。厚生労働省も介護を専門的職業とする者（介護福祉士）の業務内容を法制定時（1987年）には次のように定めていた。

　「この法律において『介護福祉士』とは，（中略）介護福祉士の名称を用いて，専門的知識及び技術をもって，身体上又は精神上の障害があることにより日常生活を営むのに支障がある者につき入浴，排せつ，食事その他の介護を行い，並びにその者及びその介護者に対して介護に関する指導を行うこと（以下「介護等」という。）を業とする者をいう」（社会福祉士及び介護福祉士法第2条2項。下線部は，2007年の同法の改定により，「心身の状況に応じた介護」と改められた）。

　しかし，介護は身体介助に尽きるものではないことが認識されておかなければならない。介護の目的は要介護者の人々の良き生存（well being）をはかることにあるからである。

　図4-1はマズロー（Maslow, A. H.）の欲求層位説を図式化したもので，筆者が理事長を務めている社会福祉法人とものや家（松山市で小さな認知症グループ3か所（入居定員計24名）と小規模多機能型居宅介護1か所などを運営）の職員研修

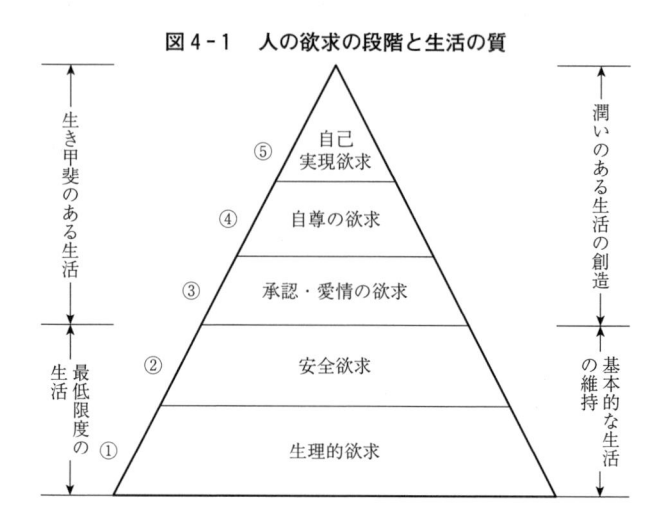

図4-1 人の欲求の段階と生活の質

```
         ⑤ 自己実現欲求
        ④ 自尊の欲求
       ③ 承認・愛情の欲求
      ② 安全欲求
     ① 生理的欲求
```

（左側）生き甲斐のある生活 / 最低限度の生活
（右側）潤いのある生活の創造 / 基本的な生活の維持

で用いているものである。図の両側の書き込みは筆者たちの介護観を表現している。

　筆者たちは図の下部に位置する「生理的欲求」と「安全欲求」の実現が介護（ケア）の基本になると考えている。要介護の高齢者は食事，排泄，入浴，衣類の着脱，移動などが自力では困難・不可能な，言い換えれば自分で自分の生命や安全を守ることが困難・不可能になった人たちであるから，高齢者介護においては身体介助がケア（介護）の基本となる。それゆえ，食事，排泄，入浴などの身体介助を嫌ったり，その知識と技術を有していない者が高齢者ケア現場に就くことは許されない。

　だが，「生理的欲求」と「安全欲求」の充足は，欄外の書き込みに示しているように，人間の生活としては「基本的な生活の維持」ではあっても「最低限度の生活」といわなければならない。マズローが述べているように，人間は生命や安全が脅かされ危機に陥っているときには，自己尊重の念（プライド）を引き下げてでも自己の生命・安全を保持しようとするが，それが充たされればその上位にある欲求の充足を求める文化的社会的存在だからである。要介護の高齢者の人たちも良き身体介助を受け，「生命の維持・安全の欲求」が充たされれば，より上位にある「承認・愛情の欲求」「自尊の欲求」「自己実現欲求」

の充足を求めるようになるし，その実現に向けて援助をしていくのが，人間に対する介護（ケア）というものであろう。

2　介護を職業とすることの意義

　現在，特別養護老人ホーム，老人保健施設，認知症グループホームなどの高齢者施設で介護（ケア）を担っているのは介護職員であるが，介護職員に資格要件の定めはなく，法令上は誰でもよいことになっている。

　だが，「職業としての介護」は誰にでもできるものではない。「職業としての介護」は次に述べるような重み（意義）を有しているからである。

　第一に，要介護の高齢者もそうであるが，介護が必要となった人々は，病や事故などにより心身に機能障害を受けた人々であり，その障害は現代医療をもってしても治癒（原状回復）困難である。「職業としての介護」はそうした人々を支え，再び尊厳ある生活が営めるように援助をしていく仕事である。

　第二に，介護が必要となった人々は，病や障害それ自体がもたらす不自由さや苦しみ（「症状苦」）に加え，病や障害を負ったことにより境遇や運命が一変してしまった戸惑いや嘆きや苦しみ（「病苦」[1]）を抱きながら生きている人々であり，「職業としての介護」は身辺自立できなくなった部分への手助け（介助）だけではなく，病や障害を背負いながら生きていかなければならない人間の辛さや悲しみを共感的に理解し，「心配り」や「配慮」のできる能力が必要な仕事である。

　ケアの語源が「悲しみを共にする」を意味するギリシャ語の「カーラー」にあり，ケアを提供する者とその対象者との人間関係を表現する caring-relationship が「配慮的人間関係」と訳されなければならないのはそのゆえである。

　第三に，介護が必要となった人々，とくに認知症高齢者は，人権が常に脅かされがちな人々である。そのことは，身体拘束をはじめとする高齢者虐待の最大の犠牲者が常に認知症高齢者であることからも明らかである。「介護」の「護」は「護る」を意味するように，「職業としての介護」は要介護の人々の人権を擁護していく仕事であり，介護従事者（care worker）には人一倍強い人権

意識が求められる。

　上記に挙げた介護の意義は，そのまま介護従事者の課題となり，介護従事者には強い人権意識と深い人間理解能力と，介護の目的や意義を認識したうえで，それを現場で具現化していく情熱と実践力とが求められている。このような重み（意義）を持つ職業は誰にでも担えるものではあるまい。にもかかわらず，この国では介護従事者（care worker）は誰でもよいとされ，そしてそのゆえに介護従事者の社会的評価は，給与等の労働条件を含めきわめて低いものとなっている。

　以下において高齢者介護サービスの発展の歩みを振り返るが，その歩みは，誰でもよいとされてきた介護従事者の歩みでもある。

第2節　特別養護老人ホームにおける介護のあゆみ

　特別養護老人ホーム（以下，特養と略）を抜きにして高齢者介護サービスの歩みを語ることはできない。1963（昭和38）年，老人福祉法の制定により創設されてから，1990（平成2）年にゴールドプランがはじまり老人保健施設が増設（創設は1987年）されるまで，特養が唯一の高齢者介護施設（ナーシングホーム）であり，わが国の高齢者介護は特養を中心に実践され，発展してきたといっても過言ではないからである。

　後述するように，1990年代に入ると宅老所や認知症グループホーム（以下，単にグループホームと略）の介護が注目されるようになるが，草創期の宅老所やグループホームは特養での介護経験を持つ元職員によってはじめられたケースが圧倒的に多い。特養での介護のあり方に疑問を覚え，特養とは異なった介護実践を志したからであるが，彼ら，彼女たちは特養のいかなる点に疑問を覚えたのであろうか。その理由を知るためにも，特養の歩みを学んでおかなければならない。

1　初期の特別養護老人ホームの状況

　特養は，建物などの設備構造面は無論のこと，入所者処遇も医療施設（病

図4-2　神愛園　平面図（2F）

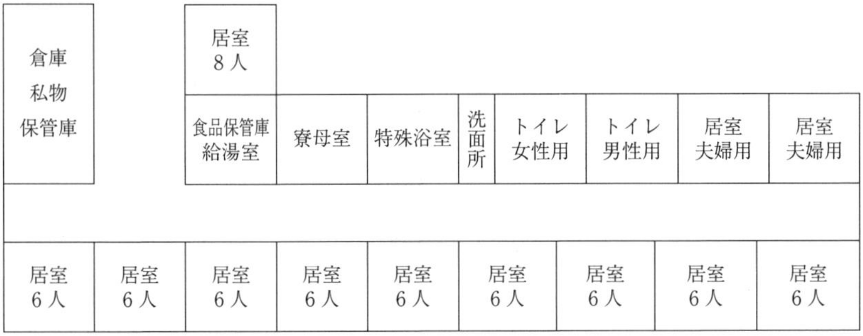

倉庫 私物 保管庫	居室 8人							
	食品保管庫 給湯室	寮母室	特殊浴室	洗面所	トイレ 女性用	トイレ 男性用	居室 夫婦用	居室 夫婦用
居室 6人	居室 6人	居室 6人	居室 6人	居室 6人	居室 6人	居室 6人	居室 6人	居室 6人

院）をモデルにして創設されている。筆者は1970（昭和45）年6月に札幌市内で2番目に開設した特別養護老人ホーム神愛園で生活指導員（現在は生活相談員に名称変更）として1977（昭和52）年6月から働きはじめたが、入居者の生活スペースは**図4-2**のようになっており、「居室」を「病室」に、「寮母室」を「ナースステーション」に置き換えれば入院病棟と何ら変わりはなかった。

　長い廊下に沿って入居者の居室が配置されており、個室は静養室以外にはなく、1室6人の相部屋が標準で8人部屋も1室あった。1966（昭和41）年に出された厚生省（現厚生労働省）の設置基準で、特養の「入所者1人当たりの居室面積（収納設備を除く）は4.95m^{2}以上」、「1つの居室に収容する人員は、原則8人以下」と定められており（「養護老人ホーム及び特別養護老人ホームの設備及び運営に関する基準」）、特養設置に対する国の国庫補助基準面積も入居者1人当たり19.8m^{2}という狭隘なものだったから、このような大部屋雑居生活にならざるをえなかったのである。

　次に示す写真は、1969（昭和44）年4月に広島県内で民間の特養としてはもっとも早くに設置された誠和園（広島県熊野町）の居室光景である。病室と見間違うのではないだろうか。

　神愛園の居室も誠和園とほぼ同様で、入居者は「生活」の大半を居室内で寝巻きかパジャマ姿で過ごしていた。ベッドで一日の大半を過ごすために着替えをする理由も必要もなかったからである。

　食事は病院の入院患者のようにベッド上かベッド脇の床頭台で摂っていた。

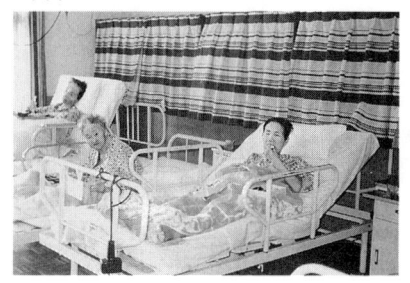

写真1　　　　　　　　　写真2

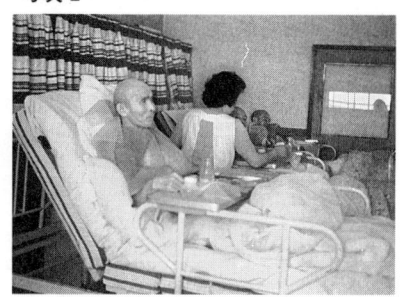

出所：村上廣夫＆誠和園Staff『寝たきり地獄はもういやじゃ』筒井書房、1993年、22～23頁。

のみならず排泄も居室内でせざるをえなかった。筆者が入職した神愛園は2階建てで、2階には60数名の入居者が生活していたが、洗面所とトイレは中央部分に1か所しか設置されていなかった（**図4-2参照**）。自力でトイレに行けない人たちは、ベッド上でおむつを換えてもらうか、ベッド脇に置かれたポータブルトイレ（簡易便器）で排泄をする以外になかった。おむつ交換の際には居室の入り口は閉められていたが、排泄の姿を隠す間仕切りカーテンは設置されていなかったため、その姿は同室者から丸見えだった。

　創設初期の特養の姿がこのようなものだったのは、第一に、特養は老人福祉法第11条（創設時）の規定により、「身体上又は精神上著しい欠陥があるために常時の介護を必要とし、かつ、居宅においてこれを受けることが困難なもの」を「収容」する施設として設置されていたからである（1987年の老人福祉法の改正により「欠陥」は「障害」に、「収容」は「入所」に改定された）。

　第二に、当時、そのような老人を「収容」するモデルとなる施設は医療施設しかなく、病院の「安静看護」が持ち込まれていたからである。寮母（当時は介護職員を寮母といっていた）にはまだ介護経験の蓄積がなく介護の知識・技術が乏しかったから、介護の方法も看護師を通じて病院の看護モデル（安静看護）が持ち込まれたのである。

　したがって、特養が真に福祉施設となるためには、「収容施設」から「生活施設」に脱皮する必要があったし、介護の内容・方法も「生活施設」にふさわしいものに変革していく必要があったが、当時の特養従事者はその変革課題を

第4章　高齢者ケアサービスの発展

「収容の場から生活の場への転換」と表現していた。

２　収容の場から生活の場へ

　1972（昭和47）年12月，中央社会福祉審議会老人福祉専門分科会は「老人ホームを『収容の場』から『生活の場』へ高める」必要があるとする「意見」（「老人ホームのあり方に関する中間意見」）を公表した。この「意見」を受け，特養の入居者一人当たりの国庫補助基準面積は，1974（昭和49）年には19.8m^{2}から23.0m^{2}に，入居者一人当たりの最低居室面積も4.95m^{2}から8.25m^{2}に拡大されるとともに，居室定員も「1室4人以下」と改められ，創設初期の「1室8人」という大部屋雑居の特養は，これ以後次第に姿を消していった。(2)

　居住水準がわずかばかり改善されたからといって，特養が「収容の場から生活の場」に変化するものではなかったが，「収容の場から生活の場への転換」というこのフレーズは，特養を「病院モデル」から脱皮させる契機となった。神愛園でも「生活の場」に近づけるべく，筆者が赴任した翌年（1978年）には次のような取り組みが行われている。(3)

① 入居者のプライバシーを保護する（とくに排泄時の姿を隠す）ためにすべてのベッド周りに間仕切りカーテンを設置
② 離床，寝食分離，生活範囲の拡大，潤いのある生活を実現していくために
　・食堂の設置
　・ボランティアによる書道，歌唱，押し絵教室などの実施（それぞれ月2回実施）
　・食品業者による園内売店の設置（毎週1回）
　・寮母による「ふれあいタイム」の実施（毎週1回，担当寮母が中心となり計画・実施するもので，入居者にもっとも人気があったのは街に出ての買い物や飲食だった）
　・外気浴や園庭での食事など自然の活用（札幌の冬は早いので，春から秋の天気の良いときは全職員が協力をし，「寝たきり」の人もベッドごと外に出て外気に触れる機会を意図的に数多くつくった。そのため花壇や畑も整備した。）

87

③　個別処遇計画の策定

集団的・画一的処遇からの脱皮を目的に，生活相談員，寮母主任，担当寮母，看護師，栄養士，機能訓練員等で毎月2回実施し，入居者の個別処遇計画を策定。

ただし，こうした処遇改善は神愛園独自に行われたものではなく，全国規模での次のような取り組みの影響を受けている。

①　全国老人福祉施設協議会による「全国老人ホーム基礎調査」の実施（1977年）

これ以後，全国調査は5年ごとに実施されているが，神愛園でもこの調査結果で全国の特養の状況と自分たちの施設のサービス水準を知り，サービス向上の基礎資料として活用した。

②　全国老人福祉施設協議会編『老人ホーム職員ガイドブック』の発行（1977年）

現在とは違い，当時は老人介護に関するテキストが皆無に近い状態だったので，神愛園でもこのテキストを全員が購入し，要介護高齢者の心身の特性，高齢者の疾病の特徴，廃用性症候群（生活不活発病）の危険性と離床・リハビリの意義など，老人介護の基礎知識を学んだ。

③　「福祉寮母講習」（1979年）をはじめとする各種研修会の実施

「福祉寮母講習」は全国の主任寮母を対象に，前期，後期各1週間泊り込みで実施されたもので，1979年から1987年の9年間に2012名が受講している。参加者が介護現場のリーダーであったことと，全国の特養の情報が交換され，相互に刺激を与えるものであったことから，「全国の老人ホームの処遇を一挙に前進させた」と高く評価されている。[4]

「福祉寮母講習」以外にも全国規模，都道府県単位での研修会が毎年開催され，後に見る離床，おむつ随時交換・おむつ外し，バイキング食などの取組み事例が報告されていた。神愛園でもそうした先進的な取組み事例に学びながら処遇改善をはかっていった。

ここに挙げた「全国老人ホーム基礎調査」の実施，『老人ホーム職員ガイドブック』の発行，「福祉寮母講習」の実施が，いずれも1970年代半ばすぎから

第4章 高齢者ケアサービスの発展

はじまっているのは偶然の一致ではない。この時期ごろから,「病院モデル」から脱皮し,特養を「生活の場」に変えていく動きが各地で活発になっていたからである。

その後の特養の「収容の場から生活の場への転換」の最良の姿は,1992(平成4)年9月の敬老の日にNHK総合テレビで放映された「今日もお散歩でっか」に見ることができる。舞台となっているのは,兵庫県尼崎市の喜楽苑(1983年開設)である。

喜楽苑では,①散歩・外出,煙草や晩酌も自由(認知症高齢者も自由に外出することができ,万一,「迷子」になっても,周辺住民の協力体制ができているので,苑まで連れてきてくれたり連絡をしてくれる),②仏壇や家具などの私物の持ち込みも可能な範囲で自由といった「生活の自由」を保障するとともに,③ボランティアや家族の協力を得て,商店街への買い物,喫茶店や居酒屋にも出かけるといった取り組みを活発に行っているが,それは,同苑が特養での生活を「家庭生活に近づける」ことと,特養に入居してもこれまでの「生活の継続」をホームの方針としていたからであった。[5]

また番組では,介護職員が入居者の居室に「失礼します」ときちんと断って入室している姿や,ベッドに横になっているお年寄りに膝をつき目線を合わせて「おはようさんです」と挨拶し洗面介助している姿や,入居者に対して常に依頼形・謙譲語で接している態度が紹介されていたが,そうした接遇態度も「収容の場から生活の場への転換」には不可欠であった。「収容施設」では介護職員の指示・命令や,ぞんざい・傲慢な態度は許されても,入居者が生活の主体となる「生活の場」では許されないからである。

すべての特養が喜楽苑のような「生活の場」になっていたわけではないが,少なくとも1970年代半ばには創設初期に見られた「病院モデル」からは確実に脱却していた。そして,それと並行して介護内容も次に見るように生活施設にふさわしいものに改善されていった。

図4-3 誠和園のおむつリース代金の推移

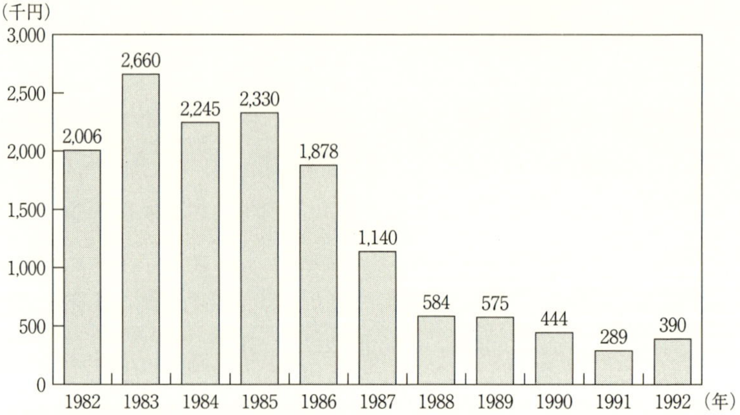

(千円)
- 1982: 2,006
- 1983: 2,660
- 1984: 2,245
- 1985: 2,330
- 1986: 1,878
- 1987: 1,140
- 1988: 584
- 1989: 575
- 1990: 444
- 1991: 289
- 1992: 390

注：1982年のみ3～5月。
出所：村上廣夫&誠和園Staff, 前掲書, 90頁。

3 サービス改善の取組み

（1）「おむつ定時交換」から「随時交換」・「おむつ外し」へ

　かつての特養のおむつ交換は、決まった時間に換える（逆言すればその時間にならなければ換えない）「定時交換」であった。病院がそうだったからである。台車に布おむつ（当時はまだ紙おむつは普及していなかった）と清拭用タオルを積み、決まった時間に（1日に5～6回程度）一部屋ずつ回り、順次交換していくのが、かつての特養のおむつ交換の姿だった。しかも、その「定時交換」ですら日中のみで夜間は行っていない施設が多く、1977（昭和52）年の「第1回全国老人ホーム基礎調査」結果では、「深夜のおむつ換え」を「している」施設は38.1％で、「していない」施設は59.7％となっていた。

　こうした現状を誰もが当然視していた時代に、「濡れたらすぐ換える」おむつ「随時交換」を実践する施設が現れた。任運荘（大分県緒方町）である。任運荘では1970（昭和45）年5月の開設以来、「随時交換」を実践しているが、任運荘の取り組みが全国の特養に大きな衝撃を与えたのは、「濡れたらすぐ換える」おむつ「随時交換」は、下半身を清潔にし、体位交換を頻繁に行うために、「寝たきり老人」につきものと思われていた褥瘡（床ずれ）の予防・治療に非常に効果があったうえに、「濡れたらすぐ換える」ことで尿意の回復をもたらし、

第4章　高齢者ケアサービスの発展

「おむつ外し」（排泄の自立）につながる場合が少なくなかったからであった。[6]

任運荘の実践は，先述した老人福祉施設の全国研修やブロック研修や，当時，現場職員によく読まれていた月刊誌『老人生活研究』などを通じ全国の特養に拡がっていった。そし

写真3

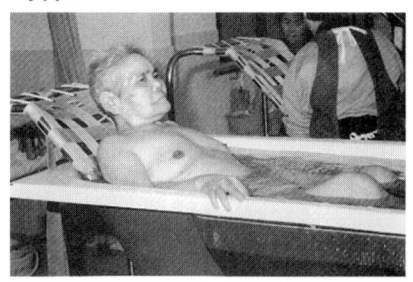

出所：村上廣夫＆誠和園 Staff，前掲書，46頁。

て，1982（昭和57）年には全国老人福祉施設大会においてはじめて「基本的処遇としての『おむつ』を考える分科会」が設けられ，「このことが契機となって，『おむつ外し運動』が全国的な話題となり，（中略）『排泄』の自立を目指した取り組みが展開されることになり，それまでの『定時のオムツ交換』から『随時交換』へ変わっていった」のである。[7]

神愛園でも筆者が赴任した1977（昭和52）年にはすでに昼夜を問わず「随時交換」を行っていたし，誠和園では「随時交換」を徹底する中で利用者一人ひとりの排尿リズムを把握し，1986（昭和61）年から「おむつ外し」に本格的に取組みはじめ，図4-3のおむつのリース代金の減少からもうかがえるように多くの利用者の「おむつ外し」に成功している。

（2）「寝たきり浴」から「普通浴」へ

特養の入浴でもっとも問題だったのは，「芋荒い」のような「雑な入浴」と「慌しい入浴」であった。このような「入浴」になっていたのは，介護職員数が少ない中で多数の入浴介助をしなければならないことに加えて，「普通浴」以上に人手が必要で時間もかかる「特殊浴」が中心となっていたからである。

そのため，「普通浴」でも入所者を浴室の前に並ばせ，次々と湯船に入れ，出し，洗うといった「入浴」になりがちであったが，特殊浴槽での入浴は，①「普通浴」以上に「順送式」の流れ作業の「入浴」になりがち，②ストレッチャーに乗せられ，ストレッチャーの上で洗身されるので，入居者は恐怖感を覚える，③寝たままの姿勢なので介護者に全部洗ってもらわなければならず，高齢者の残存能力の維持・活用がはかれない（というよりも損ねる）といった弊害

91

図4-4　中間浴（リフト式機械浴）

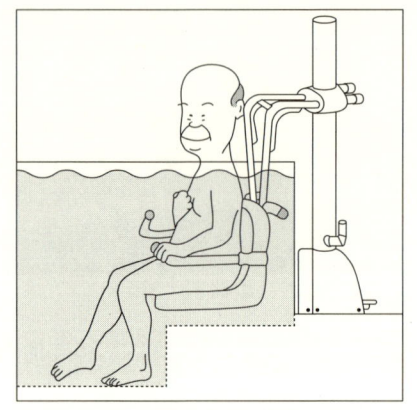

座位のままで入浴できるリフト式機械浴槽。シャワーチェアーに端座位の姿勢で座ったまま入浴できる。浴槽の深さは100cmあるので肩までたっぷり浸かることができる。

出所：村上廣夫＆誠和園 Staff，前掲書，90頁。

が大きかった（**写真3**参照）。

　そのため，神愛園ではリクライニングの車いす以外では離床できない人のみ「特殊浴」とし，それ以外の人は極力「普通浴」で入浴介助をしていたが，80年代半ばごろから「座ったまま入浴できる」リフト式の浴槽が普及しはじめた（**図4-4**参照）。「普通浴」と「特殊浴」の中間の入浴形態であることから，介護現場では一般に「中間浴」と呼ばれているが，これまで「特殊浴」で入浴していた半身麻痺の入居者も，「中間浴」で入浴できるようになった。「特殊浴」と違い肩まで浸かることができ，自分で洗身できる範囲も拡がるので，「特殊浴」の欠点は大きく改善された。

　「中間浴」の導入以後，特養の入浴は，①自力移動ができる場合には「普通浴」，②半身麻痺などで立ち上がりや自力移動が困難・危険な場合（通常は車いすを使用）は「中間浴」，③「寝たきり」の場合は「特殊浴」の3つの方法で行われるようになったが，誠和園ではさらに一歩進め，「普通浴」を改良した「生活リハビリ浴」を1993（平成5）年4月から実施している。対象となるのは主に①と②のケースの人であるが，介助者に少し手を貸してもらえば自力で入浴できるよう浴室，浴槽を工夫していることや，利用者が残存能力を発揮できるように補助器具を巧みに活用していることが写真からうかがえよう。

　写真5からは，利用者の入浴の自由度（主体性）が増し，個人の好む入浴ス

写真4

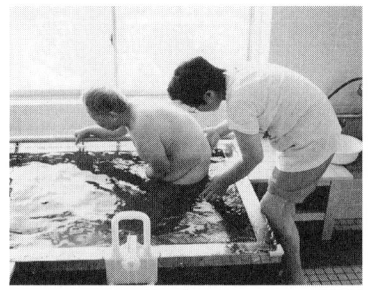

注：比較的自立しているお年寄りのための3人用浴槽。自由自在に着脱できるバスグリップを一人ひとりの身体状況に合わせ，その都度，取りつけるようにする。
出所：村上廣夫＆誠和園 Staff，前掲書，139頁。

写真5

出所：村上廣夫＆誠和園 Staff，前掲書，142頁。

タイル（「個浴」）に改善されてきていることに注意しなければならない。「中間浴」の導入や「生活リハビリ浴」の拡がりで，特養の入浴は，かつての身体を清潔にするだけの入浴や「職員に入れてもらう慌しい入浴」から，利用者が残存能力を活かし，利用者の意思で入浴できる入浴スタイルへと大きく改善された。

（3）集団給食から食事へ

　筆者は現在，グループホームを3か所運営する小さな社会福祉法人の理事長を務めている。重度な入居者が多いため（2008年1月末現在の入居者24名の平均介護度は4.0），食事介助に1時間以上も要する人や，誤嚥に注意しなければならない人が少なくない。歯のない人も多いため（認知症が重くなると義歯は通常つくれない），職員はソフト食をつくるなど調理の段階から数々の努力をしている。

　こうした努力は高齢者介護施設にとっては通常のことであり，特養においても行われてきたことだが，創設初期の特養においては食事介助以前に解決しなければならない問題がふたつあった。「早すぎる夕食時間」と「盛りきり食」の問題である。このふたつの欠点を負っていたために，特養では食事というよりも「集団給食」になっていたからである。

　老人ホームでこの「集団給食」を最初に克服したのは，島根県出雲市の長浜和光園で，同園では1975（昭和50）年7月から「3食バイキング」を実施して

いる。夕食時間は18～19時（11～3月の冬季間は17時30分～18時30分）となり，入居者はこの時間内に自由に食堂に来て，好みの料理を自由に取り食事をすることができるようになった。[8]

長浜和光園は養護老人ホームであるが，「バイキング」方式の食事は，一斉に食事をしなくてもよいので，「慌しい食事」は改善できるし，食堂も広くなくてもよい。また好みのものを取って食事をすることから残飯・残菜は減少するといったさまざまな効果があることから，同園の取り組みは特養にも大きな影響を与えた。神愛園でも筆者が赴任したとき（1977年）には夕食時間はすでに17時からに改められていたし，麺類の嫌いな人には別のものを用意するといった一部複式献立や，昼食に限って1か月に一度ではあったがバイキング食も実施されていた。

他の特養においても同様で，「全国老人ホーム基礎調査」によると，夕食時間が17時以前の特養は，1977年88.1％→1982年51.9％→1987年7.3％と急減し，「早すぎる夕食時間」はかなり改善されている（「かなり」と限定しているのは，17時30分以降は1992（平成4）年になっても23.6％と4分の1弱にとどまり，18時以降になると5.6％と僅少だったからである）。「盛りきり」食も徐々に改善され，1992年の「第4回全国老人ホーム基礎調査」では，36.6％の特養が「複数献立」を実施し，29.7％の施設が「主食・副食とも選択できる食事」を最低1カ月に1回以上は実施している。

なお，特養で「3食バイキング」をもっとも早く実践したのは，筆者の知るかぎりでは誠和園で，同園では1987（昭和62）年4月から実施している。[9]

以上，「3大介助」といわれている排泄，入浴，食事介助が，特養の創設初期の時期からどのように改善されてきたのかを見てきたが，その歩みは，一斉におむつ交換をする，一斉に風呂に入れる，全員に同じものを食べさせるといった集団的・画一的処遇（「収容施設」の介護）から，個々人の身体機能や好みやニーズに配慮した個別介護への改善として評価できよう。生活とは個別的なものであるから，「収容の場」から「生活の場」に転換するためには，居住環境の改善のみならず，集団的・画一的処遇から個別介護への改善が不可欠だったのである。

第4章 高齢者ケアサービスの発展

表4-1 特養における要介護者の割合
(%)

	食事	排泄	入浴	移動	着脱
1977年	40.8	65.4	77.8	67.3	69.8
1992年	40.6	63.5	86.2	69.7	73.3

出所：全国老人福祉施設協議会「全国老人ホーム基礎調査」。

図4-5 特養入居者の年齢構成の経年変化

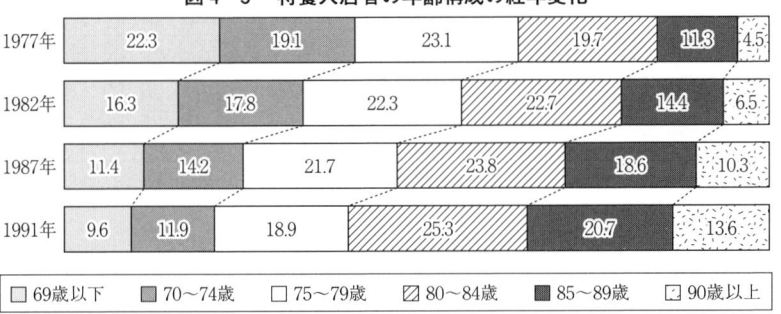

	69歳以下	70～74歳	75～79歳	80～84歳	85～89歳	90歳以上
1977年	22.3	19.1	23.1	19.7	11.3	4.5
1982年	16.3	17.8	22.3	22.7	14.4	6.5
1987年	11.4	14.2	21.7	23.8	18.6	10.3
1991年	9.6	11.9	18.9	25.3	20.7	13.6

資料：1977～1987年は全国老人福祉施設協議会「全国老人ホーム基礎調査」による。1991年は厚生省「平成3年社会福祉施設調査」による。
出所：蛯江紀雄「特別養護老人ホームの現状と課題」浅野仁・田中荘司編『明日の高齢者ケア5 日本の施設ケア』中央法規出版, 31頁。

4 特養の介護の問題点

(1) 入居者の変化

だが，1980年代末ぐらいから，特養の介護現場ではきわめて困難な状況が生じていた。**表4-1**は，1977（昭和52）年と1992（平成4）年の特養入居者の身体介護を要する者の割合を見たものであるが，入居者の日常生活動作の自立度自体には大きな変化は見られない。しかし，数字には表れない入居者の変化が生じていた。

第一の変化は，高齢化の進行である。1977年には「69歳以下」と「70～74歳」の「若年高齢者」が入居者全体の約4割（41.4%）を占めていたが，1991（平成3）年には約2割（21.5%）に減少する一方，「90歳以上」は4.5%から13.6%に，「85～89歳」は11.3%から20.7%に増加し，1977年には15.8%にすぎなかった「85歳以上」の高年齢の入居者が，1991年には全体の3分の1以上（34.3%）を占めるに至っている（**図4-5**）。

図 4-6　特養・清鈴園入居者の言語，難聴，視力障害のある者の経年変化

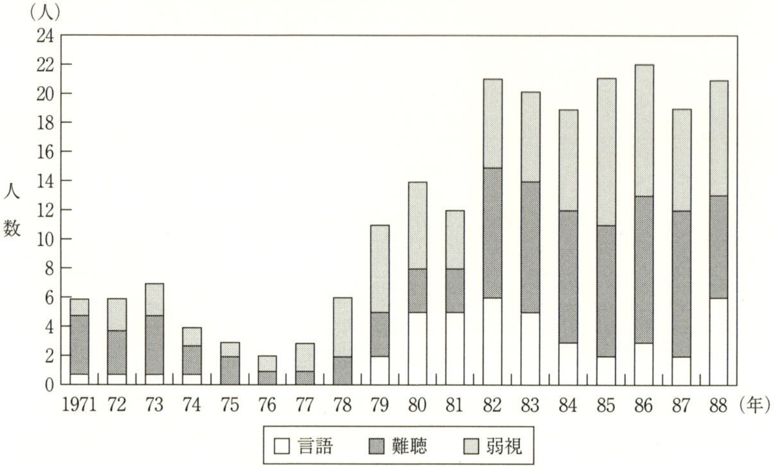

出所：図4-5に同じ。

　図 4-6 は，広島県の特養・清鈴園の言語，聴力，視力に障害を持つ入居者の経年変化をまとめた貴重な資料である。1978（昭和53）年を境に言語，聴力，視力に障害を持つ入居者が急増していることが一見してわかるが，その理由は前述した入居者の高齢化にある。

　介護はコミュニケーションが前提になるだけに，言語，聴力，視力に障害を持つ入居者が増加すると，日常生活動作能力（ADL）は同じであっても介護に要する時間が増し，介護の内容もより丁寧さが必要となる。また，第1章で説明したように，年齢が高くなればなるほど病弱となりいくつもの疾病を有するようになるので，高年齢の入居者が増加すれば医療的ケアの度合いも増してくる。言い換えれば，特養は高年齢で，障害を持つ入居者が増加したことにより，介護に加え看護の比重が増すナーシングホームの性格をより強めていったのである。

　入居者のもうひとつの変化は，認知症高齢者の増加である。「全国老人ホーム基礎調査」によると，「精神障害」を理由とする特養への入居の割合は，1977（昭和52）年は3.4％，1982（昭和57）年は4.4％であったが，1987（昭和62）年になると12.9％にまで増加している。1984（昭和59）年から特養で認知症高

齢者の受け入れが広く行われるようになったからである（第3章52頁参照）。

　その後も認知症高齢者の入居は急増している。1992（平成4）年に行われた「第4回全国老人ホーム基礎調査」には「入所理由」の項目はないが，調査が行われた550施設，入居者3万8976名を見ると，「痴呆なし」は28.4％にすぎず，「軽度のぼけ」18.7％，「中程度のぼけ」19.3％，「高度のぼけ」16.9％，「非常に高度のぼけ」12.1％，「不明」4.6％となっており，中等度以上が全入居者の約半数（48.3％）を占めている。そして，その「問題行動」の内訳を見ると，「幻覚・妄想がある」14.8％，「騒いで他人に迷惑をかける」8.9％，「戸外を徘徊し，戻れなくなってしまう」5.5％，「何でも口に入れる」3.8％，「むやみに暴力をふるう」3.4％，「不潔行為をする」10.9％となっている。

（２）　増員されなかった介護職員と身体拘束・生活介護の後退

　他方，特養の介護職員の配置基準は，定員50名の施設を例にとると，①老人福祉法制定時の6名（入居者に対する割合は8.3対1）から，②1966年の「養護老人ホーム及び特別養護老人ホームの設備及び運営に関する基準」により7名（7.1対1）に，③1967年から10名（5対1），④1976年から11名（4.5対1），⑤1987年から入居者に対する寮母・生活指導員・看護婦の直接処遇職員数の割合が4.1対1以上と徐々に改善されていたが，1987年以降は介護保険制度が実施されるまでまったく改善されていない（介護保険実施以後は入居者に対する介護・看護職員数の割合は3対1以上）。

　国の職員配置規準が改善されない中で，1980年代末ぐらいから先のように重介護を要する入居者が増加したことにより，特養の介護現場では次のようなふたつの事態が生じた。

　ひとつは，身体拘束の拡がりである（身体拘束の内容・定義などについては264～266頁参照）。医療施設，とくに老人病院で日常化していた「抑制」が特養でも広く行われるようになったのは，おそらく1990年代に入ってからで，当時，老人ホーム職員が主な書き手であり読者でもあった『老人生活研究』（月刊誌）の紙面に，「やむをえずやっている」「好き好んで拘束をする施設はない」「泣く泣く拘束せざるをえない現実がある」といった特養職員の声が数多く見られるようになった。

身体拘束の犠牲となったのは，大半が認知症高齢者であり，①車いすに下肢を縛る，②居室やフロアの出入り口に鍵をかけ外に出られないようにする，③つなぎ服を着せ，おむつに手を入れられないようにする，④おとなしくさせるために向精神薬を使用するなどの拘束が行われるようになった。

　すべての特養において身体拘束が行われていたわけではないし，むやみに行われていたわけでもなかったが，「やむをえずやっている」「泣く泣く拘束せざるをえない現実がある」といった弁明が先立ち，身体拘束は入居者の人権を著しく侵害する行為であるとする認識や，身体行為は介護の質を引き下げてしまうとする認識が乏しかったことは否定し難く，そのために，厚生省令（2000年3月31日）により身体拘束が禁止されるまで，特養内部で身体拘束を廃絶する取り組みが拡がることはなかった。[10]

　もうひとつ生じたのは，生活援助の希薄化であった。介護は先に説明したように，身体介助が基本にはなるものの，それに尽きるものではなく，文化的な潤いのある生活を創り上げていくところに目的があったが，認知症や医療的ケアなど介護度の高い高齢者が増加しているにもかかわらず介護職員の増員が行われなかったことから，身体介助のみに追われる施設が増えていったのである。そのため，このころ（90年代に入って）から「業務が回らない」という言葉が特養の介護現場で使われるようになった。「業務」という言葉で表現されているのは，食事・排泄・入浴などの身体介助であって，それ以外の生活介護は次第に介護職員の「業務」の中に含まれなくなっていった。

第3節　新たな高齢者介護の取組み

1　小規模多機能施設の誕生

　1987（昭和62）年4月，全国に例のない高齢者介護施設が島根県出雲市に開設した。施設名はことぶき園といい，開設者は特養で16年間の勤務経験を持つ槻谷和夫である。

　ことぶき園はJR出雲市駅から車で数分の市内中心部の住宅地にあり，付近には市民会館，厚生年金会館，島根医科大学の職員宿舎，公園などがある。建

写真6　通りから見た旧ことぶき園

写真7　前庭での食事準備

注：2008年に全面改築された。

物は建築総面積約100坪の2階建てで（2階は事務所兼相談室），民家を一回り大きくした造りになっている。通学路に面して建てられており，お年寄りが前庭に出て日光浴をしたり，洗濯物を干したり，庭で食事をしたりしている光景を近所の住民が目にし，気軽に声をかけたり訪れることができる環境になっていた（**写真6～7**参照）。

　もうひとつの特徴は，小規模多機能にあった。一日の受け入れ可能人数は，入居とデイサービスを合わせても15名程度で，利用者や家族の状況に応じて，長期入居でも，1日だけのショートステイでも，日中のみの利用（デイサービス）や入浴サービスだけの利用でも可能だった。

　ことぶき園の特徴はこの2点にあったが，当時は，ことぶき園のような「小規模介護施設」は皆無に近かった。[11]当時，特養は（ことぶき園が開設された1987年にはまだ老人保健施設は制度化されておらず，特養が唯一の高齢者介護施設であった），入所定員が最低でも50名以上でなければ認可されなかったからである。それゆえ，ことぶき園も開設当初は法定外の民間施設であった（開設6年後の1993年に社会福祉法人として認可され，デイサービスは市の委託事業となった）。

　また，近年は交通の便の良い場所に特養を設置する例も散見されるようになったが，当時は街外れの交通の便の悪い場所に設置されるのが通常だった。高齢者施設を街中につくるという発想が，行政にも施設設置者にもなかったうえに，入所定員が最低50名以上と定められていたため必然的に広い用地が必要となり，用地取得費が増大するために，街外れの辺ぴな場所にしか設置されなか

99

ったからである。

　したがって，市街地の交通の便の良い地に高齢者介護施設を設置しようとすれば，小規模施設の形態を採る以外になかったが，ことぶき園は単にそうした理由からだけで開設されたのではなかった。開設者の槻谷は，市内の中心部に小規模施設を設置することで何を実現しようとしていたのか，彼がめざしていたものを事例の形でふたつ紹介しよう。

事例1

　園から3百メートルと離れていない家から入所されたAさんは，脳卒中後遺症の寝たきり状態であり，入園当初92歳でした。家には90歳の妻と65歳の嫁がいましたが，介護者である嫁も高齢の身です。長年の介護で腰を痛めて介護できなくなり，ことぶき園に入所となりました。

　入所されたその日から，妻の毎日の面会が始まりました。昼前になると，シルバーカーを押して園に来られます。90歳にもなられる方ですが，毎日のよい散歩コースともなっていると思われます。いつも近くの「小僧寿司」で，おじいさんの好物のにぎり寿司を買って持参されます。そして，食事介助の必要な夫にはお寿司を食べさせてあげ，自分はことぶき園のおじいさんの食事を食べられます。夫は普段はお粥なのですが，お寿司になると普通のご飯を好んで食べられます。

　昼食が終わって1時前になると，夫はベッドで「昼休み」。自分はデイサービス用の和室に行って横になられます。2時過ぎになると，車椅子でホールに出ている夫の側に行き，3時のおやつをはさんで園の催しに一緒に参加されます。そして，6時の夕食には夫の食事の介助をして，6時半頃帰られます。

　これが毎日といっていいほど繰り返されます。夫は言語障害があってほとんど発語のない状態であり，普段は無表情なのですが，妻が来ると自然に笑顔が出て生き生きとしてこられます。妻が帰る時には，わずかに動く左手を振って笑顔で「さようなら」をされます。妻が来られない時には，夕食の介助に必ずお嫁さんが来られ，いろいろと話しかけをして帰られます。時々，家で作ったおじいさんの好物のおかずを持参されます。(中略)

　その他にも，町中にあるということから，仕事帰りに毎日寄っていかれる方もあります。「近所にある」「町中にある」ことが，面会をより多くしていると考えられ，何より，そのことで入所している人々の精神的な落ち着きをつくりだしていると思われます。

　ですから，日曜日ともなると面会ラッシュといえる日もあり，そうした日には，

> 午後,家族と職員が一緒にホールで入所者の輪の中,ホットケーキなどのおやつを作ることもあります。⑿

　槻谷は,ことぶき園を開設した動機のひとつとして,特養在職中に「ジゲ(生まれ育った自分の家や地域)に戻りたい」という入居者の声を幾度も聞いたことを挙げているが,この事例の92歳になる高齢者は,そのような切ない言葉を漏らすことはなかったであろう。

　高齢となり重い障害を負っても,長年連れ添ってきた配偶者や共に暮してきた家族と切り離されることなく生活ができるように支援していくことが,ことぶき園のめざしていたものであった(槻谷はこうした老人福祉施設の姿を「地域密着型老人施設」と表現している)。

事例2

　Eさんは,ことぶき園から1キロほど離れた自宅で,共働きの長男夫婦,孫の4人で生活していました。Eさんが「ボケ」始めたのは7,8年前で,最初は物忘れがひどい程度でしたが,症状が進み,傍目からは無目的に見える外出が頻繁になり,夜・昼となく何度も外に飛び出したり,既に死亡している人の消息を気にしたりと,奇妙な言動が目立ち始めました。時には「長男が殴ったり蹴ったりする」と近所へ触れ回ることもありました。夜中は1,2時間おきに起こされ,昼間の「奇行」も近所から幾度となく聞かされ,家族の疲労も限界にきていました。「いっそお婆を殺して自分も死のう」と長男は妻にもらすようにもなっていました。

　そんな時,当園を知り,とりあえずデイサービス利用となりました。(中略)毎日通い始めたEさんは,一日に何十回となく「外出」を繰返しました。「赤ん坊が待っておりますけん」と言って,小走りに定まらない場所へ転々とされ,目が離せない状況でした。職員1人がつきっきりで「外出」に付き合いました。

　そんなEさんでしたが,通い始めて1か月ほどたってから変化が出始めました。洗濯物を畳むのを手伝われるようになり,次第に毎日の仕事となっていきました。「外出」も目だって減ってきました。干すことからとりこみ,たたみまで自分からされるようになり,縫い物もしてもらえるようになりました。また,食事の配膳・下げ膳などの世話も進んでされるようになりました。「外出」は1か月半でまったくなくなり,話される言葉も内容もしっかりし,人の話もじっくりと座って聞かれるようになり,「聞き上手のEさん」と,他の利用者の皆さんから慕われるようにもなったのです。

　ある時,デイサービスを利用する前の気持ちを尋ねると,「家では1人で留守番

しとると，寂しくなって息子を探しに外へ出てました。呆けとるといって家事もさせてもらえんし。ところが園では職員の人たちが名前で呼んで手伝わせてくれる。友達もできたし仕事も見つかった」と言っておられます。「痴呆症」の症状も，環境によって改善されることの１つの証明となりました。

その他にも，入所者の中には，毎食後の食器の後片付けを毎日続けられるようになって，いわゆる入所前に家でみられた「徘徊」がなくなり笑顔のある生活になった人，また，おむつがとれ，少人数の中で顔馴染みとなった人の身体具合をいつも気にかけられるようになって，忘れていた自分の家族の名前を思い出されるようになった人など，さまざまな効果が現れています。

この事例のような認知症の改善は，小規模施設であればすべて可能というものではなく，ことぶき園の良き介護がもたらしたといわなければならないが，小規模施設の方が大規模施設よりもはるかに認知症の改善に有効なことは，近年になり明らかになっている。それゆえ，特養も後述するように生活単位を小規模化した「ユニットケア型」に転換してきているのだが，ことぶき園を開設した時点で，槻谷は特養での勤務体験から認知症ケアにおける小規模施設の優位性を認識していた。彼の言によれば，その優位性は次の３点にある。

① 大規模施設に比べ利用者数がはるかに少ないので，利用者と職員間，利用者間同士で「なじみの関係」をつくりやすいし，職員の高齢者への理解も大規模施設に比べはるかに深まり，余裕を持った生活介護ができる。

② 家庭的な環境や落着いた生活をつくれる。小規模施設は建物規模が小さいので，大規模施設のように介護職員が走り回る必要がないし（というよりも家庭の中で走ることがないように，小規模施設は元々走ることのできない環境になっている），居室，リビング，台所，トイレなど一目で見渡せるからである。このことは見当識障害のある認知症高齢者が落ち着いて生活するうえにおいてとくに重要である。

③ 小規模施設では利用者に洗濯物を干す，たたむ，おしぼりを丸める，掃除，食事づくりの手伝い，庭の手入れ，草取りなど「役割発揮」をしてもらえる場面，言い換えれば「生活の主体者・主人公」となれる場面をたくさんつくり出すことができる（筆者注：逆言すれば，そのような場面を多くつ

くり出していくのが，小規模施設の介護の要訣となる。）。生活に役割があり「普通の暮らし」があることが，認知症高齢者にとっては非常に重要で，症状の進行を遅らせたり，回復につながることすらある。

　事例2の高齢者は，この③の「役割発揮」によって認知症の症状が次第に改善していったのだが，「役割発揮」のみで症状が改善したのではなく，①の「なじみの関係」や職員の余裕を持った生活介護や，②の家庭的な環境や落着いた生活の中での「普通の暮らし」があったことに注意しなければならない。

　槻谷は認知症ケアを進めることだけを目的にして，ことぶき園を開設したわけではなく，大規模施設では利用者へのケアがどうしても管理的，画一的になり，「人間らしい生活」がつくれないと痛感し，ことぶき園を開設したのだが，小規模施設・小規模ケアの優位性が最もよく示されたのが認知症高齢者の介護であったことから，ことぶき園はこの後に述べる宅老所の誕生に大きな影響を与えた。また，1997（平成9）年からはじまった旧厚生省の認知症グループホームへの国庫補助事業の最初の指定を受け，わが国のグループホームの草分け的存在になった。

2　宅老所の誕生

　宅老所とは，デイサービスを基本としながら，必要な場合には宿泊や居住することもできる高齢者施設で，1991（平成3）年に福岡市に開設した「宅老所よりあい」がモデルとなって拡がっている。法定外施設であることや宅老所からグループホームに移行する例も多いため正確な数は不明だが，1998（平成10）年には600か所を超えていたと見られている[14]。

　特徴は，①古い民家を改造している例が圧倒的に多い，②そのため昔からの住宅地に存在していることが多い，③一日の利用者は10数名の小規模施設である，④利用者は認知症高齢者に限定していないが圧倒的に認知症の高齢者が多い，⑤「普通の暮らし」「のんびりゆっくりと一日を過ごす」が共通の運営理念・介護目標となっている，⑥宅老所を始めたのは，特養や老人保健施設などの大規模施設では「普通の暮らし」が実現できないことに問題意識を覚えた元職員が圧倒的に多いといった点にある。

写真8　よりあいの日常風景①　　　　　写真9　よりあいの日常風景②

「宅老所よりあい」の日常風景。決まったスケジュールはなく，心穏やかに一日を過ごすことを大切にしている（写真提供：よりあい）。

遊びに来た職員の子どもを気遣っているお年寄りたち（左端が代表の下村恵美子氏）。

①を除くと，先に見た「ことぶき園」と共通しているが，それもそのはずで，宅老所のモデルとなった「よりあい」代表の下村恵美子は，ことぶき園を訪問し，そこで見た次のような姿に触発されて「よりあい」をはじめたと語っている。

> そこでは，お年寄り達がそれまでの暮らし方そのままにゆったりと生活をしておられるんですね。10人ほどが住んでいて，7～8人が通って来られています。泊まれて通える，本当に小さなアットホームな雰囲気の共同ホームです。そこでは，職員さんは誰も走っていないんです。ゆるやかな時間が流れていて，爪を切っている人，ひがな一日おしゃべりしている人，散歩がてら日光浴をしている人などなど…本当に普通の家庭の中の情景でした。それがとても素敵で，「あっ，こんなのが福岡の町の中に1つでもできたらいいんじゃないかな」と思いました。(15)

　ことぶき園も当初はそうだったが，宅老所の運営はいずこも苦しい。法定外施設なため行政からの補助金はなく，利用料のみで運営をしなければならないからだ。「よりあい」は特養で生活相談員や介護職員として働いていた下村ら3名の女性によりはじめられたが，開設から3年たった1994年になっても，3人の給料は特養時代の半分以下であったという。にもかかわらず，「宅老所よりあい」の活動が広く知られるにつれ全国に拡がっていったのは，大規模施設では味わえない仕事（介護）の喜びがあったからだ。

　その喜びとは，①小規模であることから，お年寄りに深くかかわることがで

き，ゆっくりと流れていく時間を共有できる，②普通の生活，普通の環境を整えていけば，先の事例2のように，認知症高齢者の「問題行動」「異常行動」といわれている行動も自然と消えていき，穏やかな生活を取り戻せる，③その中で，お年寄りの笑顔を多く見ることができる，④事例1のように，重い障害のある高齢者も住み慣れた地域で家族とともに生活を続けていくことができる，といったことなどにあった。

なお，「よりあい」は介護保険実施後，通所介護（デイサービス）とグループホームの事業所指定を受け，「泊まり」は自主事業で行っている。

3　ユニットケア型特養の創設

特養も変革を迫られ，厚生労働省は2003（平成15）年度から，「ユニットケア」型の特養（介護保険制度下での名称は「小規模生活単位型特別養護老人ホーム」）でなければ設置を認めなくなっている。[16]

ユニットケアとは，「施設の居室をいくつかのグループに分けて1つの生活単位とし，少人数の家庭的な環境の中で介護や生活支援を行う」もので[17]，各ユニットには生活に必要なリビング，キッチン，食堂，浴室などの設備が設けられ，介護職員も各ユニットに固定されるので，児童自立支援施設（旧教護院）や児童養護施設に見られる「小舎制」の高齢者版といえるだろう（**図4-7**参照）。

ユニットケアの目的は，入居者の生活単位と介護規模を小規模化することにあるから，必ずしも入居者の居室がすべて個室である必要はないが，厚生労働省は全室個室とし，居室面積は13.2m²以上（約8畳）とするように定め，1ユニットの入居者数は10名を基本とするように定めている。ただし，介護・看護職員数は従来型の特養と変わらず，介護・看護職員数は入居者・利用者3名に対して1名（3対1）以上となっている。[18]

特養においてユニットケアが取り入れられた理由であるが，従来型の特養よりもユニットケア型の方が特養設置に対する公費負担を軽減できるという「隠された理由」があったことは否めない。ユニットケア型特養の場合，居室やリビングなど入居者が使用するスペースの建設費は，設置者の全額負担となって

図4-7 ユニット型特養 本能（京都市）の平面図

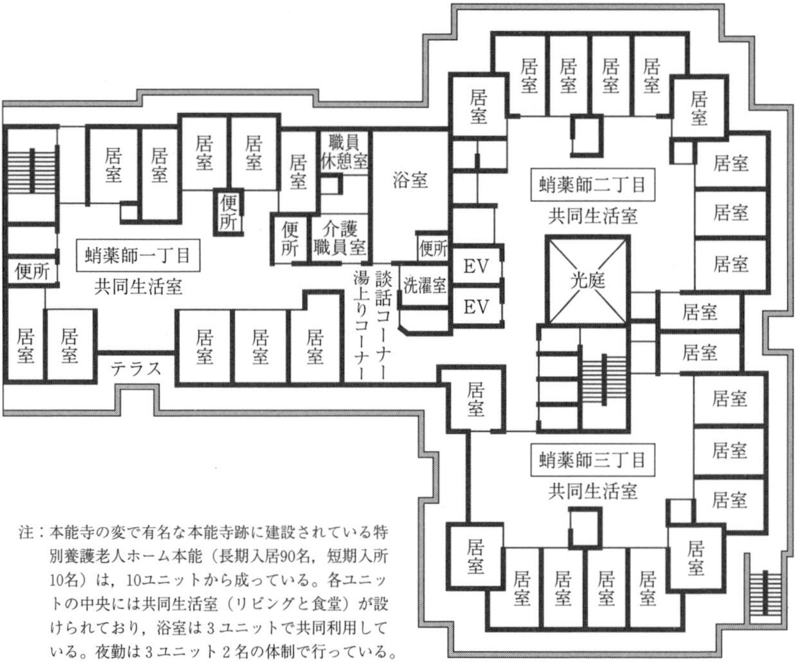

注：本能寺の変で有名な本能寺跡に建設されている特別養護老人ホーム本能（長期入居90名，短期入所10名）は，10ユニットから成っている。各ユニットの中央には共同生活室（リビングと食堂）が設けられており，浴室は3ユニットで共同利用している。夜勤は3ユニット2名の体制で行っている。

おり，建設補助金（公費）を大幅に抑えることができるからである（設置者は完成後，費用負担分を入居者から家賃として徴収する。そのためユニット型特養の家賃は施設間で異なっている）。

しかし，そうした「隠された理由」があったとしても，特養は早晩，ユニットケアに転換せざるを得なかった。認知症高齢者の入居増加により，これまでの介護方式を続けることにはもはや無理があったからである。特養の介護方式とはどのようなものなのか，早朝時の介護を例にとり説明しよう。

早朝介護に当たるのは前夜からの夜勤者で，4時すぎから7時ぐらいまでの間に，①トイレでは排泄の困難な人のおむつ交換，②洗面介助（大半の入居者は洗面ができないのでオシボリなどで顔を拭く），③前夜に取り外し洗浄していた義歯を入れる，④トイレで排泄可能な人をトイレに誘導しての介助，⑤起床介助―着替え，車いすへの移乗介助などを行う。そして，7時ぐらいから勤務に

ついた早出の職員と協力し，⑥食堂へのトランスファー（誘導），⑦配膳，⑧食事介助，⑨食後の投薬，⑩下膳，⑩食後の口腔ケア，⑩食卓とその周辺の後片付け・清掃などの「業務」を日勤者が勤務につく9時前には終わらせておくというのが，多くの特養の一般的な姿である。

写真10

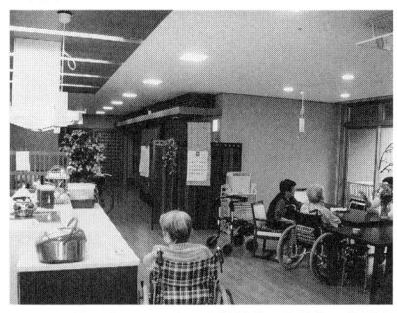

ユニットでくつろいでいる利用者の方たち。左側は台所になっている（写真提供：本能）。

　介護に当たる職員は，長期入居50名，短期入居10名，計60名定員の特養であれば，夜勤者が2名（多くて3名），早出勤務が2〜3名程度である。

　これだけの「業務」をわずか数名の職員で，しかも短時間の間に集中的に行わなければならないから，介護職員は常に時間を意識し，走り回るようにして働かなければならない。それは早朝時だけに限ったことではなく，数少ない介護職員で，多数の要介護高齢者を効率的に介護しなければならない特養の日常的な姿であるが，こうした走り回るような状態で行われる介護は，よほど優秀な介護職員を揃えた施設でないかぎり，入居者を「時間のベルトコンベヤー」に乗せるような「追い立て介護」にならざるをえない。

　しかし，このような「追い立て介護」は，とくに認知症高齢者の場合には強いストレスを与え，不穏にし，「異常行動」や「問題行動」に追いやる原因となりがちである。なぜなら，認知症高齢者は知的機能が低下しているために事態や状況が呑み込めないから，その介護においては（とくに身体に手をかけなければならない場合や，排泄や入浴介助など羞恥心をともなう場合には），ゆっくりと時間をかけ説明をし，納得してもらわなければならないからである。認知症高齢者には槻谷や下村のいう「ゆっくりと流れていく時間」と場が必要であるにもかかわらず，特養の介護方式はそれとは対極のものになりがちだったのである。

　前述したように1980年代半ば以降，認知症高齢者の特養への入居は増加しはじめ，1992（平成4）年の「第4回全国老人ホーム基礎調査」時には中等度以上の認知症高齢者が全入居者の約半数（48.3％）を占めていたが，現在（2006

年）では，重度とされている「認知症高齢者の日常生活自立度判定基準」（表2－2。27頁参照）のⅢ以上に該当する者が，全入居者の約7割（69.0％）を占め，軽度のⅡの者も含めると約9割（89.3％）にも達している。[19] 特養は「寝たきり老人」の介護を目的にして創設された施設であったが，現在では多数の認知症高齢者が生活する介護施設に変化しているのである。

認知症ケアは次章で述べる認知症の障害特性からしても，①小規模な生活単位，②家庭的な環境，③職員と利用者間との「なじみの関係」が基本となる。この3つをハード面に取り入れたのが特養のユニットケアであり，その背景には認知症高齢者の増加があったことをよく認識しておかなければならない。

4　高齢者介護の今後の課題

以上，高齢者介護の歩みをたどってきたが，高齢者介護において常に問われていたのは，「生活」であったことに着眼しなければならない。

特養が創設され高齢者介護がはじまった当初，言い換えれば介護の知識も技術も乏しかった時期に，先人たちは特養を「収容の場から生活の場に転換」すべく，「おむつ定時交換」から「濡れたらすぐに換えるおむつ随時交換」やおむつ外し，離床，集団給食から食事へ，寝たまま入る「特殊浴」から「普通浴」での入浴などに取り組んできた。それらは，「医療モデル」，集団的・画一的処遇からの脱却，個別処遇への取り組みとして高く評価できるものであったが，まだ「普通の暮らし」の実現には至っていなかった。

「普通の暮らし」の実現に向かって大きく前進したのは，1987（昭和62）年に山陰の地に「ことぶき園」が誕生し，1991（平成2）年には「ことぶき園」に触発され「宅老所よりあい」が活動をはじめて以降である。そこでめざされた「生活」は，重い障害を持った高齢者であっても，住み慣れた地域で，家族と切り離されることのない生活であり，「ことぶき園」を訪問した下村恵美子が「素敵だなぁ」と思った「普通の家庭の中の情景」であった。

下村が女性ならではの感性で「素敵だなぁ」と思ったのは，認知症などの要介護の高齢者が「穏やかに，のんびり，ゆっくり」と暮らす「生活」であったが，そうした「生活」は，単に小規模であったからもたらされたのではなく，

槻谷や下村たちが，高齢者自身が「生活の主体・主人公」になれるように援助していたからこそ実現できていたことを見逃してはならない。

近年になり，ユニットケア型特養やグループホームなど生活単位を小規模化した高齢者施設や，地域密着型サービスが開発されてきたが，それらもまた要介護の高齢者が「生活の主体・主人公」となることができ，「普通の暮らし」を住み慣れた地域で継続していくことを目指しているサービス体系であることを忘れてはならない。

高齢者介護は以上のように発展してきたから，今後も，住み慣れた地域，普通の暮らし，小規模多機能をキーワードにして展開されていくであろうが，高齢者自身が「生活の主体・主人公」となれる援助実践がもっとも重要なことが常に銘記されていなければなるまい。高齢者自身が「生活の主体・主人公」となることができなければ，「生活」の本来の意味（本質）である「生命活動」の充実は不可能だからである。

本章の冒頭で述べたように，高齢者介護の目的は，要介護高齢者の生活（生命活動）の充実にある。介護従事者には，認知症や「寝たきり」など心身に重い障害を抱えている高齢者が，自由に，いきいきと，豊かに生きていくことのできる介護実践が望まれている。その実践が真摯になされるとき，介護従事者は自身の仕事に誇りを持つことができると同時に，本章の冒頭に述べた介護の意義（素晴らしさ）が広く国民に認知されていくであろう。

注

(1) 「症状苦」と「病苦」の違いや，「病苦」へのケアの重要性については，大段智亮・黒丸征四郎『患者の心理』創元社，1982年に詳しい。
(2) その後も特養の居住水準は徐々に改善され，2002年度以降に建設された特養は，すべて全室個室・ユニットケアを取り入れた「小規模生活単位型特別養護老人ホーム」（ユニット型特養）となっており，個室面積は13.2m^2以上となっている。
(3) 神愛園では，当時すでにターミナルケア（死の看取り）や認知症高齢者ケアにも積極的に取り組んでいた。詳しくは永和良之助『老いと出会い——ある寮母への手紙』学苑社，1989年を参照。
(4) 詳しくは蛯江紀雄「特別養護老人ホームの現状と課題」浅野仁・田中荘司『明日

の高齢者ケア5　日本の施設ケア』中央法規出版，1993年を参照。
(5)　喜楽苑においても一朝一夕に本文に紹介しているような特養になったわけではなく，そこには「闘い」があった。詳しくは高井時男「老人ホームとノーマライゼーション」永和良之助編『私たちが考える老人ホーム――新たな老人福祉の創造』中央法規出版，1996年を参照。
(6)　任運荘の運営理念や実践は，吉田嗣義（任運荘理事長・当時）『老人ホームはいま』ミネルヴァ書房，1980年に詳しい。
(7)　蛯江紀雄，前掲書，42頁。
(8)　詳しくは，錦織義宣（長浜和光園施設長・当時）『老人ホームからの発想』ミネルヴァ書房，1982年を参照。
(9)　村上廣夫＆誠和園スタッフ『寝たきり地獄はもういやじゃ』筒井書房，1993年を参照。
(10)　特養で身体拘束が日常化していった理由と，現在もなお廃絶できない理由については，永和良之助『悲しみをわかちあえますか――高齢者の人権と福祉』創風社出版，2003年，および「介護リーダーのための身体拘束ゼロに向けた人権教育講座」『介護リーダー』日総研，VOL.10，NO.3，2005年を参照。
(11)　ことぶき園開設前年の1986年に八戸市に認知症高齢者を対象とした「紬の家」がただ1か所開設していたが，その存在はほとんど知られていなかった。
(12)　槻谷和夫「小規模多機能型老人ホームの挑戦」永和良之助編『私たちが考える老人ホーム――新たな老人福祉の創造』中央法規出版，1996年，16～17頁。
(13)　槻谷和夫，前掲書，28～29頁。
(14)　宅老所・グループホーム全国ネットワーク編『宅老所・グループホーム白書2003』全国コミュニティライフサポートセンター，2003年，35頁。
(15)　下村恵美子「お寺から始まった手作りのデイホーム――「宅老所よりあい」の活動から」『いきいきジャーナル』医学書院，第4巻3号，1994年，12頁。
(16)　2006年10月1日現在，特養は全国に5291施設あり（入居定員数は36万3747人），そのうちユニットケア型の特養の整備率は，2006年4月現在，特養全体の12.1％となっている（厚生労働省「介護施設等の在り方に関する委員会資料」平成18年9月27日）。
(17)　厚生省監修『厚生白書（平成12年版）』ぎょうせい，2000年，110頁。
(18)　その人数では勤務表も組めないため，現状のユニットケア型特養の介護・看護職員数（平均値）は2.0対1となっている（厚生労働省社会保障審議会介護給付費分科会第59回資料平成20年11月21日）。

⒆ 厚生労働省社会保障審議会介護給付費分科会第59回(平成20年11月21日)資料。

参考文献

永和良之助編『私たちが考える老人ホーム──新たな老人福祉の創造』中央法規出版,1996年。

太田貞司『生活文化を支える介護』一橋出版,1997年。

小笠原祐次『生活の場としての老人ホーム』中央法規出版,1999年。

第5章　認知症ケアとターミナルケア

　介護保険制度は「在宅介護」を基本理念としており，要介護の高齢者も住み慣れた家庭や地域で生をまっとうできることをめざしている。だが，認知症と終末期（ターミナルステージ）にある高齢者は，「在宅介護」からもっともほど遠いところに置かれている。そのことは，特別養護老人ホームの入居者の大半を認知症高齢者が占めている（108頁参照）ことや，大半の高齢者が病院などの医療施設で死を迎えている（38頁参照）ことからも明らかであろう。

　本章では，今後，在宅ケアにおいてもっとも充実を急がなければならない認知症ケアとターミナルケア（終末期ケア）を取り上げる。ただし，認知症ケアとターミナルケアの実際や進め方を述べるのが本章の目的ではない。

　認知症ケアにおいては，①認知症の障害特性を正しく理解すること，②認知症高齢者が尊厳をもって生活できるために必要なケアの内容や条件を示すこと，ターミナルケアにおいては，①特別養護老人ホーム（以下，特養と略）や認知症グループホーム（以下，グループと略）などの高齢者介護施設では，なぜターミナルケアの実践に取り組む必要があるのか，②その際に求められる基本条件を述べるのが，本章の目的である。

第1節　認知症とは

1　認知症とは（定義）

　認知症の診断基準は，①記憶，判断，思考，認知，理解などの知的機能が著しく低下している，②その状態が一過性のものではなく，少なくとも数か月間以上継続している，③知的機能の低下の原因が先天的な脳の疾患によるものではなく，後天的な何らかの脳の病変による，④知的機能の低下により日々の生

活においてさまざまな不都合が生じている，⑤以上の状態が意識障害のないときに見られる，の5点にあるとされている。[2]

したがって，認知症とは，脳に何らかの病変が生じたことにより，ひとたびは発達していた知的機能が持続的に低下し，その結果，日常生活や社会生活にさまざまな支障が起きた状態，と定義できよう。

2 認知症の原因疾患

認知症とは，疾患名ではなく，知的機能を低下させ，生活にさまざまな支障をもたらす症状群であり[3]，その原因となる主な疾患には次の3つのものがあるとされている。[4]

① アルツハイマー病などの脳変性疾患

脳変性疾患とは，脳の神経細胞が死滅，脱落し，その結果，脳が萎縮し，認知症となる疾患で，アルツハイマー病がその代表的な疾患である。性格変化や反社会的行動，同じ言動を繰り返すなどの症状が見られるピック病や，パーキンソン症状に加えて幻覚症状が見られるレビー小体病などもあるが，原因はまだいずれも解明されていない。

② 脳血管障害

脳の血管が詰まったり（梗塞），出血することで脳がダメージを受け認知症となる疾患で，小さな血管のあちこちに梗塞が起きる多発性脳梗塞がもっとも多い。

③ その他の疾患

アルコールなどの薬物中毒，薬の副作用，ウイルスなどの感染症，硬膜下血腫，交通事故などによる頭部打撲や，**表5-1**の病気が原因となり，二次的に認知症を引き起こす場合もあるとされている。

①は脳に直接病変が生じたもの，②と③は二次的に病変が生じたものであるが，認知症の治療と予防は，次の3つの理由からきわめて困難な現状にあるといわざるをえない。

① 原因疾患が何であれ，ひとたび脳に病変や損傷が起きてしまうと，治療して元の正常な状態に戻すことは，ごく一部の場合を除き不可能である。

表5-1　認知症の状態を起こす体の病気

代謝の異常で起こるもの	糖尿病・高脂血症など
ホルモンの異常で起こるもの	甲状腺の病気・副甲状腺の病気 副腎の病気など
その他の体の病気	肝臓の病気・腎臓の病気 電解質の異常・ビタミン欠乏症など

出所：繁田雅弘「認知症を起こす病気とは」橋本泰子編『わかるわかる認知症ケア』全国社会福祉協議会，2007年，48頁。

表5-2　全国の在宅及び病院・施設の痴呆性老人数の性別・年齢階級別出現率

(%)

	65～69歳	70～74歳	75～79歳	80～84歳	85歳～	合計
男	2.1	4.0	7.2	12.9	22.2	5.8
女	1.1	3.3	7.0	15.6	29.8	6.7
合計	1.5	3.6	7.1	14.6	27.3	6.3

資料：厚生省「老人保健福祉計画策定に当たっての痴呆性老人の把握方法について」1992年。
出所：『平成7年度版老人福祉関係法令通知集』長寿社会開発センター。

② 脳血管障害とその他の認知症は，原因がわかっているから予防が可能であるが，脳変性疾患の場合は，まだ原因がよくわかっていないために確たる予防法はない。

③ 認知症は脳疾患が原因とはいえ，**表5-2**のように高年齢になるにつれて出現率が急上昇し，「85歳以上」では3割近い出現率となっていることからうかがえるように，老化と密接に関連している。老化の進行を遅らせることは可能でも阻止することはできない以上，認知症予防には自ずと限界がある。

3　介護で改善可能な症状

　認知症の治療と予防は困難であると先述したが，認知症の症状の中には改善できるものがある。認知症の症状は，**表5-3**のように中核症状と周辺症状のふたつに分けられるが，記憶障害，見当識障害などの中核症状（基本症状ともいう）は，脳の病変による知的機能の低下によるものであり，現状では改善はほとんど望めない。

　改善できるのは，認知症高齢者の「異常行動」「問題行動」としてよく挙げ

表5-3　中核症状と周辺症状

中核症状	記憶障害，見当識障害，判断の障害，言葉・数の障害など	認知症を病む人のだれにでも現れる	医学的説明の対象
周辺症状	幻覚妄想状態，抑うつ，意欲障害，せん妄，徘徊，弄便，収集癖，攻撃性など	だれにでも現れるとは限らない	理解の対象

出所：小澤勲『痴呆を生きるということ』岩波新書，2003年，7頁を一部修正。

られる幻覚，妄想，徘徊，弄便，攻撃性などの周辺症状である。なぜ可能かといえば，周辺症状は認知症を病む人の「だれにでも現れるとは限らない」（**表5-3**）とされているように，認知症本来の症状ではなく，中核症状にストレス，不安，孤立感，居心地の悪さ，不適切な介護，転居，配偶者の死亡などの心理的，環境的要因や，脱水，便秘，発熱，栄養障害などの身体的要因などが加わって，二次的に引き起こされる症状だからである（**図5-1**参照）。

　改善できるのは周辺症状に限られているとしても，そこには大きな意義がある。なぜなら，認知症の高齢者を抱える家族がその介護でもっとも困惑しているのは，もの盗られ妄想などの被害妄想，不眠，多動，徘徊，暴言，暴力，異物食，弄便などの周辺症状だからである。これらの行動障害や精神症状が改善されれば，家族はどれほど救われるかしれない。

　家族だけではなく，何よりも当の認知症高齢者にとって大きな「福音」となる。行動障害や精神症状が改善できれば，認知症高齢者も心が穏やかになり，日々の生活の質が格段に向上するからだ。

　身体的要因が原因となっている場合もあり，周辺症状の改善には薬が必要な場合もあるが，多くはケア（介護）によって改善される。というよりも，良きケアなしには改善できない。ただし，それは「言うは易し，行うは難し」である。

　なぜなら，周辺症状とは，中核症状に心理的要因，環境的要因，身体的要因などが加わって二次的に引き起こされる症状であるがゆえに，それぞれがどのように関連しているかを読み解かなければならないが，その読み解きが簡単ではないからである。簡単でない理由は，長年，認知症ケアに従事してきた臨床医が，「周辺症状の成り立ちは，中核症状によって抱えることになった不自由，その不自由を生きる一人ひとりの生き方，そして，彼らが置かれた状況，これ

ら三者が絡みあって生じる複雑な過程である」と述べていることに尽きる。[6]

と同時に，周辺症状の改善をもっともよく成しうる立場にあるのは，介護従事者であることも指摘しておかなければならない。なぜなら，認知症高齢者のもっとも身近な場にいて，その日々の生活を支える者でなければ，「中核症状によって抱えることになった不自由」と，「その不自由を生きる一人ひとりの生き方」と，その「置かれた状況」の3つを共感的に理解することはできないからである。

図5-1 周辺症状・中核症状の成立過程

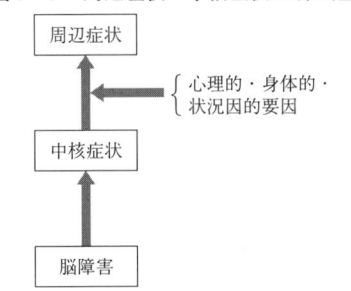

周辺症状 ← { 心理的・身体的・状況因的要因 }
↑
中核症状
↑
脳障害

出所：小澤勲『痴呆を生きるということ』岩波新書，2003年，8頁。

以下においては，中核症状を中心に認知症高齢者の障害特性を説明する。それをよく理解しておかなければ，認知症を病んでいる人々の不自由さがいかなるものなのかが理解できないうえに，認知症ケアの基本を誤ってしまい，周辺症状の改善どころか介護者自身が認知症高齢者を不穏行動に追いやってしまうからである。その意味では，「認知症ケアは認知症の障害特性をよく理解することからはじまる」といっても過言ではない。

なお，筆者は1977（昭和52）年に特養で勤務してから現在に至るまで，直接・間接的に高齢者介護に従事している。前述したことはもとより，以下に述べることの中には，筆者のこれまでの介護体験が含まれていることをあらかじめ断っておく。

第2節　認知症高齢者の障害特性

認知症の人にはレベルの差はあっても，①忘れる・覚えられない（記憶障害），②わからない（認知・認識障害），③できない（行為障害），④話せない（言語障害），の4つの障害（中核症状）が例外なく認められる。

1　忘れる・覚えられない（記憶障害）

　認知症のもっとも中心的な症状で，認知症の人の記憶障害には次のような特徴がある。

① 　高齢になるにつれ記憶力は減退していくが，認知症の人の記憶障害とは，そのような加齢（老化）にともなう「もの忘れ」とは異なり，体験した事実やできごとそれ自体が記憶から消失していく「悪性のもの忘れ」である。すぐに何度も同じことをいったり聞いたり，同じ物をいくつも買ってきたり，数日分の薬を1日で飲んでしまったりするのは，そのゆえである。

② 　ただし，認知症の人の記憶障害は忘れること（記憶の消失）だけではない。「認知症高齢者は5分前のことも覚えていない」とよくいわれるが，筆者にいわせれば，それは認知症でも軽度の人の場合である。数分前どころかほんの数秒前のことも記憶に残っていない認知症高齢者は少なくない。満杯の器に水をいくら注いでも一滴も入らないように，体験したことが記憶の中に入っていかないからだと思われる。

　　　しかし，「忘れる」と「元々記憶の中に入らない（覚えられない）」という違いはあっても，認知症の人にとって，体験する出来事は常にはじめての経験となることに違いはない。介護者にとっては「それは先に何度も聞いたこと」であっても，認知症の高齢者にとっては「今，はじめて話すこと」なのである。介護者に許容量の大きさが求められるゆえんである。

③ 　記憶には過去の古くからの「長期記憶」と，最近の出来事を記憶する「短期記憶」のふたつがあり，過去の古い記憶から失われていくのが通常であるが，認知症が進行していくと，新しい記憶から忘れていき（記憶の逆行），何十年分もの記憶が脱落することが珍しくない一方で，過去の懐かしい時期や輝かしい時期の記憶は保持されていることが多いのが特徴である。認知症の高齢女性が現在も子育てをしている母親であったり，高齢の男性が現在も現役の職業人であったりするのは，そのゆえである。

④ 　認知症になってもかなり遅くまで残るのは，「体に染み込んだ記憶」と言われている。特に長年，家事にいそしんできた女性の場合には，認知症が進んでも縫い物や包丁を持って台所に立つことができる人は多い。男性

の場合はどうしても職業との関連が強く，長年ドイツ語の教師をしていた人がドイツ語の文章を流暢に読んでいたことや，大工をしていた人が鋸を上手に使っていたことなどを思い出す。だが，それらも末期になるとできなくなる。

⑤　認知症が進行すると，「なじみのこと」も記憶から消失していく。「体に染み込んだ記憶」もそのひとつであるが，もっとも「なじみのこと」は家族であろう。家族にとっては辛いことであるが，認知症が進行すると，夫や妻，子どもの顔もわからなくなっていく。おそらく家族の存在そのものが記憶から消失していくからだと思われる。

2　わからない（認知・認識障害）

筆者の住む四国では，夏場になるとソーメンがよく食卓にのぼるが，認知症の人に，麺，麺つゆ，ねぎやしょうがなどの薬味を別々の器にして出すと，ごく初期の人以外は麺つゆをお茶のように飲み，薬味はおかずのように食べ，麺はそのまま食べてしまう。「これは麺つゆ」「これは薬味」「これは湯がいた麺」と認識できないからである。

排泄も同様で，排泄が正常に行えるためには，「ここがトイレ」「これは便器」「これはトイレットペーパー」と認識できなければならないが，認知症の高齢者はその認識ができないために，あらぬ場所に排泄をしてしまったりする。食べ物でないものを食べてしまったり，赤信号なのに道路を横切ろうとしたりするのも同様の理由である。

認知症が進行していくと，このようにさまざまな事物が認知・認識できなくなっていくだけではなく，自己が置かれている状況や，時間や季節や自分が生きている時代（時）や，自分は今，どこにいるのか（場所），自分の周りにいる人は誰なのか（人）ということも，次第にわからなくなっていく。自分の家なのに「家に帰る」「帰る」と言い張って家族を困らせたり，家族に「どなたでしたか」といい，悲しませたりするのはそのゆえである。

3 できない（行為障害）

　認知症が進行すると，社会生活のみならず食事，入浴，排泄などの日常生活も次第にできなくなっていく。前述したようにさまざまな事物が認知・認識できなくなっていくことに加えて，目的を遂行するために必要な動作や手順がわからなくなり（忘れてしまってと言い換えてもよい），できなくなっていくからである。

　通常，それは実行機能障害といわれており，わかりやすい例として調理がよく挙げられる。たとえばカレーライスをつくるには，まずジャガイモ，タマネギなどの野菜，肉などの食材を準備し，次にジャガイモやタマネギの皮をむき，包丁で適当な大きさに切り，鍋に入れ加熱をし，最後にカレー粉を入れ仕上げるといった一連の手順・動作が必要だが，それがわからなくなり（忘れてしまって），できなくなっていくのである。

　調理のようにいくつもの動作・手順が要る行為だけではなく，たとえば風呂に入り体を洗うという単純な行為も，認知症初期の人以外は難しい。「これはタオル・垢おとし」「これは石鹸」と認識できないうえに，タオルや垢おとしに石鹸をつけることができないからである。入浴後に衣服を着るときにも，認知症の人はひとりで，パンツをはく→肌着を着る→ズボンやスカートや上着を着るという一連の動作ができないし，肌着やVネックのセーターやワンピースなどを前後ろ反対でも，しゃにむに着ようとする。途中で誤りに気づき，訂正・修正するフィードバック機能にも障害が生じているためである。

　「寝たきり」高齢者は，身体に障害があるために食事，入浴，排泄，衣類の着脱などの日常生活動作（ADL）に支障をきたしているのに対して，認知症高齢者は，記憶障害，認知・認識障害，実行機能障害，フィードバック機能障害などが原因となり，日常生活動作に支障をきたしているのである。

4 話せない（言語障害）

　認知症の人の言語障害については，次のことを理解しておく必要がある。第一は，言葉が出るまでに時間がかかることへの理解である。記憶力に含まれる思い出す力（想起力）に障害があり，認知能力も低下しているために，自分の

思いや欲求を伝える言葉を探し出すのにとても時間がかかるのである。「待つこともケア」という介護観を持っていなければ，認知症高齢者の思いや欲求を聞くことのできない理由でもある。

　第二に，相手の言葉が理解できないために話せないことを理解しておく必要がある。英語のわからない人が英語で話しかけられたら応答できないのと同じである。日本語でも，言葉はまず「音」として脳に入り，脳の中で「翻訳」されるのだが，認知症の人たちはその「翻訳力」が低下しているために，相手が何をいっているのかわからないのである。認知症高齢者との会話がちぐはぐになるのはこのためであり，認知症の高齢者には長いフレーズの言葉かけは禁物で，ゆっくり，静かに，短く区切って，その人がわかる言葉（できればその人が育った地方の言葉やなじみ深い言葉など）で話しかけなければならない理由でもある。

　第三に，認知症が進行していき，末期（最重度）の状態になれば，最終的にはほぼすべての言葉を失う。呻き声などは残るが，発語ができなくなるからである。

5　その他の障害特性

　以上の4つが認知症（中核症状）の代表的な障害特性であるが，その他にも，認知症高齢者の介護において理解しておくべき障害特性がいくつかある。

（1）　注意力・集中力の低下

　デイサービスなどの高齢者施設でよく行われている風船バレーは，風船がゆっくりと空中を舞うだけに認知症の高齢者にとっても適したレクレーションだが，認知症が進んだ人の場合には，20分，30分と続くと，突然怒り出したり，乱暴に風船を打ったり，居眠りを始めたり，椅子から立ち上がったりする人が少なくない。認知症の人は注意力が低下しており，短時間しか集中できないからである。

（2）　ストレスとなる高音・騒音

　近年，若年性認知症の人たちが，認知症を病むようになってからの体験を積極的に発言しているが，「高音・騒音は非常にストレスになる」と異口同音に

語っている。認知症でない人は，耳に入ってくる音を無意識のうちに取捨選択し，聞き流すことができるが，認知症の人はそうした「音のスクリーニング機能」が低下しており，すべての音が脳の中に入ってしまうために高音・騒音は非常に不快でストレスになるのである。

にもかかわらず，テレビはつけ放っし（しかもチャンネルを変えることもなく），職員の声は大きいといった高齢者施設は多い。

（3） 生活意欲の低下

認知症が進みはじめると，服装に構わなくなったり，歯を磨かなくなったり，入浴や下着を替えるのを嫌がったりするようになるのが通常である。以前はおしゃれで，身ぎれいにしていた人であっても，である。

私たちでも，髪の手入れをしない，歯も磨かない，下着も替えないといった生活を続けていれば，次第に生活意欲は無論のこと，生きる意欲も低下していくが，自己への認識と周囲への関心が低下しており，日々できることが少なくなっていく認知症高齢者の場合は，生活意欲が加速度的に低下していくことを理解しておかなければならない。

（4） 残存する感情

最後に，知的機能は低下しているが，自分が親切にされているか，それとも冷淡に扱われているかといったことを感ずる力，とくに自尊の感情（プライド）は失われることがないことを知っておかなければならない。

また，自分が認知症で，周囲に迷惑をかけているなどとは決して思っていないことも知っておかなければならない。

介護者は認知症高齢者の「異常行動」や理解し難い行動などに直面した場合，叱ったり，注意したり，口調もきつくなりがちだし，中には認知症高齢者を見下し，他の年長者には決して使うことのないぞんざいな言葉（指示形・命令形の言葉や，いわゆるため口や友達言葉もそのひとつ）を口にする介護従事者も決して少なくないが，こうした態度は最悪だといわなければならない。感情面は保持されており，周囲に迷惑をかけているなどとは決して思っていない認知症高齢者に対して，このような態度をとれば，意地悪をされている，見下されている，バカにされていると思わせるだけだからである。

このような場合，認知症の高齢者は自分の感情を言葉では表現できないために，ストレスや怒り，不満を行動で表す以外にない。介護者の不適切な態度（介護スタイル）が認知症高齢者の不穏行動の原因となっている場合は決して少なくない。

第3節　認知症ケアの基本

認知症ケアの基本は，以上述べた障害特性をふまえて介護をすることに尽きるが，認知症高齢者の尊厳を支えるうえにおいて重要であるにもかかわらず，介護現場においても欠落しがちなケアの視点や内容を次にいくつか示しておく。

1　介護目標の明確化

日々の介護は，介護（ケア）目標があってはじめて方向づけられ具体化されるが，認知症ケアの基本目標はいかなるものとして設定されるべきであろうか。

筆者はこの10年来，小さな3つのグループホーム（入居定員計24名）と小規模多機能型居宅介護を運営する社会福祉法人の理事長を務めているが，筆者たちの法人では，①認知症の人の笑顔は介護者への信頼感，受け容れられている安心感の表れであるがゆえに，「認知症の人から笑顔を引き出すケアが最良のケア」，②ストレスと不安が認知症高齢者の不穏行動の最大の原因になる，というふたつの理由から，「安心・平穏な生活」を第一の介護目標としている。

次に，①認知症の人は身体の不調が訴えられない，②脱水，便秘，空腹感，発熱などの体調不良が認知症高齢者の不穏行動の原因となりがち，③介護者が注意しなければ生活意欲は低下の一途をたどる，④認知症介護に限らず，静かで，落ち着いた，清潔な環境をつくるのは介護の基本，という4つの理由から，「安全・清潔・健康な生活」を第二の介護目標としている。

最後に，①認知症の人も有用感や楽しい生活を求めているが，自ら見出すことはできない，②認知症の人の脳が最も活性化するのは，楽しいとき，嬉しいとき，関心を持ったとき，居心地が良いときで，その逆のときは不活発になる，というふたつの理由から，「役割のある，楽しい生活」を第三の介護目標とし

ている。

　認知症の人の障害特性をふまえたうえで，その尊厳の維持をはかろうとするならば，「安心・平穏な生活」「安全・清潔・健康な生活」「役割のある，楽しい生活」を創りあげていくのが基本的な介護目標になるであろう。あとはその目標に沿って，どう具体化するかである。

２　介護計画は「幸せづくり計画」

　前述した介護目標は，いわば到達目標であり，そこに到達するためには，一人ひとりの認知症の高齢者が現在，抱えている生活の不自由さを克服していくための援助を介護者が行っていかなければならない。その援助計画がケアプラン（介護計画）と呼ばれているものである。

　ケアプランについては，近年，要介護高齢者その人を中心に据えた「パーソンセンタードケア」が提唱されているが，認知症高齢者のケアプラン策定において重要なことは，ケアプラン（介護計画）は「幸せづくり計画」であるという視点を常に堅持しておくことである。そのためには，認知症高齢者が前述した障害特性から，現在，どのような生活のつまずきや混乱が生じているのかを正確にアセスメントしなければならない。それらが解決すれば，その人はどのような生活を送ることができるようになるのか。その姿をイメージしながら，介護者の行うべき役割（行動目標）を具体化し，実施していくのがケアプランである。

３　残されているものを大切に

　認知症の高齢者は日々，さまざまなものを失うことを余儀なくされている。妻や夫，子どもの顔がわかっている人も，やがてわからなくなるし，包丁を持って台所に立つことができている人も，やがてできなくなる。歌が大好きでいい喉を聞かせてくれている人も，やがて歌うことを忘れてしまう。頻繁に徘徊を繰り返している人も，やがてそれすらもできなくなる。

　認知症の高齢者が今できていることは，いつまでも続くものではなく，日々さまざまなものを失っていく中で，かろうじて残されているものである。

残存能力の維持・活用, 生活の継続性, 自己決定の尊重が, 高齢者ケアの三原則であるが, 認知症の高齢者の残存能力は, 日々失うものが多い中でかろうじて保持されている貴重なものであることを, 介護者は心しておくべきであろう。その維持をどのようにしてはかるかは, 認知症ケアにおいてはもっとも重視すべき課題であり, 介護従事者の力量と専門性が問われるところでもある。

4　説得より納得

「説得」とは,「〜だから, 〜をしなければならない」と理詰めで（論理的に）相手を従わせようとするもの, 言い換えれば相手の知力に働きかけるものであるが, 知的機能が低下している認知症高齢者には元来通用するはずもない。むしろ, それは前述したように, 冷淡にされている, 意地悪をされていると思わせるだけで有害ですらあるにもかかわらず, 介護現場では「納得よりも説得」の場面の方がはるかに多い。

認知症の高齢者に「納得」してもらうことは容易ではないが, たとえば, 失禁し, 便臭のしている認知症の高齢者に,「便が出ているからトイレに行って, おむつを替えましょう」という態度で臨むのと,「ご免なさい。私が不始末をしてしまって, 〜さんのスカートを汚してしまいました。すみませんが, スカートと下着を替えさせていただけませんか」とお願いをするのとでは, まったく反応が違うだろう。前者の場合には通常,「便など出ていない」「バカにするな」と興奮させるだけである。

「説得より納得」は決して簡単なものではない。認知症の高齢者には2人として同じ人はいないし,「納得」してもらわなければならない介護場面は, 常に「応用問題」であり臨機応変さが求められるからである。したがって, 認知症の高齢者に「納得」してもらうマニュアルなどというものはない。経験を重ねる中で「応用問題」を解いていく基礎力を培っていく以外にないが, 筆者のこれまでの体験では, 認知症高齢者の障害特性をよく理解している介護者や, 後述する認知症の高齢者には「何を話すか」ではなく「どのように話すか」が重要であることをよく認識し, 日々努力している介護者でなければ, 認知症の高齢者に「納得」してもらう介護はできない。

5　認知症ケアは言葉づかいからはじまる

「心さえこもっていれば言葉づかいなど些末なこと」と思っている施設職員は少なくないが，介護者が認知症高齢者にどのような言葉を使うかは非常に重要である。たとえば，面会に来た家族を指さして，「この人，誰？」「覚えている？」と平気できいている職員の姿をしばしば見かけるが，こうした言葉はきわめて不適切だといわなければならない。

なぜなら第一に，それは「試みる質問」であり，高齢者に不快な感情を与えるからである。職員からすれば家族の顔がわかっているか知るために質問しているのだろうが，試みられる質問は誰しも不快なものである。

第二に，記憶障害のある認知症の人にとって，事実を尋ねられる質問は苦手だし，苦痛だからである。認知症の人に質問を続けると，不機嫌になったり怒り出すのはそのためである。認知症の高齢者には，「この人，誰？」「覚えている？」ではなく，たとえば「奥さんが来てくれてよかったですね」のようにいうべきなのである。そうすれば，言葉の少なくなっている認知症の高齢者も，「そうよ」とか「嬉しい」などと反応することができる。また，その反応によって家族の顔を覚えているのか，忘れているのかといったことは自ずとわかる。認知症の人には，「何を話すか」ではなく，「どのように話すか」が非常に大切なのである。

筆者たちの法人では，「介護現場で使う言葉は心地よい言葉だけ」を介護哲学のひとつとしている。言葉だけでなく，高齢者に提供する介護全体が（とくに身体介助）安楽で心地よいものでなければならないと考えているが，認知症の人にとってどのような言葉が「心地よい言葉」だろうか。

ひとつは，認知症の人の障害特性と可聴距離と反応時間の低下に配慮した言葉づかいであろう。可聴距離は高齢になるにつれ低下するが，だからといって大きな声を出せばよいというものではない（大きな声は高圧的となり，誰しも不快感を覚えるし，とくに幼児や高齢者は恐怖すら覚える）。その反対で，側に行き，ゆっくりと，トーンを下げて静かに話さなければならない。

ましてや認知症の高齢者は，相手の言葉を理解するのが困難であり，高音はストレスになるという障害を抱えているのだから，介護者は側に行き（遠くか

ら声をかけない），トーンを下げて，穏やかに，ゆっくり，温かみのある言葉で話すことができるスキルを身につけなければなるまい。

　その習得には，敬語を用いて依頼形の言語表現ができるようになることが第一歩となる。なぜなら，ゆっくりとした，トーンを下げた穏やかな言葉づかいは，敬語を用いた依頼形の言葉しかないからである。

　もうひとつは，懐かしい風景や記憶を呼び覚ます言葉や，親しみを覚える言葉であろう。その代表的なものは，故郷や家族である。筆者たちのグループホームは重度の入居者が多く，平均介護度も4.0を超えているが，半数近くの人は自分の父母，兄弟姉妹，子どもの名前を指折りながら教えてくれる。そして，その名前を挙げながら，90歳を過ぎた人であっても，「母に逢いたい」「お父さんが懐かしい」と漏らす。家族の顔がわからなくなり，言葉を失った人も，職員がその人の家族の名前をいえば反応するし，故郷訪問をすれば日頃とはまったく異なった表情を見せてくれる。それゆえ，筆者たちの法人の職員は，入居者一人ひとりの父母，兄弟姉妹，子どもの名前とその思い出や，故郷への思いや故郷で過ごした生活状況を家族に教えてもらい，折にふれ語りかけている。

　「認知症高齢者とのコミュニケーションは難しい」という声をよく聞くが，認知症の高齢者が記憶を日々失っていく中で，かろうじて保っているものや，大切にしているものを知らずして，どうして認知症の高齢者とのコミュニケーションが成立つだろうか。

6　自然の力，家族の力の活用

　「外にどれだけ出るかは良きグループホームの条件のひとつ」と筆者たちの法人では考えている。その理由はいくつかあるが，「自然には認知症の人の心を癒す力がある」というのが，そのもっとも大きな理由である。認知症の高齢者の人たちも，折々の季節の花々，緑豊かな樹木を目にし，太陽の光，外気，風のそよぎなどを感じたときには心地よさを覚え，心が穏やかになるのは，認知症でない人と何ら変わりはない。そうした環境の中で，乳幼児や心優しい人々と交わることができれば，さらに心は穏やかになるだろう。

　家族の力が必要な理由も多々あるが，ここでは，認知症ケアにおいてはバッ

クグランドアセスメントが不可欠なこと，そして，それを行うには家族の協力が欠かせないことのみ指摘しておく。バックグランドアセスメントとは，利用者のこれまでの生き方，職業，人格や性格などが，利用者の現在とどのように関連しているのかを「評価」するものである。

　先に，長年，認知症ケアに従事してきた臨床医の「周辺症状の成り立ちは，中核症状によって抱えることになった不自由，その不自由を生きる一人ひとりの生き方，そして，彼らが置かれた状況，これら三者が絡みあって生じる複雑な過程である」とする知見を紹介したが，認知症高齢者のこれまでの生き方，認知症を病むようになってから現在に至るまでの生活状況，前述した家族や故郷への思い，これまで大切にしてきたものなど，バックグランドアセスメントを行うのに必要不可欠な基本情報は，家族に教えてもらう以外にないのである。

7　認知症高齢者の介護への参加

　良質の認知症ケアを進めるために必要な条件として，最後に，「介護は利用者との協同行為」であることの自覚が必要なことを挙げておく。

　たとえば，特養でもグループホームでも夜勤時は一人介護になるが，おむつ交換の際，利用者が腰を上げてくれない，足も開いてくれない，左右にも向いてくれないとなれば，夜勤者はどれほど苦労するだろうか。介護者はともすれば，介護は介護者だけで行っていると思いがちだが，利用者が介護に協力してくれ，介護者を信頼して身を委ねてくれるからこそ，介護は夜勤時の一人介護に限らず可能なのである。

　安全で，安楽な，心地よい介護が，めざすべき介護であり，そのためには利用者の介護への参加・協力が不可欠だが，それはどうすれば可能になるだろうか。

　介護現場に身を置いた者が最初に教えられるのは，介護における「声かけ」の大切さである。しかし，「声かけ」が重要なのは，声もかけずに黙って身体に手をかければ高齢者を驚かせるからだけではない。「これから入浴介助をさせてもらいますが，協力してくださいね。お願いします」とか，「これから下着を替えさせていただきたいのですが，よろしいでしょうか」のように，利用

者に介護に参加・協力してもらうために必要だからこそ,「声かけ」が大切なのである。

　筆者たちの法人では,職員はこのような「声かけ」とともに,介護行為のつど利用者に笑顔で感謝の念を表している。「利用者との協同行為」である介護現場においては,職員の笑顔,感謝,ねぎらい,いたわりの言葉と態度が必要であり,もっとも似つかわしいと確信しているからである。[(8)]

第4節　高齢者施設におけるターミナルケア

1　特別養護老人ホームにおける看取りの現状

　ターミナルケア(終末期ケア)とは,「死の看取り」に尽きるものではなく,ターミナルステージ(終末期)にある人が,尊厳を保ちつつ残された生の時間を生きていくことができるように援助をする行為である。以下においては特養を例にとり,まず「死の看取り」の現状を見てみよう。

　特養を例にとるのは,表5-4に見るように,介護保険施設の中でも入居者の平均在所日数は約4年ともっとも長く,かつ入居者の看取りをもっとも多く行っているからである。

　表5-4では入居者の7割以上(71.3％)が死亡退所となっているが,そのすべてが施設内で亡くなっているわけではない。厚生労働省の外郭組織である医療経済研究機構が2002(平成14)年に全国の特養3000施設を対象に行ったアンケート調査(以下,医療経済研究機構調査)によると,有効回答のあった1730施設における過去1年間の退所者数は18,744人で,そのうち死亡退所者は14,370人(76.7％)であった。図5-2は,その人たちがどこで亡くなったかを見たものである。

　図5-2では,死亡退所者の4割弱(37.2％)が特養(内)で,約6割(62.1％)が病院・診療所で亡くなったことになっているが,実際には「病院死」の割合はもっと高く,特養(内)での看取りの比率はもっと低いと見なければならない。なぜなら,退所理由で死亡に次いで多いのは医療施設への入院であるが(表5-4参照),その入院には,はじめからそこで死亡することを予

表5-4 介護保険施設の入所者の平均在所日数と退所後の行き先

		介護療養型医療施設	老人保健施設	特別養護老人ホーム
平均在所日数		359.5日	230.1日	1429.0日
退所先	家庭	17.9%	39.2%	2.7%
	特別養護老人ホーム	5.1	7.0	1.0
	その他の社会福祉施設	1.1	2.1	0.5
	老人保健施設	9.9	9.4	―
	医療機関	37.3	38.5	23.4
	その他	1.8	1.6	1.1
	死亡	27.0%	2.2%	71.3%

注:厚生労働省「平成15年介護サービス施設・事業所調査」平成15年9月時点。
資料:厚生労働省「介護施設等の在り方に関する委員会資料」平成18年9月27日。

測しての入院が少なくないからである。事実,医療経済研究機構調査においても,入居者の「死亡が予想される場合」には「原則として速やかに病院等に移す」としている施設が,半数以上(54.9%)を占めており,「原則として施設内で看取る」としている施設は,わずか19.4%にすぎない(他は,「特に施設の方針はない」が19.5%,「無回答」が6.3%となっている)。末期状態となり,「病院等に移」された後に施設との入居契約が打ち切られ,医療機関でそのまま死亡した「元入居者」を含めれば,病院死の割合はもっと高くなるだろう。

筆者は特養に1977年から1988年まで在職したが,当時の大半の特養は,次のように指摘されても仕方のないものだった。

> 現在,特別養護老人ホームに収容されている老人は重篤になると病院に入院させられる。老人は病院で,それからしばらくの間,知る人もなく,まったく独りで,死への日々を生きていくのである。
>
> 実は,このしばらくの期間こそ死の臨床看護として,老人福祉の関係者が最大の努力を払わなければならないときである。それにもかかわらず,老人福祉の関係者は,老人がいよいよ重篤になると,病院に送り込んでしまう。また,そのように指導されている。[9]

当時と比較すれば,入居者の「死亡が予想される場合」には「原則として施設内で看取る」とする施設が約2割を占めているから,ターミナルケアに積極的に取り組む特養は増えてきたといえる。しかしそれでも,そうした施設は特

養全体からすればまだ少数で，30年近くも前に「老人は重篤になると病院に入院させられる」と指摘された状況は，現在もさほど大きくは変化していないといわざるをえない。⁽¹⁰⁾

グループホームもターミナルケアに取り組んでいる施設はわずかで，厚生労働省の調査では，2007年10月1日～2008年9月30日の1年間に，入居者の看取りを一度でも行ったことの有る施設は2割弱（17.8％）にすぎない。⁽¹¹⁾

図5-2　特別養護老人ホーム入居者の死亡場所

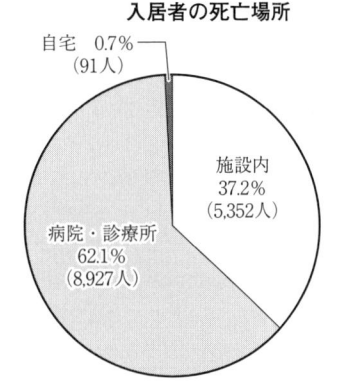

自宅　0.7％（91人）
施設内　37.2％（5,352人）
病院・診療所　62.1％（8,927人）

資料：医療経済研究機構『特別養護老人ホームにおける終末期の医療・介護に関する調査研究報告書』2003年3月。

[2]　看取りをめぐる施設間の違い

では，なぜ特養において末期ケアに取り組む施設は上述のように少ないのだろうか。その理由としてよく挙げられるのは，特養の医療・看護体制の不備である。

特養は必ず医師を配置しなければならないことになっているが，医療経済研究機構調査によると，常勤の医師がいる施設は全体の5.0％に過ぎず，大半は嘱託医となっている。その診療回数と診療時間は，筆者が特養に在職していた当時は「1週2回」，「1回2時間程度」が標準的であったが，医療経済研究機構調査では「1日以下」が32.9％，「1日超～2日以下」が40.9％で，2日以下が大半となっている。

他方，厚生労働省の定めている看護職員の配置基準は，入居定員が「30人以上50人未満」の場合で2人，「50人以上130人未満」で3人となっている。現実には大半の施設がこの基準以上に配置しており，厚生労働省が行った直近の調査では，1施設（平均入居定員69.3人）当たりの看護職員数（常勤換算）は，看護師が2.35人，准看護師が2.37人，計4.72人となっている。⁽¹²⁾しかし，近年の特養は入居者の重度化が進んでおり，厚生労働省のこの調査でも，「経鼻経管栄養及び胃瘻による栄養管理」や痰の吸引の必要のある人が，ともに約1割近く（前者は入居者全体の9.9％，後者は8.6％）入居しているから，この看護職員数でも決して十分とはいえないだろう。

表5-5 特養内死亡率が高い施設と低い施設との相違点

	高い施設（％）	低い施設（％）
医師に夜間，必要時には一般に訪問してもらえる	67.3%	34.3%
緊急時には嘱託医に連絡する	82.0	66.2
施設内での医療処置対応として点滴可能	83.3	70.6
施設内での医療処置対応として酸素療法可能	69.3	57.8
「施設で亡くなりたいという希望」を原則的に受け入れる	92.4	59.8
終末期のあり方について職員間の共通理解があると思う	47.4	23.1
終末期のあり方について職員間の共通理解がほぼあると思う	33.7	29.6
終末期の対応についての施設の基本方針の説明を本人・家族に行っている	85.5	71.8
看取りを行う専用の居室がある	66.3	42.9

出所：図5-2に同じ。一部修正加筆。

　看護職員数以上に特養の看護体制で問題なのは，看護職員の夜勤体制にある。医療経済研究機構調査でも「夜勤体制に看護職員は含まれる」と回答した施設は5.2％となっており，「オンコール」体制をとっている施設が大半である。

　以上見てきた医療・看護体制が不備な中で，医療・看護の面では専門職ではない介護職員も看取りを行わなければならないところに，入居者の「死亡が予想される場合」には「原則として速やかに病院等に移す」とする施設が，半数以上を超える理由の一端があることは否めない。だが，それは理由の一端ではあっても最大の要因ではない。

　施設内死亡率は，入居者の「死亡が予想される場合」には「原則として施設内で看取る」施設では必然的に高くなり，「原則として速やかに病院等に移す」施設では自ずと低くなるが，医療経済研究機構調査では両者の間には**表5-5**に見るような違いがある。

　施設内死亡率が高い施設と低い施設とでは，同じ嘱託医であっても，必要が生じた場合には夜間でも診療に来てくれるのか，緊急時には連絡をすれば指示を得ることができるのか，といった医療体制の面で大きな違いがある。また点滴や酸素療法などが可能か，見取りを行う専用の居室の有無などの面でも大きな違いがある。

　しかし，最大の違いは，入居者の「施設で亡くなりたい」，家族の「施設で

看取ってほしい」という希望を受け入れるのかどうかと，ターミナルケアについて職員間に共通認識ができているかどうかの2点にある。「施設で看取ってほしい」とする希望の受け入れについては，施設内死亡率が高い施設では100％近い（92.4％）のに対して，施設内死亡率が低い施設では6割（59.8％）にすぎないし，ターミナルケアについての職員間の共通認識についても，「ほぼあると思う」も含めると，前者が81.1％なのに対して後者は52.7％で，約30ポイントもの開きがある。終末期の対応についての施設の基本方針の説明を本人・家族に行っているかどうかの面でも両者の違いは大きい。

　医療経済研究機構の調査報告書では，「直接処遇職員比率，看護職員の夜勤体制については差が見られなかった」とあるから，両者の根本的な違いはターミナルケアに対する取り組み姿勢にあり，その違いが医療体制にも表れていると見るべきであろう。

3　高齢者介護施設でのターミナルケアの可能性

　入居者がターミナルステージに入ると，半数以上の特養が「速やかに病院等に移す」現状であったが，次に述べる理由から，特養においては（場合によってはグループホームも）ターミナルケアは十分に可能である。

　まず特養で亡くなった高齢者の死亡時年齢を見ると，財団法人長寿開発センターが1997（平成9）年に行った「わが国の特別養護老人ホームにおけるターミナルケアの実施状況（アンケート調査）」では，特養入居者の死亡時年齢内訳は，「90歳以上」が33.3％，「80〜89歳」が46.2％を占めており，死亡時平均年齢は88.7歳となっている。

　2002（平成14）年の医療経済研究機構の調査では死亡年齢はさらに高くなっており，特養内で死亡した人の年齢内訳は「95歳以上」が20.8％，「90〜94歳」が27.5％，「85〜89歳」が23.7％で，「90歳以上」が半数近く（48.3％）を占めている。

　そして，高年齢での死亡が多いことから，死因（直接死因）は「老衰」がもっとも多く，医療経済研究機構の調査では特養内での死亡者の約3割（31.3％）を占めている。以下，「心不全」22.6％，「肺炎」17.7％，「がん」7.2％，「脳

卒中」6.8％，「呼吸不全」3.7％と続いているが，その中には「老衰」死に近いものも少なからず含まれていると思われる。「老衰」死に近いケースであっても，医師は死因が特定できる場合にはその病名を死亡診断書に記載するのが通常だからである。

　特養で亡くなる高齢者の大半は，若い高齢者ではなく死亡時平均年齢が90歳近い高齢者であり，死亡理由も自然死に近い老衰による死亡がもっとも多いことを指摘したが，このことは，特養やグループホームなどでのターミナルケアは，青壮年者の場合や病院でのターミナルケアとは内容が大きく異なることを意味する。

　たとえば，わが国でも有名なキューブラー・ロス（Kübler-Ross, E.）は，臨死患者が死を受け止めていく心理的過程を，①否認，②怒り，③取り引き，④抑うつ，⑤受容の5段階に分けて説明している。[13] 末期がんや難病などで突然死の淵の前に立たされた青壮年者の場合にはこの図式が当てはまるだろうが，死亡時平均年齢が90歳近い高齢者（老人）の場合には，すでに死を受容していることが多く，彼女が示しているような死の過程を歩むことはほとんどないといっても過言ではない。

　また青壮年者の場合には，身体の抵抗力が強いために病との闘いも激しくなり，肉体に激しい痛みをともなうことが多い。そのため身体の疼痛を抑えること（ペインコントロール）が青壮年者のターミナルケアにおいては最優先課題となるが，老人の場合には末期がんのような場合であっても進行が遅く，身体にさほどの痛みを覚えないことが多い。経験豊富な介護従事者が「長生きに対するプレゼント」とよくいうゆえんである。

　要約すれば，特養で看取りの対象となる高齢者は，すでに死を受容していることが多いし，病院でのような濃厚な医療的ケアは必要ではないというのが，特養やグループホームでターミナルケアが可能な（そして行うべき）第一の理由である。

　とはいえターミナルケアが可能かどうかは，「緩和ケア」が可能かどうかで判断されなければならない。

　ターミナルステージは，「医師が，医学的に回復の見込みがないと判断した

表5-6 死亡直前期に発生した心身の問題と死亡直前に行われた医療処置等

死亡直前期に発生した心身の問題	構成割合(%)	死亡直前に行われた医療処置及び看護・介護	構成割合(%)
呼吸困難	51.0	酸素療法等呼吸困難への対応	63.9
食事摂取困難	48.1	点滴	48.3
発熱	39.7	発熱への対応	35.2
喀痰喀出困難	27.5	吸引	36.7
尿失禁	20.5	排泄援助	38.6

出所：長寿社会開発センター「わが国の特別養護老人ホームにおけるターミナルケアの実施状況（アンケート調査）」1997年より作成。

時」からはじまる。「医学的に回復の見込みがある」ときには治療が何よりも優先されなければならないが、もはやどのように手をつくしても医療（治療）による回復は望めないのがターミナルステージである。かつてはこの段階においても治療が強力に行われていた時期があったが、それはただ末期患者を苦しめるだけという反省と、ホスピスケアなどの影響も受け、現在では医療・看護の領域においても、治療ではなく身体の痛みを可能なかぎり取り除く「緩和ケア」が重視されている。

老人の場合、身体の痛みは青壮年者のように激しいものではないのが通常だが、死にゆく過程においては呼吸困難、食事や水分の摂取困難・不能、全身倦怠感、発熱、痰がからむ、失禁や便秘、褥瘡などに苦しむことは避けられない。その苦痛を可能なかぎり取り除く「緩和ケア」を行う能力や条件が備わっているかどうかが、ターミナルケアを行いうるかどうかの判断基準となるが、特養の場合はその条件が基本的に備わっているといえる。

表5-6は、特養において「死亡直前期に発生した心身の問題」（上位5位）に対して、どのような医療処置や看護・介護が行われたかを一覧にして示したものである（ともに複数回答）。「死亡直前期に発生した心身の問題」に対応できなければ、特養でのターミナルケアは不可能といわなければならないが、発生した問題にそれぞれ対応できていることが一見して読み取れよう。嘱託医師が大半とはいえ医師がおり、看護・介護職員がいる特養では、これらの医療処置や看護・介護を行うのはさほど難しいことではないからである。

筆者たちのグループホームでも、11年前に開設して以来、嘱託医の診療に加

え，在宅療養支援診療所の訪問診療や訪問看護を利用し，これまでに何度かターミナルケアを行ってきた。入居者の状態にもよるが，グループホームでもこうした協力体制を得ることができれば「緩和ケア」は決して不可能ではない。

4 高齢者介護施設でのターミナルケアの利点

　長年，在宅ターミナルケアを実践してきた医師たちは，「死を自宅で迎えることは，人間の持つ普遍的な願望である」，「死を前にした患者さんたちが『家の冷たい井戸水が飲みたい』『縁から見えるあの海をもう一度みたい』というのを聞いていると，人々が心を許しているのは病院ではなくて，自分の暮らし住んできた家やその風景の中なんだな，と思うようになった。（中略）病院で死ぬことが，本人にはとても無念なことではないだろうかと思った」と異口同音に述べている。

　自宅で，家族のケアを受けながらの死は，現代においてはよほど幸運な人以外は望むべくもないが，死を余儀なくされた人々がなぜ，病院ではなく「自宅での死」を強く望むのかといえば，「彼らはそのまわりに生活を必要とする。（中略）彼らは，ベッドのそばにねそべっている愛犬のような"非衛生的な"ものを必要とする。彼らは自分の服，自分の写真，音楽，食べ物など彼らが親しんだ環境を必要とする。彼らが知っている人，彼らが愛している人，彼らが信頼してそのケアをまかせられる人を必要とする」からだと説明されている。

　筆者も同感である。人は「知らない所」「知らない人たち」の中に，ただ一人置かれたのでは平穏な死を迎えることはできないからである。肉体の痛みはさほどなくとも，死への道のりをただ一人で歩んでいかなければならない寂しさや孤独感などの「精神的な痛み」は，そうした環境の中では決して癒されないだろう。

　ターミナルケアにおいては「身体の痛み」だけではなく「精神の痛み」も手当て（ケア）されなければならないこと，病院は医療的ケア能力の面では優れていても，そこには「生活」はないこと，そして，医師やナースは医療や看護の専門家であっても，特養やグループホームの入居高齢者にとっては「知らない人たち」であることに留意しておかなければならない。

第5章 認知症ケアとターミナルケア

それに対して，特養やグループホームは，高齢者が人生の最晩年を過ごした「生活の場」である。問題は介護・看護職員が「信頼してそのケアをまかせられる人」であるかどうかだけであるが，介護職員や看護職員が自分をよく理解してくれており，「信頼してケアをまかせられる人」であれば，特養やグループホームでの死は，「自宅での死」と同様に「慣れ親しんだ環境」の中での死となりうる。入居者やその家族が，病院よりも医療的ケア能力がはるかに劣弱であるにもかかわらず特養を臨終の場として選択する理由も，そこにあるだろう。

筆者は1977年6月から1985年3月までの約8年間，北国の特養に勤務したが，その間に113名の入居者が死亡している。筆者が勤務した特養は，当時にあっては珍しく本人や家族の希望があれば施設内で看取るホームであった。次に紹介するのは，腹部全体に拡がった末期がんのために1983年に93歳で永眠した入居者の居室担当をしていた当時22歳の介護職員の介護記録である。

> 流動食も満足に口に入らぬ，食べれば胃がうけつけず吐いてしまうという身体であったが，この日お汁粉を食べるというので持って来る。自分で食べてみたいと言われ，足をベッドより降ろし，軽く背中を押しつけられる状態で自ら箸を使って，お汁粉の中のお餅をおいしそうに食べる。何か月ぶりだろうか，元気だった頃と何の変わりもないようなケロッとした顔付きに，Yさん（同室の入居者）と二人，とても驚き，泣きたいほど嬉しかった反面，死が近いことを胸に覚えた。[17]

特養やグループホームでのターミナルケアとは，表5-6にあるような医療的ケアに終始するものではない。それはターミナルケアの一部であって，「生活の場でのターミナルケア」とは，日々是好日となるように（死までの一日，一日が平穏で良き日となるように），介護者が心を砕いていく（先の高齢者の場合でいえば，「口からはもうほとんど何も食べられなくなってしまったが，大好きな汁粉ならば食べられるのでは」と心を砕く）行為の集積である。

ターミナルケアは二度とやり直しのできないケアであり，いつ終わりの時がくるかもわからない限定された時間の中で行われるケアだけに，心を砕かなければならないことは実に多い。日々食事や水分が摂取できなくなっていく中で，どのような物であればたとえ少量でも摂ってもらえるのかと心を砕かなければ

ならないし，身体を清潔にする，褥瘡（床ずれ）をつくらないといった身体ケアにも心を砕かなければならない。室内の環境が心地よいものであるように空気の乾燥や室温にも注意しなければならないし，外からの心地よい風を入れたり，ベッド回りに季節の花を飾るなど潤いのある空間づくりも必要である。また気分の良いときには人生の思い出にも耳を傾けるべきだし，残される家族にもターミナルケアに参加する場と機会をつくっていかなければならない。心に残っていることがあるならばそれにも耳を傾けるべきだし，家族関係などでわだかまりがある場合には氷解すべく，その機会もつくっていかなければならない。

筆者が若き日に勤めた特養では，このようなターミナルケアが行われていたし，現在も「日々是好日のターミナルケア」を実践している高齢者施設が少なくないが，なぜ，介護者は死にゆく高齢者に心を砕くことができるのだろうか。[18]

その理由を一言でいえば，高齢者を「よく知っている」からだという以外にない。筆者が勤めていた特養の職員もそうだったが，現在，運営しているグループホームの職員も，入居高齢者が臨終を迎えたとき，大抵の者が涙を流す。そうした姿はターミナルケアを実践している介護施設の職員に共通して見られるが，病院で医師やナースが患者の死に涙を流すだろうか？

それは病院の医師やナースが特段冷たいからではない。人は知らない者の死に涙を流すことはない。亡くなった高齢者との交わりの密度と関係性の違いによるのである。

「生活の場でのターミナルケア」が「日々是好日のターミナルケア」になりうるのは，「慣れ親しんだ環境」の中で行われるからだけではなく，「よく知っている」者同士の関係性の中で行われるからだといわなければならない。そのような関係性の中で行われるターミナルケアは，現代人の多くがもはや望むべくもない「自宅で家族に見守られながらの死」にもっとも近い死ではないだろうか。

5 ターミナルケア実践の課題

最後に，特養やグループホームなど要介護高齢者の生活施設においてターミ

ナルケアを実施・充実するために必要な課題を指摘しておこう。

　まず，特養では医療・看護体制をもう少し充実させることが必要である。前述したように特養では，経管栄養や胃瘻での栄養管理や痰の吸引の必要のある入居者が増加しており，医療的ケアの必要度が増しているからである。とくに看護職員の増員と，急変時や緊急時には夜勤に入ることのできる体制整備が必要であろう。

　グループホームの場合は，筆者たちの法人のように入居者の平均介護度が4.0を超え特養並みに重度化しているところから，ほとんど医療的ケアを要しないグループホームまであるので一概にはいえないが，グループホームでターミナルケアを行う意思があるのであれば，協力医による日常からの健康管理や，在宅療養支援診療所や訪問看護との関係強化が欠かせない。

　また機微に触れることではあるが，入居者が元気なときに，どこでどのような人生の閉じ方をしたいのかを意思を確認しておくことや，ターミナルケアに家族の参加の機会をつくっていくことも大切である。

　だが，特養やグループホームでのターミナルケアの実践・充実においては，介護職のターミナルケアに対する知識と技術の向上がもっとも重要であろう。入居高齢者のもっとも身近にいるのは介護職であるし，ターミナルケアにおいてももっとも深くかかわるのは介護職だからである。

　介護職が学ぶべきことは多々あるが，人の死に逝く姿をまずきちんと理解しておくことが重要である。なぜそれが重要かは後述するが，次に紹介するのは，在宅ターミナルケアを実践している医師たちが，看取りを行っている家族に対して「食事や水分がとれなくなるのは自然なこと」として，その理由を説明しているリーフレットの一節である。

　　たいていの場合，食べたり飲んだりすることにほとんど興味がなくなります。欲しいと思うものはなんでも食べて構いませんが，どんな食べ物もゆっくり少量ずつ食べられるようにしてあげて下さい。（中略）
　　食べ物や飲み物がもう欲しくなくなったり，口に入れるのが嫌になったとき，身体はその人に「この世を去る準備をしている」という信号を伝えているのです。これは辛いものではありません。脱水は患者さんにとって不快ではありません。レモ

> ン水をつけた綿棒は口と唇を湿らせ快適にします。冷たい湿ったタオルを額にあてるのも気持ちよいものです。(19)

　死が間近になると，食べ物や水分すら摂れなくなる以外に，①尿がほとんど出なくなる，②皮膚は乾燥し，手足は冷たくなる，③口が乾燥し言葉が出にくくなる，④口腔内の分泌物がのどの奥にたくさん溜まるようになる，⑤眠っている時間が長くなる，⑥呼吸のパターンも変わり，不規則で浅い呼吸や無呼吸のあと深い呼吸をするようになるといった身体的変化が起きてくる。
　こうした変化はいずれも人間の死に逝くときの自然な姿であり，看取りをしている人々に「この世を去る準備をしているという信号を伝えている」のだが，そのことを知らない介護職は少なくない。現代においては祖父母をはじめ肉親の死を家庭で間近に経験することは稀有であるし，社会福祉士や介護福祉士の養成校でも死の教育をすることはほとんどないからである。
　そのため，介護職の中には，人間の死んで逝く姿を自然なものとして受け止めることができず，恐れや不安に思う気持ちから，「食事も水分も摂れない状態では脱水になる。点滴でもしなければ」と主張する者も少なくない。だが，死が間近になった人に対しては（というよりもターミナルステージに入ると），医師といえどもできることは限られている。介護職の求めで輸液（点滴）をしても，「この世を去る準備をしている」人々の場合には，血管に入った栄養剤や水分をもはや全身に回す力が残されておらず，尿もほとんど出なくなっているために体がむくみ，かえって苦痛を与えるだけの結果になりがちである。このような体験をした介護職は少なくないだろう。筆者も幾度かこうした体験をしたことから人間の死に逝く過程（姿）を学習した。
　死は（とくに長く生きた高齢者の場合は）自然なものであるがゆえに，死が間近になればなるほど医療の役割は減少していき，人間の自然な行為（たとえばベッドのそばに座り，静かに語りかけたり，冷たくなっている手足をさすったり，口や唇を湿らせるなど）がターミナルケアの中心になってくるのだが，人はどのような過程を経て死を迎えるのか，そのとき医療（医師）は何ができて何ができないのか，介護職は何ができて何ができないのかを学んでいなければ，介護職は

第 5 章　認知症ケアとターミナルケア

死を受け止めることができず，恐れと不安だけが先立ち，死に逝く高齢者のそばにいることもできないだろう。

　他にも学ぶべきことは多々あり，吸引器や酸素の使い方などもナースに教えてもらわなければならないし，死に逝く人々の心理や，日進月歩している緩和ケアの方法や，遺された家族の悲嘆に対するケア（グリーフケア）などについても学ぶ必要がある。前節で述べた認知症ケアにしても，職員の学習がなければ充実はありえないが，「ケアには多くの学問が含まれている」がゆえに，ターミナルケアについても職員，とりわけ介護職員の学習がなければ充実はありえないのである。

　その学習を真摯に行う者に対しては，有限な命を生きている人間にとって死は必然なこと，そしてだからこそ生（命）は尊いことを，特養やグループホームで亡くなっていく高齢者は身をもって教えてくれるだろう。

注
(1)　認知症は以前，「痴呆」と呼称されていたが，痴呆や痴呆症という言葉は認知症を病む人に対して差別的，侮蔑的なことから，厚生労働省は「『痴呆』に替わる用語に関する検討会」の報告を受け，2004（平成16）年12月に，「痴呆」の用語を「認知症」に改めると発表し，2007年（平成19)年の介護保険法の一部改正で「認知症」と改正している。
(2)　小澤勲『認知症とは何か』岩波新書，2005年，3頁。
(3)　小澤勲『痴呆を生きるということ』岩波新書，2003年，5頁。
(4)　小澤，同前書。
(5)　識者によっては，これら二次的に生ずる精神症状や行動障害をBPSD（belavioral and psycological symptoms of dementia）と表現する場合もある。
(6)　小澤，前掲書，2003年，9～10頁。
(7)　その先駆け的存在となったのは，オーストラリア人のクリスティーン・ブライデンで，2003年に岡山，松江市で講演をし，若年認知症となった人の気持ち，不自由さを語っている。著書に『私は誰になっていくの？──アルツハイマー病者からみた世界』（桧垣陽子訳，クリエイツかもがわ，2003年）がある。
(8)　「認知症ケアの基本」としてここに述べたものは，すべて筆者が理事長をしている社会福祉法人ともの家（旧NPO法人ワーカーズコレクティブとも・松山市）で

実践に努めているものである。とものでについては，永和里佳子『介護ひまなし日記』岩波書店，2010年。
(9) 森幹郎『断章・老いと死の姿』保健同人社，1983年，184頁。
(10) 2005年の介護保険制度の改定で，特養の役割に「重度化への対応」が課せられ「看取り介護加算」が新設されたから，現在は施設内で看取りをする特養は増加していると思われるが，その正確な調査は筆者の知りうるかぎりではまだ行われていない。
(11) 厚生労働省「認知症高齢者グループホームに関する調査結果について」（全国介護保険・高齢者保健福祉担当課長会議資料」2009年2月19日）。
(12) 厚生労働省は2008年9～10月に全国の特養6083施設を対象に「特別養護老人ホームにおける医療的ケアに関する実態調査」を行っている。
(13) E・キューブラー・ロス／川口正吉訳『死ぬ瞬間』読売新聞社，1971年。
(14) 鈴木荘一「『死をみとる医療』その理論と実際」岡安大仁編『総合援助としてのターミナルケア』チーム医療，1983年，196頁。
(15) 徳永進『死の中の笑み』ゆみる出版，1982年，41頁。
(16) ケネス・P・コーヘン／柏木哲夫・斎藤武訳『ホスピス――末期医療の思想と方法』医学書院，1982年，103頁。
(17) この高齢者に対するターミナルケアの実際については，拙著『老いと出会い』（学苑社，1989年）の第2章「人間処遇」の中で「老人ホームとターミナルケア」として詳しく説明している（245～267頁）。
(18) 村瀬孝生・鳥海房枝・大瀧厚子・若林重子・朝倉義子・高口光子『生活の場のターミナルケア』医学書院，2008年には，「生活の場」でのターミナルケアの貴重な実践事例が6人の執筆者により紹介されている。
(19) たんぽぽクリニック（松山市）「住み慣れたご自宅でご家族を看取られる方へ」。

参考文献

永和里佳子『介護ひまなし日記』岩波書店，2010年。
小沢勲『痴呆を生きるということ』岩波書店，2003年。
柏木哲夫『生と死を支える』朝日新聞社，1983年。
デンケン，A．／飯塚眞之編『日本のホスピスと終末期医療』春秋社，1991年。
認知症介護研究・研修東京センター監修『新しい認知症介護（第2版）』中央法規出版，2006年。

第6章　高齢者福祉の法制度

第1節　老人福祉法

1　老人福祉法の内容
(1)　目　的

　老人福祉法は，第1条においてその目的を「この法律は，老人の福祉に関する原理を明らかにするとともに，老人に対し，その心身の健康の保持及び生活の安定のために必要な措置を講じ，もつて老人の福祉を図ること」と定めている。今日では高齢者に関する法律の整備が進められ，老人福祉法制定当時より一層進展している。そして，老人福祉法第2条においてその基本的理念を明記し，実質的な基本法として位置づけられている。

(2)　基本的理念

　老人福祉法第2条では「老人は，多年にわたり社会の進展に寄与してきた者として，かつ，豊富な知識と経験を有する者として敬愛されるとともに，生きがいを持てる健全で安らかな生活を保障されるものとする」とその基本理念を示している。ここで，わが国の老人福祉法が「社会の進展に寄与してきた者」を前提としている点が法の性格を表している。それは，地位・経験・経済力や学歴，身分，宗教のいかなる属性によることもない「人として尊ばれる」という考えがなければならない。この法規定の前提には，敬老という社会的思想が根底にあったといえるが，従来の貧窮的な老人施策のみではなく，広く社会システムの中で老人問題に対処し，これを福祉政策の中に組み入れていくために，上記の条文が必要であったと考えられる。

　また第3条では「老人は，老齢に伴つて生ずる心身の変化を自覚して，常に心身の健康を保持し，又は，その知識と経験を活用して，社会的活動に参加す

るように努めるものとする」「2　老人は，その希望と能力とに応じ，適当な仕事に従事する機会その他社会的活動に参加する機会を与えられるものとする」との基本理念が掲げられている。

　これらの基本理念は第4条2項において「国及び地方公共団体は，老人の福祉に関係のある施策を講ずるに当たつては，その施策を通じて，前2条に規定する基本的理念が具現されるように配慮しなければならない」と定められ，国および地方公共団体の責務を明記しており，健康で生きがいを持って生活が営めるよう公的責務が定められている。

（3）　事業および施設

　老人福祉法は，大きく在宅福祉サービスに関するものと，施設福祉サービスに関するものとに大別できる。まず，在宅福祉サービス（老人居宅介護等事業）に関する規定では，①老人居宅介護等事業，②老人デイサービス事業，③老人短期入所事業，④小規模多機能型居宅介護事業，⑤認知症対応型老人共同生活援助事業，のサービス体系になっており（第5条の2），5種類に分類されている。また，同法第5条の3では，「老人福祉施設」が規定され，①老人デイサービスセンター，②老人短期入所施設，③養護老人ホーム，④特別養護老人ホーム，⑤軽費老人ホーム，⑥老人福祉センター，⑦老人介護支援センター，の7施設となっている。

（4）　設置主体とその手続き

　老人居宅生活支援事業は，都道府県知事に事前に届け出をして実施することができる（第14条）。また，届けにかかわる設置主体に制限・規制はない。

①　都道府県は老人福祉施設を設置することができる（第15条1項）。

②　老人デイサービスセンター，老人短期入所施設，老人介護支援センターの3施設は，事前に都道府県知事に届け出をすれば設置できる（第15条2項）。

③　養護老人ホームと特別養護老人ホームを設置できるのは，都道府県，市町村（地方独立行政法人を含む），社会福祉法人のみで，市町村および独立行政法人は都道府県知事に事前に届け出をすることにより設置することができ（第15条3項），社会福祉法人は都道府県知事の認可があれば設置でき

ることとなっている（第15条4項）。ただし，都道府県知事は，養護老人ホームと特別養護老人ホームの設置認可申請があった場合，都道府県老人福祉計画が定めている「必要入所定員総数にすでに達している」など「都道府県老人福祉計画の達成に支障を生ずるおそれがあると認めるとき」には，認可をしないことができると定められている（第15条6項）。

④ 軽費老人ホームについては，「社会福祉法の定めるところ」によるとされている（第15条5項）が，社会福祉法は軽費老人ホームを第1種社会福祉事業と規定し，同事業は，「国，地方公共団体又は社会福祉法人が経営することを原則とする」と定めている（第60条）から，民間では事実上，社会福祉法人しか設置できない。ただし，ケアハウスは，これを増やそうとする国の政策的意図もあり，財団法人，社団法人，農協，医療法人などによる設置が認められている（厚生省社会局長通知「軽費老人ホームの設備及び運営について」）。

(5) 監督

これら設置され，開始された事業・施設を監督するために，老人福祉法は都道府県知事に対して，①事業所・施設に必要と認める事項を報告させたり，立ち入り検査をする権限，②改善命令をする権限，③改善命令に従わなかったり，不当に営利をはかったり，利用者に不当な行為をしたときなどの場合には，設置認可を取り消す権限を与えている（第18条，第19条）。

(6) 福祉の措置

老人福祉法に基づく在宅・施設福祉サービスは，原則65歳以上の高齢者を対象にして，「措置制度」のもとに行われてきた。しかし，2000（平成12）年の介護保険法の施行により，これらのサービスの多くは介護保険法により実施され，市町村が行う「福祉の措置」は，やむをえない理由により介護保険制度が利用できない場合に限り行われることとなっている。現在，市町村が例外的に「福祉の措置」をとることができるのは，①老人居宅介護等事業（介護保険法では訪問介護），②老人デイサービス事業（同通所介護），③老人短期入所事業（同短期入所生活介護），④認知症対応型老人共同生活援助事業（同認知症対応型共同生活介護）の利用と，⑤特別養護老人ホーム（同介護老人福祉施設）への入所と規定

されている(第10条の4第1項1号～4号および第11条1項2号)。

(7) 有料老人ホーム

　老人福祉法では,有料老人ホームを「老人を入居させ,入浴,排せつもしくは食事の介護,食事の提供又はその他の日常生活上必要な便宜であって厚生労働省令で定めるものの供与をする事業を行う施設であって,老人福祉施設,認知症対応型老人共同生活援助事業を行う住居その他厚生労働省令で定める施設でないものをいう。」と規定している(第29条1項)。有料老人ホームは,一般に入居利用権の購入金額が高額であり,施設運営が適正に行われていない場合には,入居している高齢者に大きな被害が生ずることがある。そのため入居者保護の充実といった観点から,老人福祉法は,有料老人ホームを設置しようとする者に都道府県への事前届け出義務を課すとともに,都道府県知事に有料老人ホームへの調査と,入所者処遇が不適切であったり,入所者の利益が侵害されている場合などに,改善命令を出すことを認めている(第29条6～9項)。

　また,2006(平成18)年4月1日から「有料老人ホームの設置運営標準指導指針」が一部改正され,帳簿の保存と入居者等に対する情報開示の義務や,家賃等の前払い金の保全義務の設定などが強化された。

2　老人福祉法の課題

　老人福祉法は,これまで高齢者福祉の基本法として位置づけられていたが,介護保険法の施行以来,その「座」が大きく揺らいでいる。市町村の老人福祉行政では,介護保険法が「主役」となり,老人福祉法は「脇役」に追いやられており,老人福祉法のもとで行われれていた福祉サービスの多くが,介護保険制度のもとに移行し,老人福祉法における「福祉の措置」が例外的なものになった。

　このようになった理由のひとつは,老人福祉法が制定以来内包していた選別主義(行政が対象者を選別する)の払拭が大幅に遅れたために,要介護高齢者対策もまた大きく遅れたことにある。政府(厚生省・現厚生労働省)は,新ゴールドプランの理念に普遍主義(一定の要件を満たす者を等しく対象とする)を掲げるまで選別主義からの脱皮を明確に示すことはなかった。

もうひとつの理由は，介護保険制度が社会保険方式で運営されるのに対して，老人福祉法に基づく福祉サービスが税方式で運営されることにあろう。高齢化は急速に進行しているにもかかわらず経済が低迷している状況下では，税方式による高齢者福祉の推進は財源確保が困難と判断し，社会保険方式を採用した。そのため介護保険法が「主役」となり，老人福祉法が「脇役」に追いやられたのである。だが，このことが望ましいことなのかどうかよく検討してみる必要がある。介護イコール福祉ではないからである。現に介護保険法は，要介護高齢者に対する「介護サービス法」であって，すべての高齢者を対象とした福祉立法でもなければ，高齢者福祉全般を担うものでもない。また要介護高齢者も，介護だけでは尊厳ある生活は保障されない。

　いま必要なことは，要介護高齢者に対する介護サービスを充実させるとともに所得保障や住宅保障，医療保障など，介護保険法では担えない福祉サービスを充実・発展させることであろう。すべての高齢者が，地域社会の中で人間としての尊厳を最後まで持つことができる社会を構想し，介護保険法では担えない多くの役割を老人福祉法に与えることが必要である。

第2節　介護保険法の概要

1　法律創設の背景

（1）　介護保険法成立経緯と介護保険法の改正

　介護保険制度は，来るべき高齢化社会に対して，財政的負担問題および具体的な介護問題への対策として検討されてきた。それは，第2次臨時行政調査会からの基本路線である「自立・自助・民間活力導入」と1994（平成6）年3月の「21世紀福祉ビジョン」における「新たな介護保障システムの構築」への提言，同年9月「社会保障将来像委員会第二次報告」における「高齢者介護に関しては，一般財源からの依存から，社会保険方式による『介護保障の確立』」に至り，来るべき高齢化社会への財政構造および介護保障の視点から介護保険制度の創設が提言された。また，基本理念を含めた検討を行った「高齢者介護・自立支援システム研究会」では同年12月に「高齢者の自己決定に基づく自

立支援」を基本理念にし,「高齢者の自立支援と,社会保険方式による新たな仕組みの創設」を報告した。

これら,各審議会などの検討作業が同時期に進められ,1995(平成7)年7月「社会保障制度審議会」による勧告を受け「老人保健福祉審議会」による調整が行われ,1997(平成9)年12月9日,第141回臨時国会において介護保険法が可決成立し,2000(平成12)年4月1日に施行された。

また,法律施行の推移や状況変化,あるいは社会経済情勢等をふまえ,被保険者の範囲,保険給付の水準・内容,保険料の負担の在り方を含め介護保険制度全般について,制度施行後5年を目途として,必要な見直しを行うこととなっていた。それにより,2005(平成17)年に介護保険法の見直しが行われ,2006(平成18)年4月1日より改正介護保険法が施行されることとなった。

改正の大きな特徴は,従来の介護給付に介護予防の視点を強化し,新予防給付や地域密着型サービス,地域包括支援センターなどを創設し,市町村の実情に応じたサービスを展開することとなった。

(2) 法律創設の趣旨

法律創設の趣旨を簡潔にまとめると以下のようになる。

① 人口の高齢化と,家族機能の変化などによる介護問題の深刻化。

② 老人福祉制度と老人保健制度による重複・非効率な提供実体と,両制度間の利用手続き費用負担の不均衡から,効果的,効率的なシステム構築の必要性。

③ 誰もが相当程度の確率で,要介護状態になる可能性があり(介護リスク),同時に介護サービス需要の増加が予想される。

④ これらの状況を改善するため,国民共同連帯の理念に基づき,社会全体で介護問題と向き合うため介護保険制度を創設する。

2 理念と目的

(1) 目 的

介護保険法の目的については,同法第1条において触れられており,その条文では次のように述べられている。

介護保険法第1条「この法律は，加齢に伴って生ずる心身の変化に起因する疾病等により要介護状態となり，入浴，排せつ，食事等の介護，機能訓練並びに看護及び療養上の管理その他の医療を要する者等について，これらの者が尊厳を保持し，その有する能力に応じ自立した日常生活を営むことができるよう，必要な保健医療サービス及び福祉サービスに係る給付を行うため，国民の共同連帯の理念に基づき介護保険制度を設け，その行う保険給付等に関して必要な事項を定め，もって国民の保健医療の向上及び福祉の増進を図ることを目的とする」

これをまとめると，次の4点が挙げられる。

① 加齢にともなう心身機能の低下によって，要介護状態になった者が対象
② 要介護状態の者の残存能力に応じた自立生活を営む
③ 自立生活に必要な保健福祉サービスを提供する
④ サービス給付に関しては，介護保険制度を創設し，保健，医療サービスの保険給付を行う
⑤ 尊厳の保持を明記（2006年4月1日改正法施行にともなう条文の一部追加）

（2）基本理念

基本理念に該当する条文は，介護保険法第2条において述べられており，その条文を基本に以下にまとめておく。

介護保険法第2条

2項「保険給付は，要介護状態又は要支援状態の軽減又は悪化の防止に資するように行われるとともに，医療との連携に十分配慮して行われなければならない」

3項「保険給付は，被保険者の心身の状況，その置かれている環境等に応じて，被保険者の選択に基づき，適切な保健医療サービス及び福祉サービスが，多様な事業者又は施設から，総合的かつ効率的に提供されるよう配慮して行われなければならない」

4項「保険給付の内容及び水準は，被保険者が要介護状態となった場合においても，可能な限り，その居宅において，その有する能力に応じ自立した日常生活を営むことができるように配慮されなければならない」

このように，第2項では，要介護状態の者に対する軽減措置，予防措置を行うと同時に，予防的社会福祉の観点から，要介護状態となることが予想される者に対して必要なサービスを提供するとしている。さらに，そのために必要な介護サービス機関および医学的サービス機関などと相互に連携を取りながら，上記の目的を達成するよう規定している。

第3項では，サービス利用者への「自己選択権」に基づきサービス提供を行うことを基本とし，個々のニーズに対応するために多様なサービス提供機関から総合的，効率的にサービス提供を実施することとしている。このサービス利用者への「自己決定権」は，民間事業者間の競争原理をうながし，サービスの質の向上と，効率的運営が実現されるとされ，また，利用者の権利性を明確にするためにも「社会保険方式」による保険料拠出が適切であるとされている。さらに，サービス提供を総合的，効率的に実行するために「介護支援専門員」[2]を設置している。

3 介護保険制度の概要

（1） 保険者 （第3条）

介護サービスの実施にあたっては，住民にもっとも身近な市町村が適切であるいう福祉八法改正からの地方分権の考えを継承し，保険者（運営主体）は市町村および特別区としている。

さらに，第5条では国の介護保険事業運営の健全な体制を行う責務を規定し，都道府県は市町村に対して必要な指導，援助を行うなど監督責任を規定している。

（2） 被保険者

① 保険者範囲と種類（第9条，第10条）

被保険者の範囲は，40歳以上の市町村の区域内に住所を有した医療保険加入者であり，居住地の市町村が保険者とされている（住所地主義）。さらにその対象は次の2つに分類されている（**表6-1**）。

第一号被保険者：市町村の区域内に住所を有する65歳以上の者

第二号被保険者：市町村の区域内に住所を有する40歳以上65歳未満の医療

表6-1　被保険者・受給権者・保険料負担，賦課・徴収方法

	第1号被保険者	第2号被保険者
対象者	65歳以上の者	40歳以上65歳未満の医療保険加入者
受給権者	・要介護者（寝たきり・認知症等で介護が必要な状態） ・要支援者（日常生活に支援が必要な状態）	要介護・要支援状態が，末期がん・関節リウマチ等の加齢に起因する疾病（特定疾病）による場合に限定
保険料負担	市町村が徴収	医療保険者が医療保険料とともに徴収し，納付金として一括して納付
賦課・徴収方法	・所得段階別定額保険料（低所得者の負担軽減） ・老齢退職年金給付（※）年額18万円以上の方は特別徴収（年金からのお支払い） それ以外の方は普通徴収	・健保：標準報酬及び標準賞与×介護保険料率 　（事業主負担あり） ・国保：所得割，均等割等に按分 　（国庫負担あり）

注：平成18年4月から障害年金・遺族年金も対象。
出所：厚生労働省編『厚生労働白書（平成22年度版）』ぎょうせい，2010年，230頁。

　　保険加入者
　ここで，第二号被保険者が介護保険の受給権を得ようとする場合は，特定疾病(3)による要介護状態の者に限定されている。
②　住所地特例（第13条）
　他市町村の介護保険施設に入所する場合，入所前の居住地の市町村が保険者となることが定められており，市町村ごとの介護費用の財政的不均衡を緩和させるための特例である。

4　保険給付の手続きと内容

（1）介護者および要支援者（第18条および第27条）

　介護保険によるサービス受給を受けるためには，市町村による要介護認定調査により介護の度合いを判定し，介護が必要であるとの認定を受けなければならない。また，予防給付を受けようとする被保険者は，要支援者に該当することおよびその該当する要支援状態区分について，市町村の認定（要支援認定）を受けることとなっている。その区分（要介護状態区分）は7段階に分かれており，要支援状態（要支援1・2）および要介護状態（要介護1～5）にある者がその対象となり，区分ごとに介護の総量が定められている。

法律上，「要介護状態」とは，「身体上又は精神上の障害があるために，入浴，排せつ，食事等の日常生活における基本的な動作の全部又は一部について，厚生労働省令で定める期間にわたり継続して，常時介護を必要とすると見込まれる状態であって，その介護の必要の程度に応じて厚生労働省令で定める区分（以下「要介護状態区分」という。）のいずれかに該当するもの（要支援状態に該当するものを除く。）をいう」とされる（第7条1項）。

　また，「要支援状態」とは，「身体上若しくは精神上の障害があるために，入浴，排せつ，食事等の日常生活における基本的な動作の全部若しくは一部について，厚生労働省令で定める期間にわたり継続して常時介護を要する状態の軽減若しくは悪化の防止に特に資する支援を要すると見込まれ，又は身体上若しくは精神上の障害があるために厚生労働省令で定める期間にわたり継続して日常生活を営むのに支障があると見込まれる状態であって，支援の必要の程度に応じて厚生労働省令で定める区分（以下「要支援状態区分」という。）のいずれかに該当するものをいう」とされる（第7条2項）。

　「要介護者」とは，①要介護状態にある65歳以上の者，②要介護状態にある40歳以上65歳未満の者で，その要介護状態の原因である身体上又は精神上の障害が加齢に伴って生ずる心身の変化に起因する疾病であって政令で定めるもの（以下「特定疾病」という。）によって生じたものであるものとされている。

　「要支援者」とは，「①要支援状態にある65歳以上の者，②要支援状態にある40歳以上65歳未満の者であって，その要支援状態の原因である，身体上又は精神上の障害が特定疾病によって生じたものであるもの」とされている（第7条4項）。

(2)　要介護認定の手順（第19条および第27条）

　介護保険の受給権を得るためには，市町村への申請を行い介護が必要であるという証明が必要となる。その手順は次のようになる。[4]

① 　介護給付を受けようとする被保険者は，要介護者に該当することおよびその該当する要介護状態区分について，市町村の認定（以下「要介護認定」という）を受けなければならない。

② 　申請受理後，市町村は介護の度合いを測定するため，調査員（2006年4

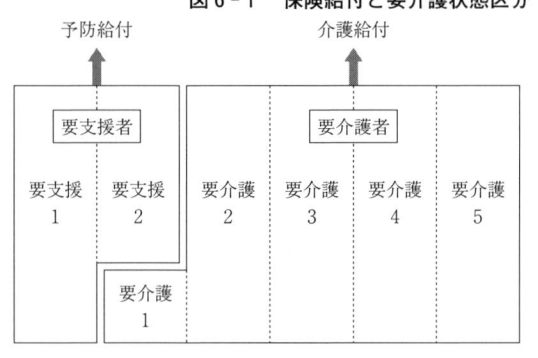

図6-1 保険給付と要介護状態区分

予防給付 ← 要支援者

介護給付 ← 要介護者

| 要支援1 | 要支援2 | 要介護2 | 要介護3 | 要介護4 | 要介護5 |

要介護1（要支援2の下に区分）

◎要支援者は予防給付，要介護者は介護給付とする。
◎給付の効率化の観点から，要支援者に対する予防給付については，支給限度額，報酬単価の見直しを行う。

区分：要支援　要介護1　要介護2　要介護3　要介護4　要介護5
出所：厚生労働省資料より作成。

月1日以降，新規申請者は市町村の職員が行い，更新認定時には市町村から委託された指定居宅介護支援事業所や介護保険施設のうち省令で定めるもの）を派遣し，訪問調査が行われる。指定居宅介護支援事業者には，介護支援専門員の設置が義務づけられており，調査はこの介護支援専門員が行う。

③ 市町村は，申請に係る被保険者の主治医（かかりつけ医）に対し，身体上または精神上の障害の原因である疾病または負傷の状況などにつき意見を求める。

④ 調査員による訪問調査は，申請者の心身の状況に関する74項目の質問に沿って行われ，その調査データをコンピュータにより判別し第一次判定を行う。(5)

⑤ 第二次判定では，第一次の調査結果と，かかりつけ医の意見書に基づき，市町村に設置される「介護認定審査会」（保健・医療・福祉の学識経験者により構成された第三者機関）による第二次判定作業が行われる。

⑥ 第一次・第二次判定作業の結果に基づき，市町村は「要介護認定」を行い被保険者証に記載し申請者へ交付する。

⑦ 「要介護認定」の判定は，要支援1または2，要介護1～5の7段階の要介護区分（**図6-1**）から確定するが，有効期限が厚生労働省令で定められ，その期間が経過する場合は継続申請が必要である。また，状態の悪化

などによる区分変更の場合は再認定を受ける必要がある。

また，要支援・要介護と認定された者へは，区分ごとに定められた範囲内のサービスを受けることができる。

（3） 介護サービス計画とケアマネジメント

介護認定により，要介護1～5の判定を受けた者は，サービス利用者の希望に基づき利用限度内のサービスを組み合わせ利用することができる。そのためには，介護サービス計画（ケアプラン）を作成する必要があり，その計画はサービス利用者本人が作成する方法と，指定居宅介護支援事業者へ依頼し，介護サービス計画（ケアプラン）を作成してもらう2種類の方法がある。

一般的には，指定居宅介護支援事業者へケアプラン作成を依頼する方法が主流であり，そこでは，介護支援専門員（ケアマネジャー）が計画を作成する。

ここで，ケアマネジャーが行う業務とその展開過程についての概要を，以下で触れておく。

ケアマネジャーは，介護保険制度導入と同時に成立した職種であるが，欧米で広く取り入れられてきた「ケースマネジメント」という技法を取り入れたソーシャルワーカーの一形態である。現在では，ケアマネジメントという表現が一般的になっており，ケアを必要とする人に適切なサービスを調整，コーディネートする役割を担っている。

日本におけるケアマネジメントの過程は，次のようになる。

① 利用者・家族等から指定居宅介護支援事業者（介護サービス計画作成機関）への依頼（インテーク）。

② ケアマネジャーによる訪問調査にて，利用者の心身の状況や希望を聞き課題分析を行う（アセスメント）。

③ 利用者本位のサービス内容を検討し目標設定を行い，必要なサービスを提供している介護サービス事業者等との連絡調整を行う（目標設定とコーディネート）。

④ 各サービス提供者等から構成されるサービス担当者会議を行い，居宅サービス計画を作成する（サービス担当者会議）。

⑤ 居宅介護サービス計画に基づき，サービスが開始される（計画の実行）。

⑥ 継続的な管理（モニタリング）とサービス内容に関する再評価（再アセスメント）。

介護サービス計画は「居宅サービス計画（在宅ケアプラン）」と「施設サービス計画（施設ケアプラン）」の2種類あり，上記の展開過程は在宅ケアプランを前提としたものである。

また，2006（平成18）年4月1日から施行された介護保険法改正にともない，自立（非該当）と判定された申請者も，地域支援事業が創設され，要支援・要介護になるおそれのある高齢者を対象とした介護予防事業を利用できる。また，要支援1・2，要介護1の一部の高齢者に対して新予防給付が創設され，これらの利用に関する介護予防計画作成は「地域包括支援センター」等が実施することとなっている（図6-2）。

5　保険給付の種類

保険給付は，介護給付，予防給付，市町村特別給付に大別され，2006（平成18）年4月1日より新たな給付体系として地域密着型介護サービスおよび予防給付が創設された。詳細は第7章で述べているので，ここでは，各給付の種類について述べるにとどめたい。

（1）介護給付（介護保険法第40条～第51条）

介護給付の種類は13種類あり，①居宅介護サービス費，②特例居宅介護サービス費，③地域密着型介護サービス費，④特例地域密着型介護サービス費，⑤居宅介護福祉用具購入費，⑥居宅介護住宅改修費，⑦居宅介護サービス計画費，⑧特例居宅介護サービス計画費，⑨施設介護サービス費，⑩特例施設介護サービス費，⑪高額介護サービス費，⑫特定入所者介護サービス費，⑬特例特定入所者介護サービス費となっている。ここでは紙幅の関係上，主な内容を中心として解説する。

①　居宅介護サービス費

居宅介護サービス費とは，訪問介護，訪問入浴介護，訪問看護，訪問リハビリテーション，居宅療養管理指導，通所介護，通所リハビリテーション，短期入所生活介護，特定施設入居者生活介護，福祉用具貸与，特定福祉用具

図6-2 介護保険法等の一部を改正する法律

介護保険法附則第2条に基づき、制度の持続可能性の確保、明るく活力ある超高齢社会の構築、社会保障の総合化を基本的視点として、制度全般について見直しを行う。

I 改正の概要

1 予防重視型システムへの転換
 (1) 新予防給付の創設
  要介護状態等の軽減、悪化防止に効果的な、軽度者を対象とする新たな予防給付を創設
 (2) 地域支援事業の創設
  要支援・要介護になるおそれのある高齢者を対象とした効果的な介護予防事業を、介護保険制度に新たに位置付け
  介護予防ケアマネジメントは「地域包括支援センター」等が実施

 ・軽度者(要支援・要介護1)の大幅な増加
 ・軽度者に対するサービスが、状態の改善につながっていない

2 施設給付の見直し
 (1) 居住費・食費の見直し
  介護保険3施設(ショートステイを含む)等の居住費・食費について、保険給付の対象外に
 (2) 低所得者に対する配慮
  低所得者の施設利用が困難にならないよう、負担軽減を図る観点から新たな補足的給付を創設

 ・在宅と施設の利用者負担の公平性
 ・介護保険と年金給付の重複の是正

3 新たなサービス体系の確立
 (1) 地域密着型サービスの創設
  身近な地域で、地域の特性に応じた多様で柔軟なサービス提供が可能となるよう、「地域密着型サービス」を創設
  (例) 小規模多機能型居宅介護、夜間対応型訪問介護等
 (2) 地域包括支援センターの創設
  ⅰ)介護予防ケアマネジメントの支援を担う「地域包括支援センター」、ⅱ)総合的な相談窓口機能、ⅲ)権利擁護、ⅳ)包括的・継続的ケアマネジメントの支援を担う「地域包括支援センター」を創設
 (3) 居住系サービスの充実・ケア付き居住施設の見直し
  ・有料老人ホームの見直し

 ・一人暮らしの高齢者や認知症高齢者の増加
 ・在宅支援の強化
 ・高齢者虐待への対応
 ・医療と介護との連携

156

第6章　高齢者福祉の法制度

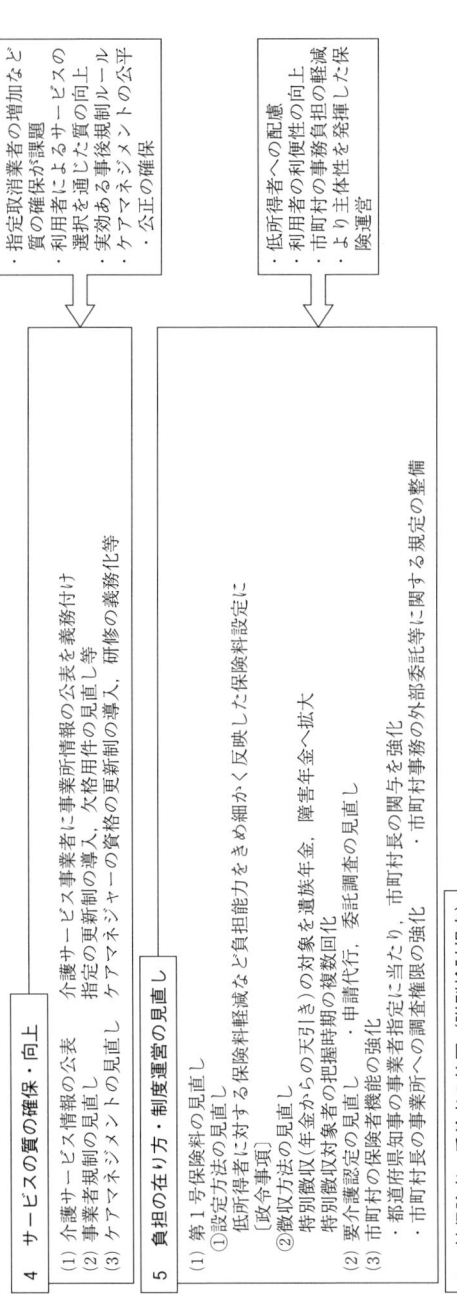

4　サービスの質の確保・向上
(1) 介護サービス情報の公表　介護サービス事業者に事業所情報の公表を義務付け
(2) 事業者規制の見直し　指定の更新制の導入、欠格要件の見直し等
(3) ケアマネジメントの見直し　ケアマネジャーの資格の更新制の導入、研修の義務化等

　　　↑
・指定取消業者の増加など質の確保が課題
・利用者によるサービスの選択を通じたサービスの向上
・実効ある事後規制ルール
・ケアマネジメントの公平・公正の確保

5　負担の在り方・制度運営の見直し
(1) 第1号保険料の見直し
　①設定方法の見直し　低所得者に対する保険料軽減など負担能力をきめ細かく反映した保険料設定に
　［政令事項］
　②徴収方法の見直し　特別徴収（年金からの天引き）の対象を遺族年金、障害年金へ拡大
(2) 要介護認定の見直し　特別徴収の対象者の把握時期の複数回化
　　市町村の保険者機能の強化　要介護認定に当たり、市町村長の関与を強化
(3) 都道府県知事の事業者指定・申請代行、委託調査の見直し
　　市町村長の事業者への調査権限の強化・市町村事務の外部委託等に関する規定の整備

　　　↑
・低所得者への配慮
・利用者の利便性の向上
・市町村の事務負担の軽減
・より主体性を発揮した保険運営

6　被保険者・受給者の範囲（附則検討規定）
政府は、介護保険制度の被保険者及び保険給付を受けられる者の範囲について、社会保障に関する制度全般についての一体的な見直しと併せて検討を行い、平成21年度を目途として所要の措置を講ずるものとする。

7　その他
(1) 「痴呆」の名称を「認知症」へ変更　(2) 養護老人ホーム、在宅介護支援センターに係る規定の見直し
(3) 社会福祉施設職員等退職手当共済制度の見直し、介護保険適用施設等への公的助成の見直し、給付水準等の見直し

Ⅱ　施行期日　平成18年4月1日
〔7(1)の「痴呆」の名称見直しについては公布日施行、2の「施設給付の見直し」については平成17年10月施行、5(1)②の特別徴収対象者の把握（時期の複数回化）については平成18年10月施行〕

出所：厚生労働省編『厚生労働白書（平成18年版）』ぎょうせい、2006年、254頁。

販売の12種類をいう。

②　地域密着型介護サービス費

地域密着型介護サービス費とは，夜間対応型訪問介護，認知症対応型通所介護，小規模多機能型居宅介護，認知症対応型共同生活介護，地域密着型特定施設入居者生活介護，地域密着型介護老人福祉施設入所者生活介護をいう。

（２）　予防給付（介護保険法第52条〜第61条）

予防給付とは，介護予防サービス費，特例介護予防サービス費，地域密着型介護予防サービス費，特例地域密着型介護予防サービス費，介護予防福祉用具購入費，介護予防住宅改修費，介護予防サービス計画費，特例介護予防サービス計画費，高額介護予防サービス費，特定入所者介護予防サービス費，特例特定入所者介護予防サービス費をいう。

（３）　市町村特別給付（介護保険法第62条）

市町村は，要介護者被保険者または居宅支援被保険者に対し，介護給付，予防給付のほか，条例で定めるところにより，市町村特別給付を行うことができる。

6　費用負担内容と財源構成

（１）　保険料負担（介護保険法第129条）

保険制度による介護保障システムとして成立した介護保険制度は，「介護リスク」を前提として広く国民の保険料負担によって成立している。その保険料負担は２つに分類されている。

①　第一号被保険者

65歳以上の人を対象としており，市町村ごとに所得段階に応じた定額保険料が設定されており，各市町村財政や人口構造，サービス水準などによっておおむね３年ごとに見直しが行われている。

保険料徴収は，年金からの特別徴収（年額18万以上の年金受給者）が基本になっており，それ以外の者は市町村が個別徴収することとなっている。

②　第二号被保険者

40歳以上65歳未満の医療保険加入者を対象としており，各医療保険制度の

表6-2　保険料の算定に関する基準

1. 第1号被保険者の保険料は，負担能力に応じた負担を求める観点から，原則として各市町村ごとの所得段階別の定額保険料とし，低所得者への負担を軽減する一方，高所得者の負担は所得に応じたものとする。

段階	対象者	保険料	（参考）対象者見込数
第1段階	・生活保護受給者 ・市町村民税世帯非課税かつ老齢福祉年金受給者	基準額×0.5	2.5%
第2段階	市町村民税世帯非課税で年金収入と合計所得金額の合計が80万円以下の方等	基準額×0.5	16.7%
第3段階	市町村民税世帯非課税で第2段階に該当しない方等	基準額×0.75	12.0%
第4段階	市町村民税本人非課税	基準額×1	31.4%
第5段階	市町村民税本人課税（被保険者本人の合計所得金額が200万円未満）	基準額×1.25	22.2%
第6段階	市町村民税本人課税（被保険者本人の合計所得金額が200万円以上）	基準額×1.5	15.2%

※上記表は標準的な段階。市町村が条例により課税層についての区分数を弾力的に設定できる。なお，保険料率はどの段階においても市町村が設定できる。

2. 第2号被保険者の保険料は，加入している医療保険者ごとに算定される。

出所：厚生労働省編『厚生労働白書（平成22年版）』ぎょうせい，2010年，230頁。

算定方式に基づき保険料が設定され，社会保険診療報酬支払基金に納付（第160条）し，その後，各市町村に介護給付費および地域支援事業支援交付金が交付される（**表6-2**）。

（2）サービス利用料負担

介護サービス利用者は，実際に受けた介護サービス費用の1割を負担しなければならない。これは，居宅介護サービスおよび施設介護サービスにおいても1割の自己負担が課せられており，直接サービス提供事業者へ支払い，残り9割は保険者から各事業者へ支払われる。ただし，居宅介護サービス計画（ケアプラン）の作成費用の利用者負担はない。

また，2005（平成17）年10月1日より，施設入所者に対して「居住費」「食費」を徴収することとなった。このことは，在宅で生活している要介護者と，施設で生活している入所者との不均衡の是正をはかることを目的として導入することとなった。すでに，北欧をはじめ欧米諸国では施設利用者への「居住

図 6-3 介護保険制度の概要

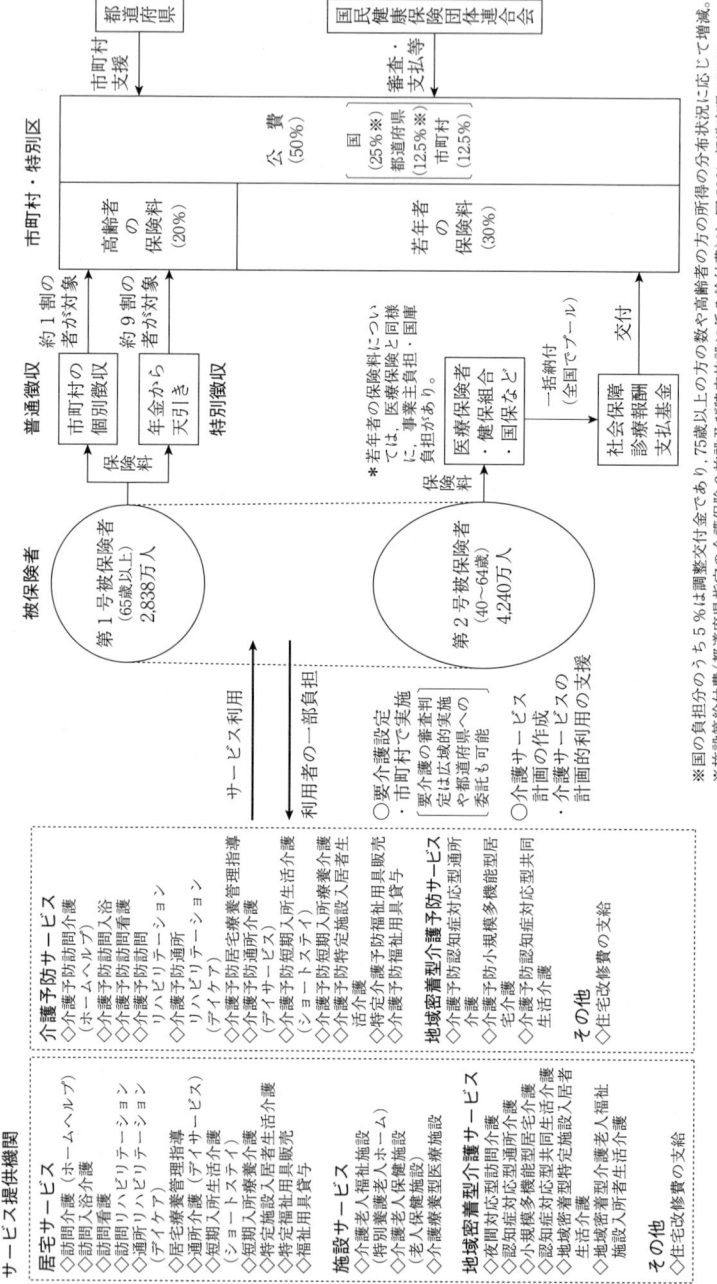

サービス提供機関

居宅サービス
- ◇訪問介護（ホームヘルプ）
- ◇訪問入浴介護
- ◇訪問看護
- ◇訪問リハビリテーション
- ◇通所リハビリテーション（デイケア）
- ◇居宅療養管理指導
- ◇通所介護（デイサービス）
- ◇短期入所生活介護（ショートステイ）
- ◇特定施設入居者生活介護
- ◇福祉用具販売
- ◇福祉用具貸与

施設サービス
- ◇介護老人福祉施設（特別養護老人ホーム）
- ◇介護老人保健施設（老人保健施設）
- ◇介護療養型医療施設

地域密着型介護サービス
- ◇夜間対応型訪問介護
- ◇認知症対応型通所介護
- ◇小規模多機能型居宅介護
- ◇認知症対応型共同生活介護
- ◇地域密着型特定施設入居者生活介護
- ◇地域密着型介護老人福祉施設入所者生活介護

その他
- ◇住宅改修費の支給

サービス予防サービス
- ◇介護予防訪問介護（ホームヘルプ）
- ◇介護予防訪問入浴
- ◇介護予防訪問看護
- ◇介護予防訪問リハビリテーション
- ◇介護予防通所リハビリテーション（デイケア）
- ◇介護予防居宅療養管理指導
- ◇介護予防通所介護（デイサービス）
- ◇介護予防短期入所生活介護（ショートステイ）
- ◇介護予防短期入所療養介護
- ◇介護予防特定施設入居者生活介護
- ◇特定介護予防福祉用具販売
- ◇介護予防福祉用具貸与

地域密着型介護予防サービス
- ◇介護予防認知症対応型通所介護
- ◇介護予防小規模多機能型居宅介護
- ◇介護予防認知症対応型共同生活介護

その他
- ◇住宅改修費の支給

被保険者

第1号被保険者（65歳以上）2,838万人
- 普通徴収：市町村の個別徴収（約1割の者が対象）
- 特別徴収：年金から天引き（約9割の者が対象）
- 保険料（高齢者の保険料 20%）

第2号被保険者（40〜64歳）4,240万人
- 保険料（若年者の保険料 30%）
- 医療保険者・健保組合・国保など
- 一括納付（全国でプール）
- 社会保障診療報酬支払基金

サービス利用／利用者の一部負担

市町村・特別区
- 公費（50%）
  - 国（25%※）
  - 都道府県（12.5%※）
  - 市町村（12.5%）
- 都道府県：市町村支援
- 国民健康保険団体連合会：審査・支払等

- ◇要介護認定：市町村で実施
- 要介護認定は広域的実施や都道府県への委託も可能
- ◇介護サービス計画の作成
- ◇介護サービスの計画的利用の支援

※国の負担分のうち5%は調整交付金であり、75歳以上の方の数や高齢者の方の所得の分布状況に応じて増減。
※施設等給付費（都道府県指定の介護保険3施設及び特定施設に係る給付費）は、国20%、都道府県17.5%。

＊若年者の保険料については、医療保険と同様に、事業主負担・国庫負担がある。

出所：厚生労働省編『厚生労働白書（平成22年版）』ぎょうせい、2010年、303頁。

費」「食費」の徴収を行っており，わが国においても「居住費」「食費」の費用負担が明確になった。

(3) 「居住費」「食費」の自己負担

2005（平成17）年10月1日から施行された。

① 施設の居住費（ショートステイは滞在費）および食費の負担。
② 通所サービスの食費を保険給付の対象外とし，自己負担とする。

表6-3　在宅サービスの支給限度額

要介護度	支給限度額
要支援1	4,970単位／月
要支援2	10,400単位／月
要介護1	16,580単位／月
要介護2	19,480単位／月
要介護3	26,750単位／月
要介護4	30,600単位／月
要介護5	35,830単位／月

注：1単位10〜11.05円（地域やサービスにより異なる）。
出所：厚生労働省編『厚生労働白書（平成22年版）』ぎょうせい，2010年，231頁。

また，自己負担額が高額になる場合には「高額介護サービス費」を支給しており，低所得者への一定の配慮がなされている。

(4) 介護保険制度の財源構成

介護保険法第5条において，国・都道府県などの公的責任を明記しており，国と国民の社会連帯に基づく制度として構成されている。具体的な負担割合は介護保険法第121条から第129条に規定され，制度運営に関する負担割合は総給付費の50％を公費で賄う。国・都道府県・市町村の負担割合は総給付費の25％・12.5％・12.5％（合計50％）となっており，残りの50％は国民の介護保険料による負担となっている。第一号被保険者・第二号被保険者の負担割合は総給付費の19％・31％（合計50％）となっている（図6-3参照）。

7　保険給付と介護報酬

(1) 保険給付

要介護認定を受け，介護の度合いが決定することによって，申請者がどの程度の介護サービスを受けることができるのかが決定する。

表6-3では，要支援1〜要介護5までの人が，月単位で利用できる単位数を示している。ここでは，在宅サービスに限定した場合の支給限度額を示している。これらの単位は地域によって異なるが，おおよそ1単位10円〜10.72円に換算し算定している。サービスの利用者は，これら支給限度額に対して1割

表6-4 訪問介護の介護報酬

イ 身体介護が中心である場合	
(1)所要時間30分未満の場合	254単位
(2)所要時間30分以上1時間未満の場合	402単位
(3)所要時間1時間以上の場合	584単位に所要時間から計算して所要時間30分を増すごとに83単位を加算した単位数
ロ 生活援助が中心である場合	
(1)所要時間30分以上1時間未満の場合	229単位
(2)所要時間1時間以上の場合	291単位
ハ 通院等のための乗車又は降車の介助が中心である場合	100単位

注：平成21年度より。

表6-5 介護福祉施設サービス

介護福祉施設サービス費(Ⅰ)	
要介護1	598単位
要介護2	660単位
要介護3	730単位
要介護4	801単位
要介護5	871単位

注：介護福祉サービスには(Ⅰ)，(Ⅱ)があり，(Ⅱ)は従来型個室を利用する場合適用となり(Ⅰ)型より高く設定されている。平成21年度より。

表6-6 ユニット型指定介護老人福祉施設サービス

ユニット型介護老人福祉施設サービス費(Ⅰ)	
要介護1	669単位
要介護2	740単位
要介護3	810単位
要介護4	881単位
要介護5	941単位

注：平成21年度より。

の自己負担額をサービス提供者に直接支払うことになるが，上限を超えてサービスを受ける場合は全額自己負担となる。

なお，介護給付の種類は，介護給付・予防給付・市町村特別給付（介護保険法第18条）によって分類される。また，給付サービスの種類も，居宅サービス・在宅サービス・施設サービス・地域密着型サービスに分類されている。

（2） 介護報酬

介護保険制度が導入されて以降，過去2回の介護報酬のマイナス改定が行われてきた。しかし，2008（平成20）年5月に，「介護従事者等の人材確保のための介護従事者の処遇改善に関する法律」が成立（通称「介護人材確保法」）しており，介護業務に従事する人材に対しての待遇改善などを勘案し，より一層の介護人材の確保を目指し，制定された。この法制定に関連して，同年10月30日に，「介護従事者の処遇改善のための緊急特別対策」として2009（平成21）年度介護報酬改定率をプラス3.0％とすることが決定された。

　表6-4，表6-5，表6-6のように，介護報酬単価は各施設サービスに詳細に分けられており，新しい理念に基づき設置される施設サービスに対して介護報酬単価を高く設定している。このことは，新型施設に形態を変化させてきた施設サービスが，介護報酬の単価設定の高低によって誘導されるという特質を持っている。また，大規模収容型の施設形態から，小規模でも機能的なサービス体系に施設サービスも変化してきており，その新しい考え方を普及させるためにも介護報酬単価を設定しているといえる。

第3節　高齢者虐待防止法

1　法律創設の背景

　わが国において，高齢者虐待研究の歴史は浅く，近年になってさまざまな研究者によって明らかにされようとしている。わが国で最初に高齢者虐待について触れたのは精神科医の金子善彦であった。金子は関係する医療現場で把握された高齢者虐待や，新聞紙上で掲載された高齢者虐待を中心にまとめている。同時に，歴史的視点からも古くから高齢者虐待に該当する事例が存在していたことを指摘した。しかし，数量的な実態調査でなかったため，その後の実態調査研究を待つこととなる。

　量的調査研究で実施されたものとしては，1994（平成6）年に田中荘司によって行われた「高齢者の福祉施設における人間関係の調整に係わる総合的研究」が最初の高齢者虐待の実態調査である。また，高齢者虐待調査委員会（中村雪江，細矢次子，山口いね子）による「高齢者虐待調査報告」，1996（平成8）

年の「老人虐待と支援に関する研究——埼玉県市町村保健婦に対する実態調査から」(高崎絹子, 佐々木明子, 谷口好美)による調査, 1997 (平成9) 年には, 「高齢者虐待の全国実態調査—保健・福祉機関調査より」(大国美智子, 津村智恵子, 臼井キミカ)などによる調査が行われた。

　これらの研究において, 老人虐待の定義をどこに位置させるかによって統計上の差異が生じるが, いずれの調査も, 田中らの定義 (またはウルフ (wolf, R. S.) の定義を修正したもので, 虐待の定義を5分類 (身体的暴力による虐待, 心理的傷害を与える虐待, 性的暴力による虐待, 介護等の日常生活上の世話の放棄・拒否・怠慢による虐待, 経済的虐待)) を基礎として実施している。また, 2004 (平成16) 年に医療経済研究・社会保険福祉協会医療経済研究機構が実施した「家庭内における高齢者虐待に関する調査」では, 在宅介護サービス事業所等の関係機関および全国の市区町村合計約2万か所への大規模調査を実施した。その結果, 担当ケアマネジャーから寄せられた回答では「心理的虐待」が63.6%ともっとも多く, 自治体関係者からは「経済的虐待」が約3割の回答を占めていた。

　これら先行研究の中で徐々に明らかになってきた高齢者虐待の実態は, 社会的課題として注目されるようになり, 2005 (平成17) 年11月に「高齢者虐待の防止, 高齢者の養護者に対する支援等に関する法律」(以下, 高齢者虐待防止法) が可決成立, 2006 (平成18) 年4月1日から施行されることとなった。

2 　目的 (第1条)

第1条「この法律は, 高齢者に対する虐待が深刻な状況にあり, 高齢者の尊厳の保持にとって高齢者に対する虐待を防止することが極めて重要であること等にかんがみ, 高齢者虐待の防止等に関する国等の責務, 高齢者虐待を受けた高齢者に対する保護のための措置, 養護者の負担の軽減を図ること等の養護者に対する養護者による高齢者虐待の防止に資する支援 (以下「養護者に対する支援」という。)」のための措置を定めたものである。

3 　定義 (第2条)

① この法律において「高齢者」とは, 65歳以上の者をいう。

② この法律において「養護者」とは，高齢者を現に養護する者であって養介護施設従事者等以外の者をいう。
③ この法律において「養護者」による高齢者虐待とは，養護者による高齢者虐待及び養介護施設従事者等による高齢者虐待をいう。
④ 虐待の定義（養護者または，養介護施設従事者による高齢者虐待の定義）
　イ：高齢者の身体に外傷が生じ，または生じるおそれのある暴行を加えること（身体的虐待）。
　ロ：高齢者を衰弱させるような著しい減食または長時間の放置，養護者以外の同居人によるイ，ハまたはニに掲げる行為と同様の行為の放置等養護を著しく怠ること（介護放棄，ネグレクト）。（養介護施設従事者の場合，上記規定と合わせ，「職務上の義務を著しく怠ること」も含む。）
　ハ：高齢者に対する著しい暴言または著しく拒絶的な対応その他の高齢者に著しい心理的外傷を与える言動を行うこと（精神的虐待）。
　ニ：高齢者にわいせつな行為をさせることまたは高齢者をしてわいせつな行為をさせること（性的虐待）。
　ホ：養護者または高齢者の親族が当該高齢者の財産を不当に処分することその他当該高齢者から不当に財産上の利益を得ること（経済的虐待）。養介護施設従事者の場合，「高齢者の財産を不当に処分することその他当該高齢者から不当に財産上の利益を得ること。」と規定している。

4　国および地方公共団体の責務等

　国および地方公共団体は，高齢者虐待の防止，高齢者虐待を受けた高齢者の迅速かつ適切な保護および適切な養護者に対する支援を行うため，関係省庁相互間その他関係機関および民間団体の間の連携の強化，民間団体の支援その他必要な体制の整備に努めなければならない（第3条）。

5　立入調査

　市町村長は，養護者による高齢者虐待により高齢者の生命または身体に重大な危険が生じているおそれがあると認めるときは，介護保険法第115条の45第

2項の規定により設置する地域包括支援センターの職員その他の高齢者の福祉に関する事務に従事する職員をして，当該高齢者の住所または居所に立ち入り，必要な調査または質問をさせることができる（第11条）。

6 警察署長に対する援助要請等

市町村長は，第11条1項の規定による立入りおよび調査または質問をさせようとする場合において，これらの職務の執行に際し必要があると認める時は，当該高齢者の住所または居所の所在地を管轄する警察署長に対し援助を求めることができる（第12条）。

このように，法制定によって高齢者への虐待行為の一定の歯止めや防止，啓発活動などが行われる足がかりができた。また，高齢者虐待防止法の施行と同年，介護保険法の一部改正が行われた。その介護保険法改正にともなって「地域包括支援センター」が位置づけられ（介護保険法第115条の45），同時に地域支援事業のひとつとして「被虐待者に対する虐待の防止及びその早期発見のための事業その他の被保険者の権利擁護のため必要な援助を行う事業」（介護保険法第115条の44四号）が規定され，地域支援事業として介護保険法上の財政的裏付けをもって設置されることとなった。また同機関には社会福祉士が配置されその具体的な対応を担うことになった。

なお，2006（平成18）年度に厚生労働省による全国調査が行われた。その概要を以下で触れておく。

2006（平成18）年度中に全国1829市町村で受け付けた養護者による高齢者虐待に関する相談・通報総数は，1万8393件であった（表6-7）。

虐待の種別・類型では，「身体的虐待」が64.1％ともっとも多く，次いで「心理的虐待」が35.6％，「介護等の放棄（ネグレクト）」が29.4％，「経済的虐待」が27.4％，「性的虐待」が0.7％であった（表6-8）。

また，被虐待高齢者の性別では「女性」が76.9％と全体の4分の3以上を占め，年齢階級別では「80～89歳」がもっとも多く，全体の4割近くを占め，被虐待者から見た虐待者の続柄は「息子」が37.1％ともっとも多く，次いで「夫」が14.1％，「娘」が13.5％であった。

第 6 章　高齢者福祉の法制度

表 6-7　相談・通報者

(複数回答)

	介護支援専門員・介護保険事業所職員	近隣住民・知人	民生委員	被虐待高齢者本人	家族・親族	虐待者自身	当該市町村行政職員	警察	その他	不明	合計
人	7,583	1,004	1,682	2,194	2,434	271	1,295	1,249	1,840	298	19,850
％	41.2	5.5	9.1	11.9	13.2	1.5	7.0	6.8	10.0	1.6	―

注：1）相談・通報者には重複があるため，内訳の合計は相談・通報総数18,393件と一致しない。
　　2）％は相談・通報総数18,393件に対する割合であるため，内訳の合計は100％にならない。
出所：厚生労働省資料。

表 6-8　虐待の種別・類型

(複数回答)

	身体的虐待	介護等放棄	心理的虐待	性的虐待	経済的虐待	合　計
件数	6,340	2,908	3,520	71	2,705	15,544
％	64.1	29.4	35.6	0.7	27.4	―

注：1）虐待の種別・類型には重複があるため，内訳の合計は虐待判断事例総数9,884件と一致しない。
　　2）％は虐待判断事例総数9,884件に対する割合であるため，合計は100％にならない。
出所：厚生労働省資料。

　これらの報告結果から，具体的な対応を検討しなければならないが，その具体的対応に関しては，第7章の「地域包括支援センター」で触れている。

第 4 節　高齢社会に関する関連法制度

1　高齢社会対策基本法

① 高齢社会対策基本法の成立
　高齢社会対策基本法は，1995（平成7）年11月に衆参両院ともに可決，成立し，同年12月から施行された。
② 高齢社会対策基本法の目的と概要
　この法律の第1条には，次の目的が書かれている。「我が国における急速な高齢化の進展が経済社会の変化と相まって，国民生活の広範な影響を及ぼしている状況にかんがみ，高齢化の進展に適切に対処するための施策に関し，基本理念を定め，並びに国及び地方公共団体の責務等を明らかにするととも

に，高齢社会対策の基本となる事項を定めること等により，高齢社会対策を総合的に推進し，もって経済社会の健全な発展及び国民生活の安定向上を図ることを目的とする」としている。そして高齢社会対策を総合的に推進するために，公正で活力ある地域社会が，自立と連帯の精神に立脚して形成される豊かな社会の構築を掲げている。

さらに，国が講ずべき基本的施策として，「就業および所得」「健康および福祉」「学習および社会参加」「生活環境」などの施策について明らかにしている。

2 高齢社会対策大綱

① 高齢社会対策大綱の策定

高齢社会対策基本法第6条によって政府に作成が義務づけられているもので，政府が推進する中長期にわたる基本的かつ総合的な指針となるものである。

② 大綱策定の目的

今後，わが国が本格的な高齢社会に移行する中で，国民の一人ひとりが心の通い合う連帯の精神に満ちた豊かで活力のある社会を確立していくことを目的としている。

③ 基本姿勢

国および地方公共団体はもとより，企業，地域社会，NPO，家庭，個人など，社会を構成するすべての者が相互に協力し合い，それぞれの役割を積極的に果たすことにより，社会全体が支えあう体制のもと，次の基本姿勢に立って，高齢社会対策を推進することとしている。

　ア：旧来の画一的な高齢者像の見直し
　イ：予防・準備の重視
　ウ：地域社会の機能の活性化
　エ：男女共同参画の視点
　オ：医療・福祉，情報通信等に係る先端的な科学技術の活用

④ 高齢社会対策関係予算

表6-9　高齢社会対策関係予算

(単位：億円)

	就業・所得	健康・福祉	学習・社会参加	生活環境	調査研究等の推進	計
平成8年度	43,269	39,516	766	449	340	84,340
9年度	43,176	41,698	686	452	385	86,396
10年度	44,078	45,476	593	404	380	90,932
11年度	52,095	49,694	583	399	445	103,215
12年度	53,386	52,297	516	418	851	107,467
13年度	54,884	55,862	356	329	968	112,398
14年度	56,387	59,264	358	292	1,187	117,488
15年度	57,705	61,298	346	267	1,114	120,730
16年度	59,943	63,098	277	130	453	123,901
17年度	64,355	61,960	266	128	274	126,982
18年度	68,260	61,400	216	125	246	130,246
19年度	72,294	63,541	195	125	217	136,372

注：1）高齢社会対策関係予算には，本表に掲げる一般会計のほか，特別会計等がある。
　　2）本表の予算額は，高齢社会対策関係予算として特掲できるもののみを合計した額である。
資料：内閣府。
出所：内閣府『高齢社会白書（平成20年版）』ぎょうせい，2008年，77頁。

　2006（平成18）年度においては，13兆246億円の予算を確保しており，就業・所得6兆8260億円，健康・福祉6兆1400億円，学習・社会参加216億円，生活環境125億円，調査研究等の推進246億円となっており，広範な施策の広がりを見せている（表6-9）。

3　高齢者医療制度の改革

（1）　高齢者の医療に関する法律

　老人保健制度は2007（平成19）年度まで設けられていたが，2008（平成20）年度より「高齢者の医療の確保に関する法律」に改正された。これまで老人保健制度によって提供されてきた医療の費用については，国，都道府県，市町村が負担する公費とともに，各医療保険者がそれぞれ負担する老人医療費拠出金によって賄われてきた。これは，被用者保険と国民健康保険の間で，一人当たり医療費の高い老人の加入の割合に偏りがあることから，老人加入率にかかわらず公平に老人医療費を分担する仕組みとして導入された。しかし，この老人保

図6-4　老人保健制度における医療費の負担構造

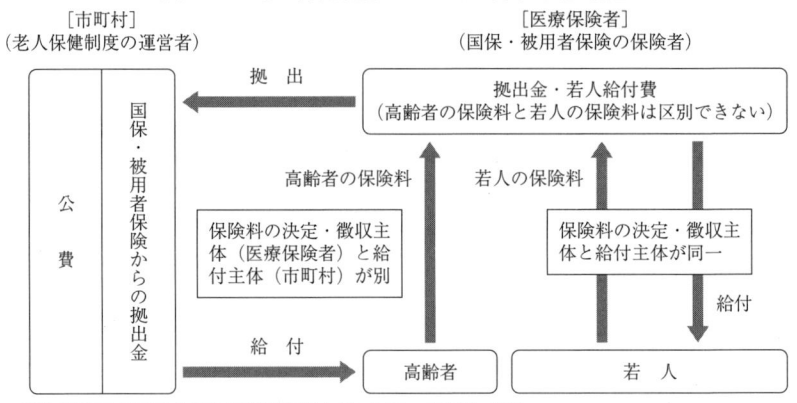

［市町村］　　　　　　　　　　　　　　　　　［医療保険者］
（老人保健制度の運営者）　　　　　　　　　　（国保・被用者保険の保険者）

　　　　　　　　　　　拠　出
　　　　　　　　　　　　　　　　拠出金・若人給付費
　　　　　　　　　　　　　　（高齢者の保険料と若人の保険料は区別できない）

　　　　　　　　　　高齢者の保険料　　若人の保険料

　　　　　　　　保険料の決定・徴収主　　保険料の決定・徴収主
　　　　　　　　体（医療保険者）と給　　体と給付主体が同一
　　　　　　　　付主体（市町村）が別
　　　　　　　　　　　　　　　　　　　　　　　　　　　　　給付
　　　　　　　　　　　給　付
　　　　　　　　　　　　　　　　　高齢者　　　　　　若　人

出所：内閣府『高齢社会白書（平成20年版）』ぎょうせい，2008年，98頁。

健制度は独立した保険制度ではなく，被用者保険と国民健康保険が，運営主体の市町村に対して費用を拠出する仕組みになっていることから，①高齢者の医療費について，高齢者自身の負担と若者による負担の分担のルールが不鮮明であること。②運営主体と実質的な費用負担が乖離しており，制度運営の責任主体が不明確となっていること等の問題が指摘されていた（**図6-4**参照）。

　このような観点から，2006（平成18）年6月に成立した「健康保険法等の一部を改正する法律」（平成18年法律第83号）において，関連する老人保健法の一部も改正された。そして75歳以上の高齢者（後期高齢者）と65歳以上75歳未満の高齢者（前期高齢者）に分類し，それぞれの特性に応じた新たな高齢者医療制度を創設した。特に，75歳以上の高齢者を対象にした医療制度を「長寿医療制度（後期高齢者医療制度）」と呼び，2008（平成20）年4月から実施することとなった（**図6-5**参照）。

（2）　健康保険法等の一部を改正する法律

　医療費の動向では（**図6-6**），今後の急速な高齢化の進展にともない，一人当たり医療費の高い高齢者が増えていくことにより，医療費の増大は避けられないと考えられる。

　老人医療費の増加の要因として，生活習慣病患者・予備群の増加による外来医療費の増加，入院の長期化による入院医療費の増加などが挙げられる。また，

第6章 高齢者福祉の法制度

図6-5 新たな高齢者医療制度の創設

(平成20年4月)

○75歳以上の高齢者については、その心身の特性や生活実態等を踏まえ、平成20年度に独立した医療制度を創設する。
○あわせて、65歳から74歳の高齢者については、退職者が国民健康保険に大量に加入し、保険者間で医療費の負担に不均衡が生じていることから、これを調整する制度を創設する。
○現行の退職者医療制度は廃止する。ただし、現行制度からの円滑な移行を図るため、平成26年度までの間における65歳未満の退職者を対象として現行の退職者医療制度を存続させる経過措置を講ずる。

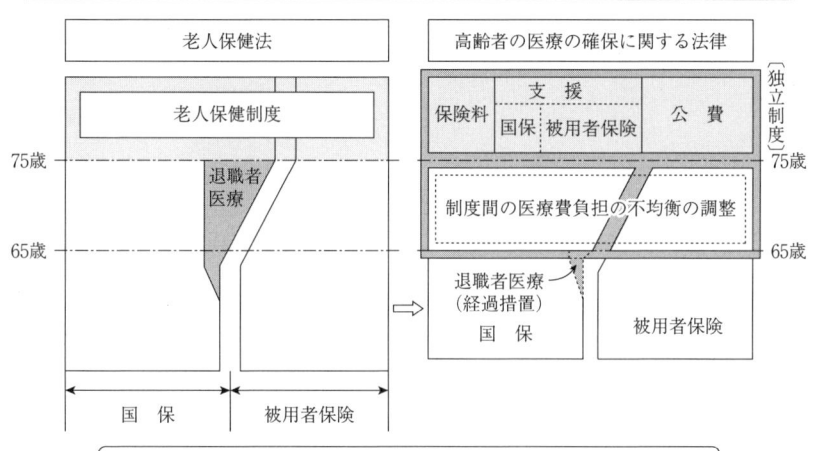

```
     老人保健法                    高齢者の医療の確保に関する法律
                                                                    〔
     老人保健制度                 保険料    支  援    公 費         独
                                        国保 被用者保険                立
75歳 ─────────────           ─────────────────── 75歳  制
          退職者                  制度間の医療費負担の不均衡の調整      度
          医療                                                        〕
65歳 ─────────────           ─────────────────── 65歳
                                  退職者医療
                                  (経過措置)
                                                      被用者保険
                                     国 保
       国 保    被用者保険
```

"長寿医療制度"(後期高齢者医療制度)とは、高齢者の医療費を国民全体で支える仕組みである。

① 75歳以上の人一人ひとりに、被保険者証を1枚、交付

② 保険料は、平均的には国保を比べて低い
・基礎年金(月額6.6万円)だけの単身・夫婦 1人月額1,000円(←国保2,800円)
・平均的な厚生年金(月額16.7万円)だけの単身・夫婦 夫 月額5,800円(← 〃 7,700円)
※一番普及している算定方式によるものであり、負担が増える場合がある。

③ 窓口負担は、これまでと同様、原則1割 (現役並みの所得がある人は、3割)

④ 自身の担当医を持つことが可能に

⑤年金からの保険料の支払いにより、銀行などで納めていただく手間や行政の無駄なコストを削減

⑥ これまで負担がなかったサラリーマンの被扶養者については、保険料を軽減
・平成20年4月〜9月   0円
・平成20年10月〜21年3月
  本来の保険料の1割(平均350円/月)

出所:内閣府『高齢社会白書(平成20年版)』ぎょうせい、2008年、99頁を一部修正。

図6-6 医療費の動向

○我が国の国民医療費は国民所得を上回る伸びを示している。

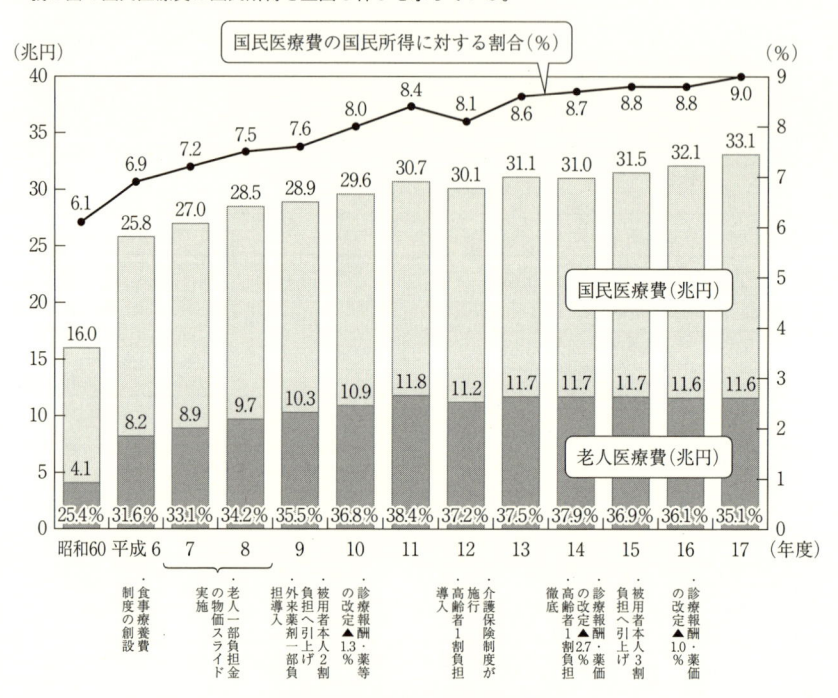

国民医療費の国民所得に対する割合(%)

国民医療費(兆円)
老人医療費(兆円)

年度	昭和60	平成6	7	8	9	10	11	12	13	14	15	16	17
国民医療費(兆円)	16.0	25.8	27.0	28.5	28.9	29.6	30.7	30.1	31.1	31.0	31.5	32.1	33.1
老人医療費(兆円)	4.1	8.2	8.9	9.7	10.3	10.9	11.8	11.2	11.7	11.7	11.7	11.6	11.6
割合(%)	6.1	6.9	7.2	7.5	7.6	8.0	8.4	8.1	8.6	8.7	8.8	8.8	9.0
老人医療費/国民医療費	25.4%	31.6%	33.1%	34.2%	35.5%	36.8%	38.4%	37.2%	37.5%	37.9%	36.9%	36.1%	35.1%

主な制度改正等:
- 昭和60:制度の創設
- 平成6:食事療養費
- 7:老人一部負担金の物価スライド実施
- 8:被用者本人薬剤一部負担導入・外来薬剤引上げ
- 9:被用者本人2割負担
- 10:診療報酬▲1.3%・薬価等改定
- 11:高齢者1割負担
- 12:介護保険制度導入
- 13:高齢者1割負担徹底施行
- 14:診療報酬▲2.7%・薬価改定・被用者本人3割負担引上げ
- 16:診療報酬▲1.0%・薬価改定

国民医療費等の対前年度伸び率

	昭和60	平成6	7	8	9	10	11	12	13	14	15	16	17
国民医療費	6.1	5.9	4.5	5.6	1.6	2.3	3.8	▲1.8	3.2	▲0.5	1.9	1.8	3.2
老人医療費	12.7	9.5	9.3	9.1	5.7	6.0	8.4	▲5.1	4.1	0.6	▲0.7	▲0.7	0.6
国民所得	7.4	1.4	0.1	1.7	0.4	▲3.4	▲1.2	2.0	▲2.8	▲1.5	0.7	1.3	1.3

資料:国民医療費については,厚生労働大臣官房統計情報部「国民医療費」老人医療費については,厚生労働省保険局「老人医療事業年報」.

注:1)国民所得は,内閣府発表の国民経済計算(2007年6月発表)による.
2)老人医療費は,平成14年の制度改正により,対象年齢が平成14年10月から平成19年9月までの5年間で,段階的に70歳から75歳に引き上げられたところ.

出所:内閣府『高齢社会白書(平成20年版)』ぎょうせい,2008年,100頁.

資料　迷走する高齢者医療制度

> 「視点・未曽有08　厚労省の『罪』猛省して国民の側に……」
> 　4月から始まった「後期高齢者医療制度」は75歳以上の高齢者から「うば捨て山にするのか」との猛反発が全国に広がった。批判の大合唱を目の当たりにした与党は，高齢者の保険料の大幅減免によってかわそうとしたが，高齢者らは小手先の収拾策だと見抜いてしまった。後期高齢者医療制度については，法律が成立して以降の2年間，厚労省は制度の説明責任を果たしてきたとはいえない。都道府県単位で全市町村が加入する寄り合い所帯の広域連合に運営を任せ，周知を怠った。この結果，大混乱が生じた。舛添要一厚労相が突然，同制度見直しの私案を打ち出したことも，スタンドプレーだとして批判を浴び，混乱に一層拍車をかけた。
>
> （『毎日新聞』社説，2008年12月30日付東京朝刊）

一般患者と比較して，一人当たりの診療費が高く，また入院，外来とも受診率が高い傾向にある。これらの状況から，「健康保険法等の一部を改正する法律」が2006（平成18）年6月に成立し，国民皆保険を堅持し，将来にわたり医療保険制度を持続可能なものとしていくため，医療費適正化の総合的な推進，新たな高齢者医療制度の創設，保険者の再編，統合等所要の措置を講ずることとされ，段階的に実施することとなった。

以下，「健康保険法等の一部を改正する法律」についての概要を簡単にまとめておく。

① 医療費適正化の総合的な推進
　　ア：生活習慣病対策や長期入院の是非など中長期的な医療費適正化のための医療費適正化計画の策定（平成20年4月〜）
　　イ：保険給付の内容・範囲の見直し等
　　　・現役並みの所得がある高齢者の患者負担の見直し（2割から3割）
　　　・療養病床の高齢者の食費，居住費の見直し（平成18年10月〜）
　　　・70〜74歳の高齢者の患者負担の見直し（1割から2割）
　　　・乳幼児の患者負担軽減（2割）措置の拡大（3歳未満から義務教育就学前）（平成20年4月〜）
　　ウ：介護療養型医療施設の廃止（〜平成24年4月）

② 新たな高齢者医療制度の創設（平成20年4月～）
　ア：後期高齢者（75歳以上）を対象とした後期高齢者医療制度の創設
　イ：前期高齢者（65歳～74歳）の医療費に係る財政調整制度の創設
③ 都道府県単位を軸とした保険者の再編・統合
　ア：国保財政基盤強化策の継続（平成18年4月），保険財政共同安定化事業（平成18年10月～）
　イ：政府管掌健康保険の公法人化（平成20年10月～）
　ウ：地域型健康保険組合の創設（平成18年10月～）
④ その他
　中央社会保険医療協議会の委員構成の見直し，団体推薦規定の廃止等所要の見直し（平成19年3月）等。
　高齢者医療制度は，国会で審議が繰り返されており，法律の改正や制度の改編などがおこる可能性がある。常に新しい動向と情報を入手する必要がある。

4　NPO活動と福祉活動

　NPOとはNon Profit Organization（Non-for-Profit Organization）の略称であり，「民間非営利組織」とされている。わが国においては，1998（平成10）年3月に「特定非営利活動促進法（NPO法）」が成立し同年12月に施行されている。とくに阪神大震災を機に，欧米で広く活動が展開されているNPO法人の整備を検討することとなった。このNPO法が成立して以降，市民活動団体に対する簡易な法人格の付与，寄付金税制などの検討がなされてきた。
　また，福祉系NPOによる高齢者福祉サービスも展開しており，とくにグループホームの急増が顕著であるほか，在宅高齢者への配食サービスを行っているNPO法人も多数みられる。これら配食サービスは介護保険制度の対象外となっており，全国の7割を超える自治体が社会福祉協議会や地元NPO法人などに委託しサービス提供を行っている。
　また，NPO法人の活動範囲であるが，2002年（平成14）年12月には，活動種類を12分野から17分野に拡大し，申請手続きの簡素化をはかるなどNPO法の一部改正がなされた。

具体的な活動分野として，①保健，医療または福祉の増進をはかる活動，②社会教育の推進をはかる活動，③まちづくりの推進をはかる活動，④学術，文化，芸術またはスポーツの振興をはかる活動，⑤環境の保全をはかる活動，⑥災害救援活動，⑦地域安全活動，⑧人権の擁護または平和の推進をはかる活動，⑨国際協力の活動，⑩男女共同参画社会の形成の促進をはかる活動，⑪子どもの健全育成をはかる活動，⑫情報化社会の発展をはかる活動，⑬科学技術の振興をはかる活動，⑭経済活動の活性化をはかる活動，⑮職業能力の開発または雇用機会の拡充を支援する活動，⑯消費者の保護をはかる活動，⑰前各号に掲げる活動を行う団体の運営または活動に関する連絡，助言または援助の活動，など17分野に限定されているが，現実には対象の範囲はかなり広義のものとなっている。ところで，同法の第1条には「この法律は，特定非営利活動を行う団体に法人格を付与すること等により，ボランティア活動をはじめとする市民が行う自由な社会貢献活動としての特定非営利活動の健全な発展を促進し，もって公益の増進に寄与することを目的とする」とあり，特定非営利活動の健全育成と，公益の増進を目的として創設されたことが明記されている。

　また，NPO法人は公益法人のひとつであり，任意団体やボランティア団体で活動してきた経緯のある団体にとっては，「社会的な信用」が得られる点が大きなメリットであるといえる。具体的には，①助成金・補助金などが受けやすくなる，②公的施設を利用しやすくなる，③企業や自治体などの事業を受けやすくなる，④法人名で諸々の契約を結べる，⑤個人としての資産の区別が明確にできる。また，営利法人でなく非営利法人であるからこそ，活動内容を評価し，認知度を高めてくれる要素も持ち合わせているというメリットもある。NPO法人運営に関しては，必要要素として，①人材（組織），②資金，③社会的信用の3つが柱になっており，介護保険制度導入後は，公的制度の活用を行いながら資金的問題を工面している団体も少なくない。

　法律や制度に頼らない地域住民の自発的な活動は，制度と制度の狭間に位置する社会問題などに対応する新たな活動資源として，今後も社会的役割が期待されている。

第5節　高齢者の居住環境とその整備

1　高齢者の居住の安定確保に関する法律（高齢者居住法）

　高齢社会の急速な進展に対応して，高齢者向けの住宅の効率的な供給を促進し，高齢者が安心して生活できる居住環境を実現するために，2001（平成13）年3月30日の第151回国会において「高齢者の居住の安定確保に関する法律（高齢者居住法）」が可決成立し，同年4月6日に公布された。その後，2009（平成21）年5月に，法改正が行われ，国土交通大臣とともに厚生労働大臣の責務も明記されたが，同年7月現在未施行となっている。

　とくに，同法成立の背景として，高齢者の安定的な住宅供給の視点から提起されたもので，公営住宅や高齢者向けの優良住宅の供給が高齢社会への移行に適合していない現状から提起されている。

（1）　法律の目的

　第1条では「高齢者の円滑な入居を促進するための賃貸住宅の登録制度を設けるとともに，良好な居住環境を備えた高齢者向けの賃貸住宅の供給を促進するための措置を講じ，併せて高齢者に適した良好な居住環境が確保され高齢者が安定的に居住することができる賃貸住宅について終身建物賃貸借制度を設ける等の措置を講ずることにより，高齢者の居住の安定の確保を図り，もってその福祉の増進に寄与することを目的とする。」とし，高齢者が安定的に居住できる住宅の確保を目的としている。

（2）　基本方針（第3条）

　「国土交通大臣及び厚生労働大臣は，高齢者の居住の安定の確保に関する基本的な方針を定めなければならない。」とし，

　①　高齢者に対する賃貸住宅及び老人ホームの供給の目標設定に関する事項
　②　高齢者に対する賃貸住宅及び老人ホームの供給の促進に関する基本的な事項
　③　高齢者に適した良好な居住環境を有する住宅の整備の促進に関する基本的な事項

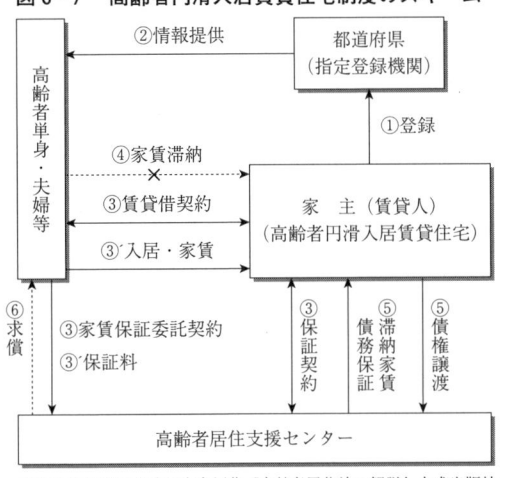

図6-7 高齢者円滑入居賃貸住宅制度のスキーム

出所：高齢者居住法研究会編著『高齢者居住法の解説』大成出版社，2001年，4頁。

④ 高齢者がその居宅において日常生活を営むために必要な保健医療サービス及び福祉サービスを提供する体制の確保に関する基本的な事項

⑤ 高齢者居住安定確保計画（第3条1項）の策定に関する基本的な事項

と規定している。このように，同法第3条では国土交通大臣および厚生労働大臣の責務で高齢者向けの優良住宅の確保を計画的に進め，住環境の整備を進めることとしている。

(3) 高齢者専用賃貸住宅（高専賃）

高齢者専用賃貸住宅とは，高齢者の入居を拒まない「高齢者円滑入居賃貸住宅」のうち，専ら高齢者を賃借人とする賃貸住宅を指す。この「高齢者円滑入居賃貸住宅」とは，とくに，都道府県知事の登録を申請することができ，登録が受け付けられ正式に登録された賃貸住宅を指す。図6-7に示しているように，高齢者の受け入れを行おうとしている賃貸人が，当該賃貸物件を都道府県知事の登録を受け，高齢者居住支援センターに物件登録する。これらの登録を受けることを通じて入居する高齢者の家賃債務を保証する制度である（第11条）。そのため，登録を受け入れられれば賃貸物件を保有する者の安定的な家賃収入が見込まれ，かつ心身機能の変化が予想される高齢者も，安心して住宅を確保

資料　高齢者への住居確保に向けた都道府県の取り組み

> 「高齢者向け医療・介護一体　都が賃貸住宅建設支援」
> 　東京都は「高齢者専用賃貸住宅（高専賃）」のうち，高齢者が医療や介護サービスを身近に利用できて安心して暮らせるタイプの住宅を普及させようと2009年度から民間事業者に建設費を補助するモデル事業を始める。都によると，こうした高専賃への補助は全国でも例がないという。新年度当初予算案で一億七千万円を計上，五カ所の設置を促す。
> 　都が想定しているのは，集合住宅の一階部分に診療所や訪問介護事業所などがテナントとして入り，二階以上がアパート・マンションのような賃貸住宅の高専賃。住宅部分の管理人室には，安否確認や生活相談に応じるスタッフが常駐する。有料老人ホームと異なり，介護サービスはパッケージとなっておらず，入居者が必要に応じて利用する。その分，有料老人ホームの場合に都内平均で約千四百万円といわれる一時金は不要となり金銭的な負担が軽くなる。医療・介護サービスを一体化させる高専賃は，新しいタイプの高齢者向け住宅として期待されるが都内では葛飾区に医療法人のグループ会社が運営する一施設があるだけという。都は都市部では用地の取得費用が地方に比べて高いことがハードルになっているとみており，初期投資の一部を支援することで参入を促す。　　（『東京新聞』2009年1月25日付朝刊）

する選択肢が得られる。また，これらの物件は，段差のない床，浴室および階段の手すり，介助用の車いすで移動できる幅の廊下および居室の出入口，介助を考慮した広さの便所に腰掛便座が設けられ，介助を考慮した広さの浴室，エレベーター，非常通報装置などが備わった物件に限られている。

（4）　高齢者向け優良賃貸住宅の供給の促進

　高齢者向け優良賃貸住宅とは，60歳以上の単身・夫婦世帯を入居対象に，一定の基準（「バリアフリー化」され，かつ「緊急時対応サービス」などの利用が可能）が満たされた物件であり，かつ都道府県知事（政令指定都市，中核市の長）の認定を受けたものとなる。この認定を受けた高齢者向け優良賃貸住宅は，各種の助成を受けることが可能となる。以下，この制度の根拠となる「高齢者の居住の安定確保に関する法律」に基づいた説明を付記しておく。

　良好な居住環境を備えた高齢者向けの賃貸住宅の整備および管理をしようとする者（地方公共団体を除く）は，国土交通省令で定めるところにより，当該賃

第6章 高齢者福祉の法制度

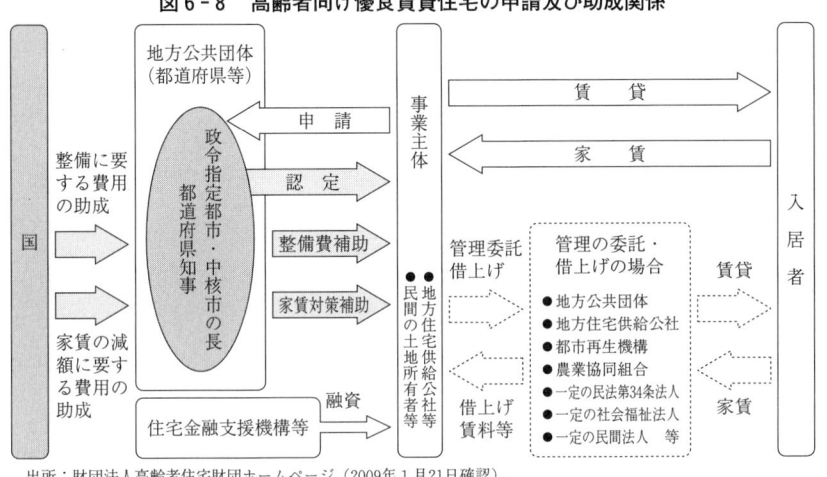

図6-8 高齢者向け優良賃貸住宅の申請及び助成関係

出所：財団法人高齢者住宅財団ホームページ（2009年1月21日確認）。

貸住宅の整備および管理に関する計画を作成し，都道府県知事の認定を申請することができ（第30条，第31条），認定を受けた場合，支援措置が講ぜられることとなる。その支援措置とは，地方公共団体が，認定事業者に対して，費用の一部を補助することができ（第41条），また，認定事業者が入居者の居住の安定をはかるため家賃を減額する場合は，その減額に要する費用の一部を補助することができる（第43条）。

このように，高齢者居住法では，民間資本に基づく高齢者向け優良賃貸住宅の普及をうながし，加齢に対応した質の高い住宅供給の促進を進めるものである。また，これらの条件に合致する賃貸物件を提供する賃貸人には，費用の一部補助の交付や，所得税・法人税の優遇措置，固定資産税の軽減措置などの促進税制も適用される。なお，2007（平成19）年度より，特定優良賃貸住宅および高齢者向け優良賃貸住宅に対する助成が，「地域優良賃貸住宅」による助成に統合・再編された。高齢者向け優良賃貸住宅については，「地域優良賃貸住宅（高齢者型）」として助成を実施している（図6-8）。

2 住宅基本法と住生活基本計画

（1） 住宅基本法と住生活基本法

本格的な少子高齢社会，人口減社会を迎え，将来における国民の豊かな住生活を実現するために，2006（平成18）年6月に「住宅基本法」（平成18年法律第61号）が制定された。同法は次の4つの基本理念を掲げている。①現在および将来の住生活の基盤となる住宅の供給等，②住民が誇りと愛情を持つことのできる良好な居住環境の形成，③民間活力，既存ストックを活用する市場の整備と消費者利益の擁護，④低額所得者，高齢者，子育て家庭等の居住の安定の確保である。これらの理念を具体化するために，同法第15条に「国民の住生活の安定の確保及び向上の促進に関する基本的な計画を定めなければならない」と規定され，これを受けて同年9月19日に「住生活基本計画（全国計画）」が閣議決定（平成18年9月19日）された。

　なお，この計画は2006（平成18）年から2016（平成27）年までの10年間にわたる計画であり，第7条には，「国及び地方公共団体の責務」が明記されると同時に，第18条には「国及び地方公共団体は，住生活基本計画に即した公営住宅等の供給等に関する事業の実施のために必要な措置を講ずるとともに，住生活基本計画に定められた目標を達成するために必要なその他の措置を講ずるよう努めなければならない」としている。

　この全体計画の中の具体的な施策目標では「高齢者，障害者をはじめとする多様な者が安全で快適な生活を営めるよう，住宅のユニバーサルデザイン化を促進する」とし，具体的な数値目標を定めている。そして，高齢者，障害者，小さな子どものいる世帯，外国人，ホームレス等の居住の安定を確保するため，公的賃貸住宅ストックの有効活用をはかるほか，高齢者等の入居を受け入れることとしている民間賃貸住宅に関する情報の提供等を行う（**表6-10**）。

（2）　シルバーハウジング・プロジェクト

　このプロジェクトは，高齢者の生活特性に配慮した設備・仕様を備え，日常生活上自立可能な高齢者単身世帯，高齢者のみの世帯，高齢者夫婦世帯等を対象にした公共賃貸住宅の供給を推進するため，建設費等の補助を行っているものである。

　この住宅の特徴は，生活援助員という日常の生活指導や安否確認などを行う者を配置し，日常生活のサポートをしている。

表6-10 住宅基本計画（全体計画）における高齢社会対策に関する目標，成果指標及び基本的な施策

目　標	指　揮	基本的な施策
1　良質なストックの形成及び将来世代への承継 ①住宅の品質又は性能の維持及び向上 住宅の安全性，耐久性，快適性，エネルギーの使用の効率性その他の住宅の品質又は性能に関し，別紙1の住宅性能水準に基づき，その維持及び向上を図り，現在及び将来の国民の住生活の基盤となる良質な住宅ストックの形成を目指す。	[基礎的な安全性の確保] ・新耐震基準（昭和56年基準）が求める耐振性を有する住宅ストックの比率　【75％（平15）→90％（平27）】 [ユニバーサルデザイン化の推進] ・共同住宅のうち，道路から各戸の玄関まで車椅子・ベビーカーで通行可能な住宅ストックの比率 　【10％（平15）→25％（平27）】 [環境問題への対応] ・一定の省エネルギー対策（注1）を講じた住宅ストックの比率 　【18％（平15）→40％（平27）】 ・新築住宅の省エネルギー対策に関する指標（注2） 　新築住宅における次世代省エネ基準（平成11年基準）達成率 　【32％（平16）→50％（平20）】 (注1)　一定の省エネルギー対策：全部又は一部の窓に二重サッシ又は複層ガラスを使用すること (注2)　この指標は，京都議定書目標達成計画（平成17年4月28日閣議決定）において設定された指標と同じものであり，京都議定書目標達成計画に変更があった場合には，この指標も同様に変更されたものとみなす。	○耐震性，防火性及び採光性の確保，化学物質等による室内汚染の防止等，住宅の基本的な品質又は性能を確保するため，建築規制の適確に運用する。 ○大規模な地震や犯罪の危険性に備え，国民の安全・安心を実現するため，耐震診断・耐震改修を促進するとともに，住宅の防犯性向上のための情報提供等を行う。 ○住宅ストックが長期にわたり有効に活用されるよう，耐久性に優れ，維持管理しやすく，ライフスタイルやライフステージの変化等に応じたリフォームにも柔軟に対応できる住宅の普及を図る。 ○高齢者，障害者をはじめとする多様な者が安全で快適な住生活を営めるよう，住宅のユニバーサルデザイン化を促進する。 ○地球温暖化問題や廃棄物問題等の環境問題に対応して，省エネルギー性能をはじめとする住宅の環境性能の向上を図るとともに，住宅における自然エネルギーの利用の促進，森林吸収源対策としての住宅への地域材利用の促進，再生建材の利用の促進や住宅の建設・解体等により生じる廃棄物の削減及び適正処理を図る。 ○地域の気候・風土，歴史，文化等に応じた良質な住宅の供給を促進する。
②住宅の合理的で適正な管理等 住宅の合理的で適正な管理等を通じ，良質な住宅ストックを将来世代へ承継することを目指す。	[住宅を長く大切に使う社会の実現] ・リフォーム（注）実施戸数の住宅ストック戸数に対する割合 　【2.4％（平11～15平均）→5％（平27）】 ・25年以上の長期修繕計画に基づく修繕積立金額を設定している分譲マンション管理組合の割合 　【20％（平15）→50％（平27）】 (注)リフォーム：増改築，耐震工事及び高齢者等のための設備の工事	○住宅ストックが，居住者等の安全・安心を確保しつつ，長期にわたって有効に活用されるよう，居住者による管理体制の充実などソフト面での対応も含めた適切な維持管理やリフォームを促進する。 ○共同での管理が必要な分譲マンションについて，適切な維持管理及び計画的な修繕を促進するため，マンション履歴システムの普及を図るとともに，増築，改修や建替えにより老朽化した分譲マンションの再生を促進する。 ○民間賃貸住宅について，合理的かつ適正な維持管理を促進するための仕組みづくりを進める。

注：指標は，目標の主な事項について，その達成状況を定量的に測定するために設定しているものである。
出所：国土交通省ホームページ（2009年1月25日確認）。

図6-9 シルバーハウジング・プロジェクトの概念図

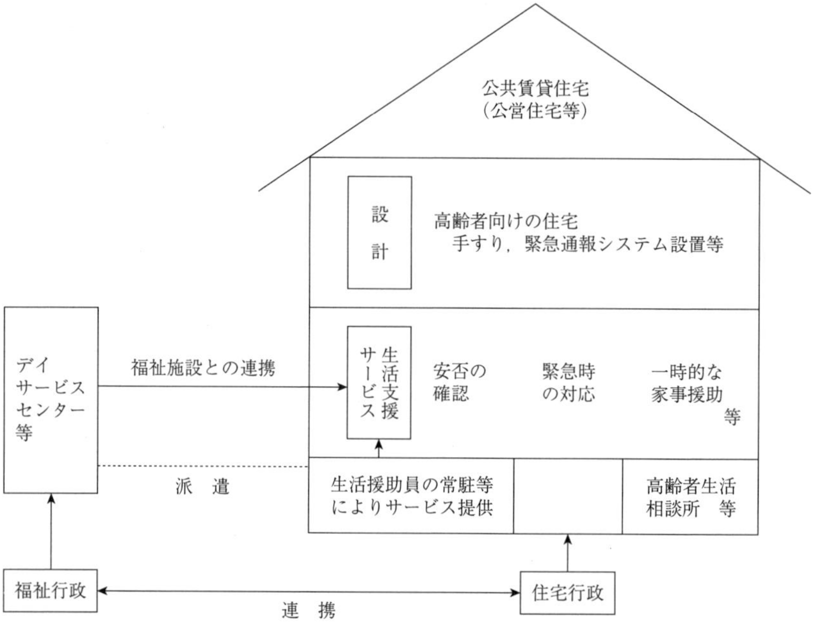

```
                    公共賃貸住宅
                    （公営住宅等）

              ┌─────────────────────────────┐
              │ 設  高齢者向けの住宅         │
              │ 計  手すり，緊急通報システム設置等 │
              │                              │
デイ    福祉施設との連携  ┌サ生┐                      │
サービス ──────→ │ー活│安否の  緊急時   一時的な     │
センター         │ビ支│確認    の対応   家事援助    │
等              │ス援│                         等 │
                └──┘                              │
        派遣   生活援助員の常駐等    高齢者生活      │
        ┈┈┈┈  によりサービス提供    相談所  等      │
              └─────────────────────────────┘
福祉行政 ←─────── 連携 ───────→ 住宅行政
```

出所：内閣府『高齢社会白書（平成22年版）』ぎょうせい，2010年，115頁。

　生活援助員（LSA：ライフサポートアドバイザー）とは，市町村の委託により，シルバーハウジング，高齢者向け優良賃貸住宅，登録住宅等に居住している高齢者に対して，必要に応じて日常の生活指導，安否確認，緊急時における連絡等のサービスを行う者であり，生活援助員の派遣事業は，介護保険法に定められている地域支援事業（介護保険法第115条の44）のうち，市町村が地域の実情に応じて実施する任意事業の中に含まれている。また，この生活援助員の人件費については，国，県，市町村，第一号被保険者からの負担による支援が行われている。また，生活援助員のための特別な資格は必要としていないが，ホームヘルパーや介護福祉士などの福祉関連資格を持つ者が従事しているケースが多い（図6-9）。

　2006（平成18）年度からは，一定の要件を満たし都道府県知事に届け出た高齢者専用賃貸住宅を介護保険法の特定施設として取り扱うこととなり，さらに一定の人員基準を満たした場合は特定施設入居者生活介護の指定を受けられる

3 高齢者, 障害者等の移動等の円滑化の促進に関する法律

（1） 交通バリアフリー法からバリアフリー新法へ

「高齢者, 身体障害者等の公共交通機関を利用した移動の円滑化の促進に関する法律（交通バリアフリー法）」が2000（平成12）年法律第68号にて制定。この法律は, 交通事業者等に対して, 鉄道駅等の旅客施設の新設, 大改造および車両等の新規導入に際し, 移動円滑化基準への適合を義務づけるとともに, 既設の旅客施設および車両については努力義務を課し, また鉄道駅等の旅客施設を中心とした一定の地区において, 市町村が作成する基本構想に基づき, 旅客施設, 周辺道路, 駅前広場等の重点的・一体的なバリアフリー化を進める制度を導入することを内容としている。

この法律に基づき,「移動円滑化の推進に関する基本方針」(平成12年国家公安委員会, 運輸省, 建設省, 自治省告示第1号) が策定されている。

また, これに関連する各法が改正されており, 1994（平成6）年に「高齢者, 身体障害者等が円滑に利用できる特定建築物の建築促進に関する法律（ハートビル法）」(平成6年法律第44号) が施行され, その後, 平成15年に改正された。そして, 2006（平成18）年12月にハートビル法と, 交通バリアフリー法（平成12年法律第68号）が統合され,「高齢者, 障害者等の移動等の円滑化の促進に関する法律（バリアフリー新法）」となった。バリアフリー新法では, 特定建築物（学校, 病院, 劇場, 集会場, 展示場, 百貨店, ホテル, 事務所, 共同住宅, 老人ホーム, 老人福祉センター, 体育館, 博物館, 公衆浴場, 飲食店, 郵便局, 自動車教習所, 工場, 公衆便所, 公共用歩廊等）の建築規制などを設けている。

（2） 公共交通機関のバリアフリー化に対する支援

高齢者の移動の円滑化をはかるため, 2010年までの間に, 駅・空港等の公共交通ターミナルのエレベーターの設置等の高齢者の利用に配慮した施設の整備, ノンステップバス等の車両の導入などを推進している（表6-11）。バリアフリー施設の整備については, 補助や日本政策投資銀行等による低利融資による支援を行うとともに, 鉄道駅におけるエレベーター等の設置について, 税制上

表6-11 高齢者等のための公共交通機関施設整備等の状況

(1) 旅客施設のバリアフリー化の状況（注1）

	1日当たりの平均利用者数5,000人以上の旅客施設数	平成20年度末		1日当たりの平均利用者数5,000人以上かつトイレを設置している旅客施設数	平成20年度末
		段差の解消	視覚障害者誘導用ブロック		障害者用トイレ
鉄軌道駅	2,816	2,007(71.3%)	2,624(93.2%)	2,701	1,792(66.3%)
バスターミナル	43	36(83.7%)	33(76.7%)	31	18(58.1%)
旅客船ターミナル	8	7(87.5%)	6(75.0%)	8	4(50.0%)
航空旅客ターミナル	21	19(90.5%)(100%注2)	21(100%)	21	21(100.0%)

注：1）バリアフリー新法（高齢者，障害者等の移動等の円滑化の促進に関する法律）に基づく公共交通移動等円滑化基準に適合するものの数字。なお，1日当たりの平均利用者数が5,000人以上であり高低差5メートル以上の鉄軌道駅において，エレベーターが1基以上設置されている駅の割合は84.2%，エスカレーターが1基以上設置されている駅の割合は73.7%となっている。
2）航空旅客ターミナルについては，障害者等が利用できるエレベーター・エスカレーター・スロープの設置はすでに平成13年3月末までに100%達成されている。

(2) 車両等のバリアフリー化の状況

	車両等の総数	平成20年度末 移動等円滑化基準に適合している車両等
鉄軌道車両	52,225	21,570(41.3%)
低床バス	59,973	25,038(41.7%)
うちノンステップバス		13,822(23.0%)
旅客船	906	149(16.4%)
航空機	507	326(64.3%)

注：1）「移動等円滑化基準に適合している車両等」は，各車両等に関する公共交通移動等円滑化基準への適合をもって算定。

(3) 福祉タクシーの導入状況

平成20年度末，10,742両。（タクシー車両総数，271,327両）

出所：内閣府『高齢社会白書（平成22年版）』ぎょうせい，2010年，117頁。

の特例措置を講じている。

4　建築物・公共施設等の改善

「高齢者・障害者等の移動等の円滑化の促進に関する法律（バリアフリー新法）」（平成18年法律第91号）に基づき，高齢者等が円滑に利用できる建築物の設

第6章　高齢者福祉の法制度

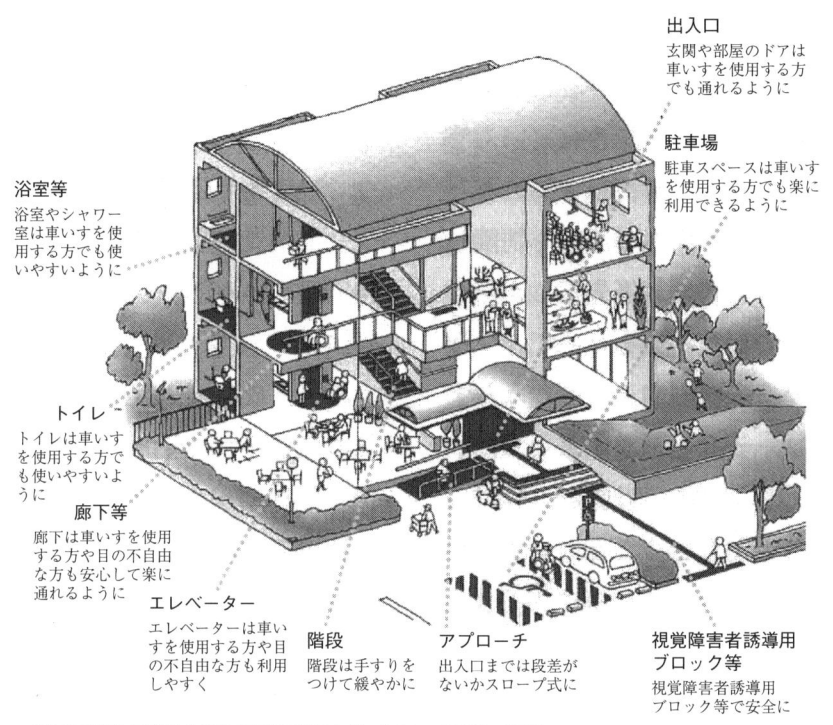

図6-10　バリアフリー化された建築物のイメージ

出入口
玄関や部屋のドアは車いすを使用する方でも通れるように

駐車場
駐車スペースは車いすを使用する方でも楽に利用できるように

浴室等
浴室やシャワー室は車いすを使用する方でも使いやすいように

トイレ
トイレは車いすを使用する方でも使いやすいように

廊下等
廊下は車いすを使用する方や目の不自由な方も安心して楽に通れるように

エレベーター
エレベーターは車いすを使用する方や目の不自由な方も利用しやすく

階段
階段は手すりをつけて緩やかに

アプローチ
出入口までは段差がないかスロープ式に

視覚障害者誘導用ブロック等
視覚障害者誘導用ブロック等で安全に

出所：内閣府『高齢社会白書（平成20年版）』ぎょうせい，2008年，121頁。

置を促進するため，不特定多数の者または主に高齢者等が利用する特定の建築物の一定の新築・増改築の際に，建築主に基準の適合義務を課すことにより，建築物のバリアフリー化を推進することとなった。これにより，認定を受けた一定の建築物については，補助制度，融資制度，税制上の特例等の支援措置を講じ，整備の促進をはかっている。

　また，高齢者，障害者のみならず可能な限りすべての人を対象に，「どこでも，だれでも，自由に，使いやすく」というユニバーサルデザイン（**図6-10**参照）の考え方で，公共交通機関や主な駅周辺等の歩行空間，病院等の特定多数の人が利用する建築物等に関するバリアフリー施策を総点検し，今後の社会資本整備，公共交通行政分野における取組方針を「ユニバーサルデザイン政策大綱」として2007（平成17）年7月に公表した。

資料　繰り返される老人ホーム火災

「施設無届け報知機なし」群馬火災死者7人に
　群馬県渋川市の高齢者向け住宅「静養ホームたまゆら」で19日に起きた火災で，渋川署は20日，焼け跡から新たに2人の遺体が見つかったと発表した。死者は7人になった。同施設は有料老人ホームとしての届け出はないが，東京都墨田区が入所先が見つからない生活保護受給者を紹介するなど，都内の自治体の受け皿になっていた。……背景にあるのは，高齢者介護の「施設から在宅へ」という政府方針だ。高齢者向けの介護施設は，特に都心部で不足している。割高な民間のケア付き住宅に入れない低所得者の高齢者は行き場がなく，自治体の間で押し付け合っているのが実情だ。(6)
　　　　　　　　　　　　　　　　（『朝日新聞』2009年3月21日付）

　また，官庁施設などは，高齢者等すべての人が円滑かつ快適に施設を利用できるよう，窓口業務を行う事務室の出入り口の自動ドア化，多機能トイレの設置等による高度なバリアフリー化をめざした整備を推進している。

注
(1)　2005年介護保険法の改正によって，「常時10人以上の老人を入所させ」という文言は削除された）
(2)　「介護支援専門員（通称：ケアマネジャー）」第7条の5の介護支援専門員の定義「要介護者又は要支援者（以下「要介護者等」という。）からの相談に応じ，及び要介護者等がその心身の状況等に応じ適切な居宅サービス，地域密着型サービス，施設サービス，介護予防サービス又は地域密着型介護予防サービスを利用できるよう市町村，居宅サービス事業を行う者，地域密着型サービス事業を行う者，介護保険施設，介護予防サービス事業を行う者，地域密着型介護予防サービス事業を行う者等との連絡調整等を行う者であって，要介護者等が自立した日常生活を営むのに必要な援助に関する専門的知識及び技術を有するものとして第69条の7第1項の介護支援専門員証の交付を受けたものをいう。」
(3)　現在16種類。①がん、②関節リウマチ、③筋萎縮性側索硬化症、④後縦靱帯骨化症、⑤骨折を伴う骨粗鬆症、⑥初老期における認知症、⑦進行性核上性麻痺，大脳皮質基底核変性症及びパーキンソン病、⑧脊髄小脳変性症、⑨脊柱管狭窄症、⑩早老症、⑪多系統萎縮症、⑫糖尿病性神経障害，糖尿病性腎症及び糖尿病性網膜症、⑬脳血管疾患、⑭閉塞性動脈硬化症、⑮慢性閉塞性肺疾患、⑯両側の膝関節又は股

関節に著しい変形を伴う変形性関節症。
(4) 申請受付から結果通知に要する期間は30日以内としている（第27条11項）。
(5) 追加3項目の質問内容（①日中の生活について，②外出頻度について，③家族，居住環境，社会参加などの状況が変わったかどうか）。
(6) この事件を契機に，2009（平成21）年6月に「未届の有料老人ホームに該当しうる施設に対する対応案について」がまとめられ，行政指導の強化が検討された。また，同年四月には「消防法施行令の一部を改正する政令」が施行され，グループホームなどの小規模施設にもスプリンクラーの設置が義務づけられた。

参考文献

厚生労働省編『厚生労働白書（平成20年版）』ぎょうせい，2008年。
内閣府『高齢社会白書（平成20年版）』ぎょうせい，2008年。
内閣府『高齢社会白書（平成19年版）』ぎょうせい，2007年。
高齢者居住法研究会編著『高齢者居住法』大成出版社，2001年。
日本地域福祉学会編集『地域福祉事典』中央法規出版，1999年。
野﨑和義監修『社会福祉六法（平成20年版）』ミネルヴァ書房，2008年。
野﨑和義監修『社会福祉六法（平成21年版）』ミネルヴァ書房，2009年。
森幹郎『「老域論」の新展開』キリスト教図書出版社，1995年。
森幹郎『政策視点の老年学』ミネルヴァ書房，1983年。
森幹郎『老いとは何か』ミネルヴァ書房，1989年。

第7章　高齢者への介護・福祉サービス

第1節　介護保険制度下の居宅サービスと施設サービス

1　サービス内容

　介護保険制度が用意しているサービスは大別すると，どのようなサービスを利用するかという相談からケアプランを作成し，給付管理を行う「介護支援サービス（ケアマネジメント）」，在宅で生活している人が受けられる「居宅サービス」，入所施設でサービスを受ける「施設サービス」，市町村が事業者指定を行い，その市町村の住民だけが利用できる「地域密着型サービス」という種類に分けて考えることができる。

　こうしたサービスが，要介護状態と認定された人に対しては介護給付として，要支援状態と認定された人に対しては介護予防給付として，それぞれ用意されている。ただし，要支援者に対しては施設サービスは用意されていない（図7-1，図7-2）。以下，各種のサービスの概略を説明していく。

(1)　居宅介護支援サービスおよび介護予防支援サービス

　① 居宅介護支援サービス

　　居宅介護支援とはケアプラン（居宅サービス計画）の作成を手助けしてくれるケアマネジャー（介護支援専門員）によって行われるものである。これは，要介護者が各種の保険給付対象となるサービスや他のサービスを適切に利用することができるよう，利用者からの依頼を受けてアセスメント（課題分析），ケアプラン作成を行い，ケアプランに位置づけた各種のサービスが適切に提供されるように連絡調整等の業務を行うものである。また，必要に応じて施設入所に関する相談にものる（介護保険法第8条21項）。介護保険制度においては，このサービスを利用する場合には居宅サービス計画費が支給されるが，

図7-1 介護保険サービスの種類

市町村が指定・監督を行うサービス

○地域密着型サービス
- 夜間対応型訪問介護
- 認知症対応型通所介護
- 小規模多機能型居宅介護
- 認知症対応型共同生活介護（グループホーム）
- 地域密着型特定施設入所者生活介護
- 地域密着型介護老人福祉施設入所者生活介護

都道府県が指定・監督を行うサービス　〔介護給付を行うサービス〕

○居宅サービス
- 【訪問サービス】
  - 訪問介護（ホームヘルプサービス）
  - 訪問入浴介護
  - 訪問看護
  - 訪問リハビリテーション
  - 居宅療養管理指導
- 【通所サービス】
  - 通所介護（デイサービス）
  - 通所リハビリテーション
- 【短期入所サービス】
  - 短期入所生活介護（ショートステイ）
  - 短期入所療養介護
- 特定施設入所者生活介護
- 特定福祉用具販売
- 福祉用具貸与

○居宅介護支援

○施設サービス
- 介護老人福祉施設
- 介護老人保健施設
- 介護療養型医療施設

市町村が指定・監督を行うサービス

○地域密着型介護予防サービス
- 介護予防認知症対応型通所介護
- 介護予防小規模多機能型居宅介護
- 介護予防認知症対応型共同生活介護（グループホーム）

都道府県が指定・監督を行うサービス　〔介護予防給付を行うサービス〕

○介護予防サービス
- 【訪問サービス】
  - 介護予防訪問介護（ホームヘルプサービス）
  - 介護予防訪問入浴介護
  - 介護予防訪問看護
  - 介護予防訪問リハビリテーション
  - 介護予防居宅療養管理指導
- 【通所サービス】
  - 介護予防通所介護（デイサービス）
  - 介護予防通所リハビリテーション
- 【短期入所サービス】
  - 介護予防短期入所生活介護（ショートステイ）
  - 介護予防短期入所療養介護
- 介護予防特定施設入所者生活介護
- 介護予防福祉用具貸与
- 特定介護予防福祉用具販売

○介護予防支援

出所：全国高齢者保健福祉・介護保険関係主管課長会議資料（2005年2月18日）。

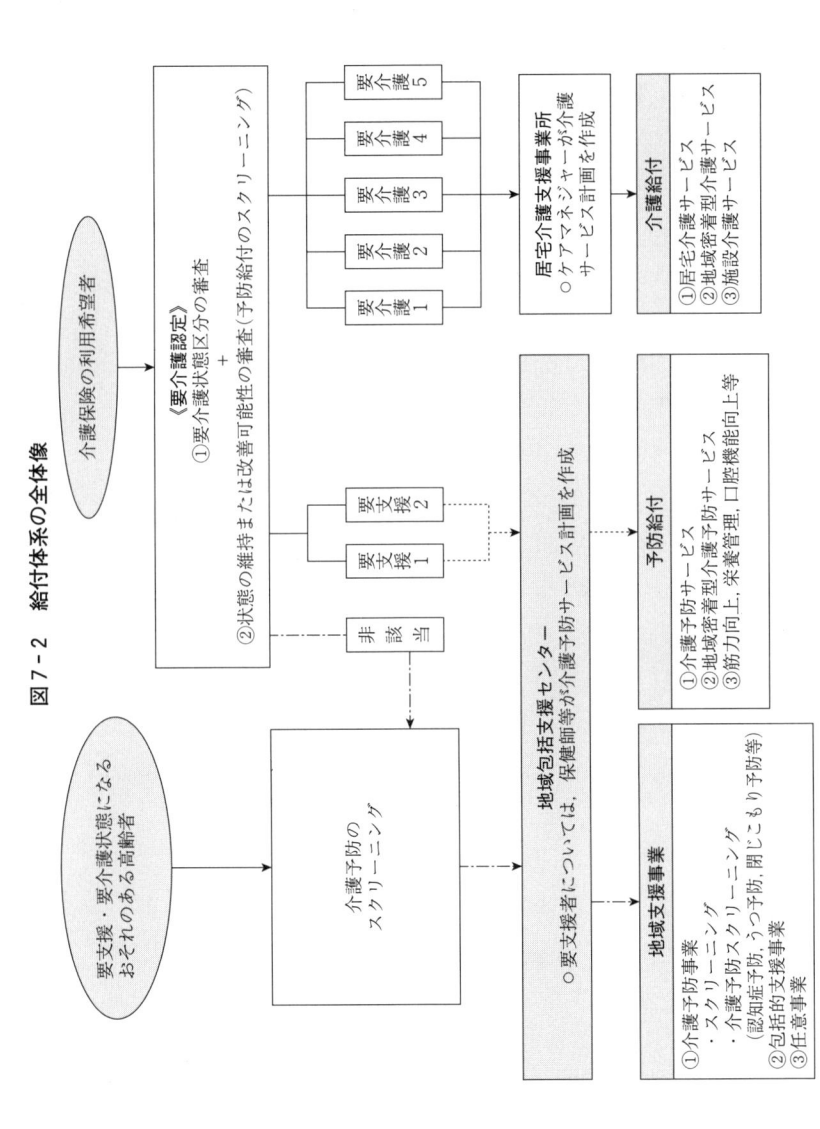

第 7 章 高齢者への介護・福祉サービス

図7-2 給付体系の全体像

介護保険の利用希望者

《要介護認定》
①要介護状態区分の審査（予防給付のスクリーニング）
＋
②状態の維持または改善可能性の審査

- 要介護1
- 要介護2
- 要介護3
- 要介護4
- 要介護5

居宅介護支援事業所
○ケアマネジャーが介護サービス計画を作成

介護給付
①居宅介護サービス
②地域密着型介護サービス
③施設介護サービス

- 要支援1
- 要支援2
- 非該当

要支援・要介護状態になるおそれのある高齢者

介護予防のスクリーニング

地域包括支援センター
○要支援者については、保健師等が介護予防サービス計画を作成

予防給付
①介護予防サービス
②地域密着型介護予防サービス
③筋力向上、栄養管理、口腔機能向上等

地域支援事業
①介護予防事業
・スクリーニング
・介護予防スクリーニング
（認知症予防、うつ予防、閉じこもり予防等）
②包括的支援事業
③任意事業

出所：全国社会福祉協議会編『こう変わる介護保険』全国社会福祉協議会、2005年、9頁を一部修正。

これは他の介護サービスの給付がかかった費用の9割であるのに対して，全額が保険給付から支払われる。

居宅介護支援は，利用者が要介護状態になっても可能な限り自宅で，その人の有する能力に応じた自立した日常生活が送れることを目的として行われる。またその際，サービス利用にあたっては利用者の選択に基づき，利用者の意志や人格を尊重して公正中立に行うことなどが重視される（指定居宅介護支援等の事業の人員及び運営に関する基準第1条）。

② 介護予防支援サービス

介護予防支援は2006（平成18）年介護保険法改正で新たに設けられたものであり，要支援者に対して介護予防プランの作成を行った場合に介護予防サービス計画費が支給される。これも全額が保険給付から支払われる。

介護予防支援は，利用者が介護予防のために介護予防サービスやその他のサービスを利用することを支援するもので，プラン作成は地域包括支援センター（居宅介護支援事業所に業務の一部を委託可能）が行うことになる。

（2） 居宅サービスおよび介護予防サービス

① 訪問介護，介護予防訪問介護

訪問介護（ホームヘルプサービス）とは，利用者の居宅において訪問介護員によって提供される入浴，排せつ，食事等の介護その他の日常生活上の世話（第8条2項）のことをいう。そのサービス内容は身体介護と生活援助からなる。なお，生活援助については，単身か家族等と同居していても家族が障害や疾病等の理由で家事を行うことが困難な場合という制限が設けられている（**表7-1**）。

介護予防訪問介護とは，要支援者を対象とし，介護予防を目的として行われる入浴，排せつ，食事等の介護その他の日常生活上の支援（第8条の2第2項）のことをいう。このように，介護予防訪問介護においては，単に本人ができないことを代行するのではなく，本人の持っている力や潜在能力を活用し，自分でするように働きかけていくところに特徴がある。

② 訪問入浴介護，介護予防訪問入浴介護

訪問入浴介護とは，利用者の居宅を訪問し，浴槽を提供して行われる入浴

表7-1　訪問介護サービスの種類と内容

身体介護		生活援助
・排泄介助（トイレ・ポータブル利用についての介助・おむつ交換） ・食事介助 ・清拭・入浴介助 ・身体整容 ・洗面 ・更衣介助	・体位交換 ・移乗・移動介助 ・退院・外出介助 ・就寝・起床介助 ・自立支援のための見守り援助 ・特段の専門的配慮をもって行う調理（嚥下困難者のため流動食・糖尿食等の調理）	・掃除 ・洗濯 ・ベッドメイク ・衣類の整理・補服の補修 ・一般的な調理・配下膳 ・買物・薬の受け取り

出所：介護支援専門員テキスト編集委員会編『五訂介護支援専門員基本テキスト第2巻』長寿社会開発センター，2009年，23頁。

の介護（第8条3項）をいう。こうしたサービスの利用を必要とする利用者とは，寝たきり状態やターミナル期にあり，通所介護施設等への通所が困難な人と考えられる。こうした利用者に対して，移動入浴車によって利用者宅に浴槽を持ち込んで全身浴を行う場合や，利用者の体調の変化によっては部分浴（洗髪，陰部，足部等の洗浄）や清拭を行う場合もある。

介護予防訪問入浴は，要支援者を対象とし，訪問入浴のサービス提供により利用者の生活機能の維持・向上をめざすものであるが，実際にはこのサービスの利用者は少ない。たとえば，自宅の浴室での入浴は困難だが，入浴サービスを提供している通所サービスの利用を拒否している人たちが，このサービスの対象となるようである。

③　訪問看護，介護予防訪問看護

訪問看護とは，利用者の居宅において提供される療養上の世話または必要な診療の補助（第8条4項）を指し，訪問看護師，理学療法士，作業療法士，言語聴覚士などによって提供されるサービスである。訪問看護サービスの内容としては，病状観察と情報収集，療養上の世話（食事介助，排泄介助，清潔保持，移動介助，衣服の着脱），診療の補助，精神的支援，リハビリテーション，家族支援，療養指導などがある。訪問看護は医師の指示によって行われるものであり，主治医の訪問看護指示書を必要とする。また，末期癌の利用者などで症状の急性増悪がある時は，特別指示書が交付される場合は医療保険扱いとなり，2週間に限り毎日訪問看護を提供することができる。

表7-2　要介護状態区分とリハビリテーションの目的

要支援1 要支援2	予防的リハビリテーション	要介護化の予防に重点
要介護1 要介護2	自立支援型リハビリテーション	ADL・IADLの自立を図るリハビリテーション
要介護3 要介護4 要介護5	介護負担軽減型リハビリテーション	介護者の負担を軽減するリハビリテーション

出所：表7-1に同じ，85頁。

　介護予防訪問看護は，要支援者を対象とし，利用者の生活機能の維持向上をめざして行われるサービスであり，利用者が自らの能力を最大限に発揮できるように働きかけていくところに特徴がある。

④　訪問リハビリテーション，介護予防訪問リハビリテーション

　訪問リハビリテーションとは，利用者の居宅において，心身の機能の維持回復をはかり，日常生活の自立を助けるために行われる理学療法，作業療法その他のリハビリテーション（第8条5項）を指し，訪問看護師，理学療法士，作業療法士，言語聴覚士などによって提供されるサービスである。また，介護予防訪問リハビリテーションは要支援者を対象とし，介護予防を目的として行われるものである。訪問リハビリテーションは医師の指示のもとに，訪問リハビリテーション計画を作成し，行われるが，その目的は要介護度別に焦点が変わってくる（**表7-2**）。

　訪問リハビリテーションの内容は，①廃用症候群の予防と改善，②基本動作能力の維持・回復，③ADLの維持・回復，④IADLの維持・回復，⑤対人・社会交流の維持・拡大，⑥介護負担の軽減，⑦福祉用具利用・住宅改修に関する助言である。

⑤　居宅療養管理指導，介護予防居宅療養管理指導

　居宅療養管理指導とは，病院，診療所，薬局の医師，歯科医師，薬剤師などによって行われる療養上の管理および指導（第8条6項）であり，介護予防居宅療養管理指導は要支援者を対象とし，介護予防を目的として行われるものである。居宅療養管理指導は介護支援専門員が行う給付管理の対象外のサービスである。

その内容には，①医師等によって行われる療養上の指導や助言，②薬剤師による服薬に関する指導や助言（薬局の薬剤師の場合は，医師・歯科医師の指示により作成した「薬学的管理指導計画書」に基づく），③指定居宅療養管理事業所に所属している管理栄養士による栄養管理の指導や助言（計画的に医学管理を行っている医師の指示による），④指定居宅療養管理指導事業所に所属している歯科衛生士等が，訪問歯科診療を行った歯科医の指示により行う口腔ケアがある。

⑥ 通所介護，介護予防通所介護

通所介護とは，利用者を老人デイサービスセンターに通わせ，入浴，排泄，食事等の介護その他の日常生活上の世話や機能訓練を行う（第8条7項）サービスであり，介護予防通所介護とは，要支援者を対象とし，介護予防を目的とするものである。

通所介護の目的は，①外出し，他の利用者との交流の機会を持つことで社会的孤立感を軽減すること，②サービスを利用することで利用者の心身の機能の維持をはかること，③利用者が通所している昼間の間，家族介護者の負担軽減をはかることなどである。

通所介護のサービス内容と支援の留意点としては，①送迎方法，②レクリエーションや機能訓練の内容と参加の支援，③介護が必要な場面とその方法（移動，移乗，着脱衣，入浴，食事，排泄，コミュニケーション等），④利用者の個別性に配慮したかかわり方への配慮や心理的支援の方法・留意点などが挙げられる。

⑦ 通所リハビリテーション，介護予防通所リハビリテーション

通所リハビリテーションとは，利用者を介護老人保健施設，病院，診療所等に通わせ，利用者の心身の機能の維持回復をはかり，日常生活の自立を助けるために行われる理学療法，作業療法その他必要なリハビリテーションを行う（第8条8項）サービスであり，介護予防リハビリテーションとは，要支援者を対象とし，介護予防を目的とするものである。

通所リハビリテーションの目的は，もちろん利用者の自立を支援することであるが，その内容としては，①個別リハビリテーション，②集団リハビリ

テーション，③居宅での介護方法や過ごし方の助言，家屋構造や福祉用具の利用等の環境整備に対する助言などが含まれる。

　介護予防通所リハビリテーションの内容としては，①運動器の機能向上，②口腔機能の向上，③栄養管理があり，これらを他のサービスやケアと一体となって進めていく。

　また，2006（平成18）年度からは，難病や末期癌などで医学的な管理が必要とする人を対象として，医療機関や訪問看護ステーションと連携してサービス提供を行う療養通所介護が新たに設けられている。

⑧　短期入所生活介護，介護予防短期入所生活介護

　短期入所生活介護（ショートステイ）は，利用者を特別養護老人ホームなどの施設に短期間入所させ，入浴，排泄，食事等の介護その他の日常生活上の世話および機能訓練を行う（第8条9項）サービスをいう。

　短期入所生活介護の目的は，利用者の心身の機能の維持と利用者の家族の身体的・精神的負担の軽減をはかることである。

⑨　短期入所療養介護，介護予防短期入所療養介護

　短期入所療養介護（ショートステイ）は，利用者を介護老人保健施設などの施設に短期間入所させ，看護，医学的管理のもとで介護および機能訓練その他必要な医療や日常生活上の世話を行う（第8条10項）サービスをいう。

　短期入所療養介護の目的は，利用者の療養生活の質の向上と利用者の家族の身体的・精神的負担の軽減をはかることである。

　また，介護予防短期入所療養介護では，入所中に提供される機能訓練は，機能の維持だけでなく，改善に向けたものであることが求められる。

⑩　特定施設入居者生活介護，介護予防特定施設入居者生活介護

　特定施設入所者生活介護は，特定施設として指定を受けた有料老人ホーム，養護老人ホーム，軽費老人ホーム（主としてケアハウス），適合高齢者専用賃貸住宅において，その施設の職員が入居している要介護者に対して提供する介護サービス（第8条11項）をいう。

　また，2006（平成18）年度からは特定施設の職員は基本サービス（特定施設サービス計画の作成，安否確認，生活相談等）を行い，介護サービスや機能訓練，

表7-3 貸与福祉用具，購入福祉用具の種類

貸与（レンタル）	車いす	自走用標準型車いす，普通型電動車いす，介助用標準型車いす
	車いす付属品	クッション，電動補助装置等
	特殊寝台（ベッド）	背部・脚部の傾斜角度や床板の高さが調整できるベッド
	特殊寝台付属品	マットレス，サイドレール等
	床ずれ防止用具	床ずれ防止用の体圧調整機能を備えた全身用のマット等
	体位変換機	空気パッド等を身体の下に挿入し，体位を容易に変更できるもの
	手すり	取付け工事のいらないもの
	スロープ	段差解消を目的とするもので，取り付け工事のいらないもの
	歩行器	歩行を助けるもので，移動時に体重を支える構造をもつもの
	歩行補助杖	松葉づえ，カナディアン・クラッチ，ロフストランド・クラッチ，プラットホームクラッチ及び多点杖
	認知症老人徘徊感知機器	認知症の高齢者が屋外等へ出ようとした時に，センサーにより感知し家族に伝える機器
	移動用リフト	身体をつり上げ，または支えることで移動を補助するリフト（床走行式，固定式，据置式）
購入	腰掛便座	和式便器の上に置いて腰掛け式の便器に変換するもの，洋式便座の上に置いて高さを補うもの，便座からの立ち上がりを補助するもの，ポータブルトイレなど
	特殊尿器	自動的に尿を吸引する機器
	入浴補助用具	入浴用イス，手すり，浴槽内イス，入浴台，浴室内すのこ，浴槽内すのこ
	簡易浴槽	持ち運びが可能で，居室等でも入浴を可能とする浴槽
	移動用リフトのつり具	移動用リフトのつり具部分

療養上の世話などは，委託している外部の居宅サービス事業者が提供する外部サービス利用型特定施設入居者生活介護が創設された。

⑪ 福祉用具・介護予防福祉用具貸与および特定介護予防福祉用具販売

　福祉用具とは，心身機能が低下した人が用いる日常生活上の便宜をはかるための用具（特殊寝台・移送用リフトなど），機能訓練のための用具（歩行訓練機など），補装具（車いす・補聴器など）をいう。(1)介護保険制度では，要介護者等に対してこうした福祉用具を貸与（レンタル）し（第8条12項），その利用料を保険給付として支給するが，排泄用具や入浴用具など貸与になじまない用具（特定介護予防福祉用具）は販売としている（第8条13項）。この用具の購入については，年に10万円までが保険給付の対象となる。福祉用具の品目は**表7-3**のとおりである（平成11年3月31日厚生省告示第93号）。

⑫　住宅改修，介護予防住宅改修

　　住宅改修（ハウス・アダプテーション）とはその住宅に住む人の状態に合わせて住宅をバリアフリー化することであり，介護保険制度では在宅要介護者等が住宅改修を行った際，居宅介護住宅改修費が支給される（第45条1項）。この支給限度は20万円までとされ，償還払い方式となる。なお，要介護者等の要介護状態区分が3段階以上上がった場合には，再度支給を受けることができる（ひとりの要介護者で1回限り）。

　　保険給付の対象となる住宅改修の種類は，①手すりの取付け，②段差の解消，③滑りの防止および移動の円滑化等のための床または通路面の材料の変更，④引き戸等への扉の取替え，⑤洋式便器等への便器の取替え，⑥その他①～⑤の住宅改修に付帯して必要となる住宅改修となっている（平成11年3月31日厚生省告示第95号）。

（3）　地域密着型サービス

　地域密着型サービスとは，2005（平成17）年の介護保険制度改正で新たに設けられたもので，市町村が事業所の指定を行い，報酬単価も市町村が定めることでき，そのサービスを利用できるのは当該市町村の住民に限定される。

　地域密着型サービスは広域のサービス利用ではなく，利用者の身近な地域でサービス提供をすることと，住み慣れた自宅や地域で生活できる仕組みを地域で構築していくことをめざすものである。

　サービスの種類は，要介護者に対しては①夜間対応型訪問介護，②認知症対応型通所介護，③小規模多機能型居宅介護，④認知症対応型共同生活介護，⑤地域密着型特定施設入居者生活介護，⑥地域密着型介護老人福祉施設入所者生活介護，要支援者に対しては地域密着型介護予防サービスとして①介護予防認知症対応型通所介護，②介護予防小規模多機能型居宅介護，③介護予防認知症対応型共同生活介護がある。

①　夜間対応型訪問介護

　　夜間対応型訪問介護とは，利用者が夜間に定期的な巡回訪問や呼び出しを受けての訪問により訪問介護を提供するもの（第8条15項）である。このサービスでは，定期巡回サービス，オペレーションセンターサービス（ケア

コール端末からの随時の通報に対応），随時訪問サービスが一括して提供される。
② 認知症対応型通所介護，介護予防認知症対応型通所介護

認知症対応型通所介護とは，認知症の要介護者に対して，介護や機能訓練を提供するもの（第8条16項）である。このサービスでは，通所介護の利用対象を認知症の利用者に限定することで，認知症者の特性に配慮したサービス提供を行うものである。

認知症対応型通所介護には，他施設に併設されていない単独型指定認知症対応型通所介護と社会福祉施設に併設されている併設型指定認知症対応型通所介護，そして指定認知症対応型共同生活介護事業所・指定介護予防認知症対応型共同生活介護事業所の居間または食堂，指定地域密着型特定施設・指定地域密着型介護老人福祉施設の食堂または共同生活室で，これらの事業所の利用者・入居者とともに行う共用型指定認知症対応型通所介護がある。

介護予防認知症対応型通所介護は，要支援者を対象として，介護予防を目的として行われるものである。

③ 小規模多機能型居宅介護，介護予防小規模多機能型居宅介護

小規模多機能型居宅介護とは，居宅要介護者に対して，通所，短期の宿泊にて介護サービスや機能訓練を提供するもの（第8条17項）である。このサービスの利用者に対しては，指定小規模多機能居宅介護事業所の介護支援専門員が作成した居宅サービス計画と小規模多機能型居宅介護計画に基づき，通所サービス，訪問サービス，宿泊サービスを柔軟に組み合わせて，利用者が住み慣れた地域で生活し続けられるように支援する。

このサービスでは他事業所からの訪問介護，通所介護，短期入所生活介護は利用できないが，訪問看護，福祉用具，居宅療養管理指導のサービスは利用可能である。

介護予防小規模多機能型居宅介護は，要支援者を対象として，介護予防を目的として行われるものである。

④ 認知症対応型共同生活介護，介護予防認知症対応型共同生活介護

認知症対応型共同生活介護（グループホーム）とは，認知症の要介護者が共同生活を営む住居で入浴，排せつ，食事等の介護その他の日常生活上の世話

および機能訓練を提供するもの（第8条18項）である。そのサービスは「家庭的な環境と地域住民との交流の下で（指定地域密着型サービスの事業の人員，設備及び運営に関する基準第89条）」行われることが求められ，1ユニットは利用者数が9名まで，一事業所は2ユニットまでを併設運営することができる。

利用者のケアは事業所の計画作成担当者が作成する認知症対応型共同生活介護計画に基づいて提供され，計画作成担当者は一定の研修を修了した者で，一人以上は介護支援専門員であることが必要である。

介護予防認知症対応型共同生活介護は，要支援者を対象として，介護予防を目的として行われるものである。

⑤　地域密着型特定施設入居者生活介護

地域密着型特定施設入居者生活介護とは，地域密着型特定施設において介護，機能訓練および療養上の世話を提供するもの（第8条19項）である。この地域密着型特定施設とは，有料老人ホーム・養護老人ホーム・軽費老人ホーム・適合高齢者専用賃貸住宅で，入居定員が29名以下の施設である。これらの施設入居者は，要介護者とその配偶者に加え，介護専用型特定施設では①入居の際に要介護者であったが，現在は要介護者でない人，②入居者である要介護者，および①に該当する人の3親等以内の親族，③特別な事情により入居者である要介護者と同居させることが必要と市町村長が認めた人，となっている。

利用者は居宅療養管理指導を除き，他の居宅サービスを利用することはできない。

⑥　地域密着型介護老人福祉施設入所者生活介護

地域密着型介護老人福祉施設入所者生活介護とは，地域密着型介護老人福祉施設において，地域密着型施設サービス計画に基づいて提供される介護，機能訓練，健康管理および療養上の世話などを提供するもの（第8条20項）をいう。この地域密着型介護老人福祉施設とは，定員29名以下の介護老人福祉施設であり，その形態は①単独小規模の介護老人福祉施設，②同一法人による本体施設のあるサテライト型居住施設，③通所介護事業や小規模多機能型居宅介護事業所等と併設事業所を組み合わせたものがある。

（4） 施設サービス

　介護保険制度では，施設サービスとして指定介護老人福祉施設，介護老人保健施設および指定介護療養型医療施設の三種類が設けられている。なお，介護老人保健施設においては根拠法が介護保険法にあるが，介護老人福祉施設は老人福祉法に，介護療養型医療施設は医療法に基づくものであり，それらを介護保険施設として指定している。なお，介護療養型医療施設は2006（平成18）年度医療制度改革によって2011年度末に廃止されることが決定しており，現在の介護療養型医療施設は2008（平成20）年に新しく制度化された「介護療養型老人保健施設（新型老健）」か介護老人保健施設（従来型）へと転換されることになる。

① 介護老人福祉施設

　介護老人福祉施設とは，老人福祉法に規定する特別養護老人ホーム（定員30名以上）に入所する要介護者に対して，施設サービス計画に基づき，入浴，排せつ，食事等の介護その他の日常生活上の世話，機能訓練，健康管理及び療養上の世話を行うことを目的とする施設（第8条24項）である。介護老人福祉施設の運営の基本方針は，こうしたサービス提供により，入所者がその有する能力に応じ自立した日常生活を営むことができるようにすることをめざすもの（指定介護老人福祉施設の人員，設備及び運営に関する基準第1条）とされている。

　また，2006（平成18）年より施設の全部において少数の居室および当該居室に近接して設けられる共同生活室（当該居室の入居者が交流し，共同で日常生活を営むための場所）により一体的に構成される場所（ユニット）ごとに利用者の日常生活が営まれるユニット型指定介護老人福祉施設（同基準第38条）が制度化された。これは，全室個室というハードウェアとユニットケアというソフトウェアをもった介護老人福祉施設である。

② 介護老人保健施設

　介護老人保健施設とは，要介護者に対し，施設サービス計画に基づいて，看護，医学的管理のもとにおける介護および機能訓練その他必要な医療ならびに日常生活上の世話を行うことを目的とする施設（第8条25項）である。

介護老人保健施設の運営の基本方針は，入所者がその有する能力に応じ自立した日常生活を営むことができるようにすることとともに，その者の居宅における生活への復帰をめざすもの（介護老人保健施設の人員，設備並びに運営に関する基準第1条）とされている。

③ 介護療養型医療施設

介護療養型医療施設とは，要介護者に対して，施設サービス計画に基づいて，療養上の管理，看護，医学的管理のもとにおける介護その他の世話および機能訓練その他必要な医療を行うことを目的とする施設（第8条26項）である。介護療養型医療施設の運営の基本方針は，長期にわたる療養を必要とする要介護者が，その有する能力に応じ自立した日常生活を営むことができるようにするもの（指定介護療養型医療施設の人員，設備及び運営に関する基準第1条）とされている。

(5) 市町村特別給付

介護保険制度では，前述した保険給付以外に，市町村が条例により，地域の実情をふまえたサービスを市町村特別給付として定めることができる（第62条）。これらにはたとえば，移送サービス，配食サービス，寝具乾燥サービス，紙おむつの購入費助成サービスなどがある。また，市町村は介護給付・予防給付の在宅サービスについて，市町村独自の高い給付水準を設定することもできる。

市町村特別給付の財源は，原則としてその市町村の第一号被保険者によってまかなわれる。そのため，保険給付を手厚くすることは，当然保険料に跳ね返るため，2007（平成19）年度では全国で151市町村が実施しているにすぎない（厚生労働省「平成19年度介護保険事務調査資料」）。

2 運営基準，人員配置基準

介護保険給付の各事業には，それぞれに「人員，施設及び設備並びに運営に関する基準」（以下，運営基準）が定められている。これらの基準には，サービス提供を行うにあたりサービス提供事業者が遵守すべき内容が定められている。

運営基準は「基本方針」「人員に関する基準」「設備に関する基準」「運営に関する基準」等からなる。それぞれの「基本方針」については，利用者が能力

表7-4 介護保険事業の運営基準

介護サービス関係	指定居宅介護支援等の人員及び運営に関する基準（平成11年厚生省令第38号） 指定居宅サービス等の人員及び運営に関する基準（平成11年厚生省令第37号） 指定介護老人福祉施設の人員及び運営に関する基準（平成11年厚生省令第39号） 介護老人保健施設の人員及び運営に関する基準（平成11年厚生省令第40号） 指定介護療養型医療施設の人員及び運営に関する基準（平成11年厚生省令第41号）
介護予防サービス関係	指定介護予防支援等の人員及び運営並びに指定介護予防支援に係る介護予防のための効果的な支援の方法に関する基準（平成18年厚生労働省令第37号） 指定介護予防サービス等の事業の人員，設備及び運営並びに指定介護予防サービス等に係る介護予防のための効果的な支援の方法に関する基準（平成18年厚生労働省令第35号）
地域密着型サービス	指定地域密着型サービスの事業の人員，設備及び運営に関する基準（平成18年厚生労働省令第34号 指定地域密着型介護予防サービスの事業の人員，設備及び運営並びに指定地域密着型介護予防サービスに係る介護予防のための効果的な支援の方法に関する基準（平成18年厚生労働省令第36号）

に応じた自立した生活を送れるようにという介護保険の理念が示され，「人員に関する基準」「設備に関する基準」では当該事業を行うにあたり必要とされる人員，設備の基準が定められている。さらに「運営に関する基準」においては，当該事業の運営に関して守るべき事柄が述べられている。とくに「基本的取扱方針」「具体的取扱方針」という項目が設けられており，当該事業を運営するうえでの基本的な考え方や，具体的にとくに留意すべきことが定められている。こうした運営基準の遵守は各事業者に求められ，また自治体による指導監査（集団指導，書面指導，実地指導）においては，指定基準，報酬請求などとともに指導上の留意点とされるものである。

　特徴的な点のいくつかを述べるとすると，すべての運営基準において，サービスの質の評価を行い，その改善をはからねばならない旨が，また入所施設の運営基準においては，身体的拘束の禁止が盛り込まれている。各事業ごとの運営基準の内容については，個々の基準を参照されたい（表7-4）。

3　介護保険前と後の変化

　日本において要介護高齢者のケアの問題が政策課題として浮上してきたのは1980年代後半である。高齢者人口の増加，すなわち従属人口の増加が社会経済的に危機をもたらすという高齢化社会危機論が提示され，さらに高齢者人口の

増加にともなって増える要介護高齢者を支える社会資源の不足が問題視されるようになった。そして，その整備が急務と認識され，1989（平成元）年に「高齢者保健福祉推進十か年戦略（ゴールドプラン）」が策定されることになる。ゴールドプランは，全国の市町村老人保健福祉計画によって示された，それぞれの市町村で必要とする社会資源の状況をふまえて目標値が修正される新ゴールドプラン（1994年）へと改変されることになるが，同年，高齢者介護・自立支援システム研究会の報告書『新たな高齢者介護システムの構築を目指して』が著され，その中で社会保険方式による高齢者介護システムの構築が示唆された。そして，1997（平成9）年に介護保険法が制定され，2000（平成12）年から施行されることになった。

　介護保険導入前の社会状況は，前述したように人口高齢化の進展と要介護高齢者の増加があった。また，本来介護サービスを必要としている高齢者が，社会資源の不足によってそうしたサービスを受けられず，社会的入院をしている状況や，その結果として起こる老人医療費の膨張という背景があった。

　介護保険という方法がとられたことで，高齢者介護の領域にどのような変化が起こったかを，いくつかの点から整理してみたい。

① サービス利用システム――措置制度から契約利用制度へ

　　介護保険制度導入前は，介護に関するサービス利用は措置制度で行われていた。措置制度とは，行政庁が福祉サービスの利用の要否を判断し，その職権において，利用するサービスの種類や提供する機関を決定するものである。すなわち，要介護状態になった人や家族は，市町村・福祉事務所に相談に行き，現状がサービス利用要件に足るか否かについて調査を受け，その結果としてサービスの種類や施設が選定され，サービス利用者にはどの機関のどのようなサービスを利用するかを選ぶことはできなかった。

　　介護保険制度ではサービスは「被保険者の心身の状況，その置かれている環境等に応じて被保険者の選択に基づき（第2条3項）」提供される仕組みとされている。このようにサービス利用者が自らの利用したいサービスについて，そのサービスを提供するサービス事業者との契約関係の中でサービスを利用する契約利用制度が，介護保険制度の基本となっている。

また，介護保険制度導入前には，要介護状態にある人や家族が，福祉事務所やさまざまなサービス提供機関に個々にサービス利用の相談に行かねばならなかったが，介護保険では，制度にケアマネジメントを組み込むことで，利用者が主体的に自ら必要とするサービスを選択し，利用することを支援する仕組みとなった。また，こうしたケアマネジメントを担う介護支援専門員を制度に位置づけ，要介護者の相談に継続的に乗っていく仕組みとなった。

　制度導入前であれば，利用者は困りごとが起こったときにその都度相談をするという形であったものが，介護支援専門員が定期的に利用者宅を訪れ，状態を把握し，継続してサービス利用の相談に乗ってくれる形に変わったのである。これは介護保険制度導入の大きなメリットといえる。反面，介護支援専門員が適切にケアマネジメントを行えていないという指摘もあり，2003（平成15）年の制度改正では介護支援専門員の更新制度が導入されることになった。

　なお，虐待や介護放棄など契約利用に至りにくいケースについては，市町村が職権によって措置を行うことができる（老人福祉法第10条の4）とされている。

② 財源問題

　介護保険制度前は，要介護高齢者への支援は措置制度化での高齢者福祉として行われていた。措置制度下でのサービスの基盤整備の財源は税金でまかなわれる。そのため，サービスの基盤整備のための財源確保は増税の議論と切り離せなかった。また，社会保障費の内訳は，大別すると年金，医療，福祉その他となるが，要介護高齢者の増加という介護ニーズ増にかならずしも対応できる予算が確保できるとは限らない。これに対して，社会保険方式を導入することで，介護のために使う予算を確保することができる。

　もっとも，介護サービスを社会保険方式で行うことは実質的な増税であり，介護保険財政の半分は税金でまかなわれていることから，介護保険制度の導入が財源問題をまったく解決するというわけではない。しかしながら，保険制度が持っている給付と負担の関係性のわかりやすさや，すなわち「介護保険制度の給付のために介護保険料を使う」ということが国民の理解を得やす

表7-5　事業所数，施設数の年次推移（厚生労働省）

（各年10月1日現在）

	平成12年	平成13年	平成14年	平成15年	平成16年	平成17年	対　前　年	
							増減数	増減率(%)
居宅サービス事業所								
（訪問系）								
訪問介護	9833	13644	12346	15701	17274	20618	3344	19.4
訪問入浴介護	2269	2457	2316	2474	2406	2402	△4	△0.2
訪問看護ステーション	4730	4825	4991	5091	5224	5309	85	1.6
（通所系）								
通所介護	8037	9138	10485	12498	14725	17652	2927	19.9
通所リハビリテーション	4911	5441	5568	5732	5869	6093	224	3.8
介護老人保健施設	2638	2743	2832	2960	3049	3185	136	4.5
医療施設	2273	2698	2736	2772	2820	2908	88	3.1
（その他）								
短期入所生活介護	4515	4887	5149	5439	5657	6216	559	9.9
短期入所療養介護	4651	5057	5655	5758	5821	5513	△308	△5.3
介護老人保健施設	2616	2726	2838	2980	3102	3220	118	3.8
医療施設	2035	2331	2817	2778	2719	2293	△426	△15.7
認知症対応型共同生活介護	675	1273	2210	3665	5449	7084	1635	30.0
特定施設入所者生活介護	…	…	…	…	904	1375	471	52.1
福祉用具貸与	2685	3839	4099	5016	5391	6317	926	17.2
居宅介護支援	17176	19890	20694	23184	24331	27304	2973	12.2
介護保険施設								
介護老人福祉施設	4463	4651	4870	5084	5291	5535	244	4.6
介護老人保健施設	2667	2779	2872	3013	3131	3278	147	4.7
介護療養型医療施設	3862	3792	3903	3817	3717	3400	△317	△8.5

出所：厚生労働省「平成17年介護サービス施設・事業所調査結果の概況」。

い制度といわれる。

③　社会資源の整備

　社会資源の整備は各市町村が介護保険事業計画によって整備していく。この際，当然財源が必要になるが，それぞれの自治体ごとにどれだけのサービス利用者がおり，どれだけのサービス量を整備していくかは，その自治体の介護保険料に反映される。

　介護保険のサービス事業所は，その指定要件が大きく緩和された。制度導

第**7**章　高齢者への介護・福祉サービス

表7-6　指定取消等の処分があった介護保険事業所の内訳

（平成12年4月分から平成19年3月分累計）

	法　人　種　別						合計
	営利法人	特定非営利活動法人	医療法人	社会福祉法人	地方公共団体	その他	
訪問介護	144	16		6		1	167
訪問入浴介護	4	1					5
訪問看護	11		4			2	17
訪問リハビリテーション			2			2	4
居宅療養管理指導			5			4	9
通所介護	28(2)	5	1			4	38(2)
通所リハビリテーション			7	3		4	14
短期入所生活介護				3			3
短期入所療養介護			6	4			10
特定施設入居者生活介護	3			1			4
福祉用具貸与	20						20
特定福祉用具販売	1						1
居宅介護支援	88	18	10	14	1		131
介護老人福祉施設							0
介護老人保健施設			2				2
介護療養型医療施設			18		3	2	23
介護予防訪問介護	10	1					11
介護予防訪問看護	1						1
介護予防通所介護	1						1
特定介護予防福祉用具販売	1						1
認知症対応型共同生活介護	11	3					14
認知症対応型通所介護	1						1
介護予防認知症対応型通所介護	1						1
合　　計	325(2)	44	55	31	4	19	478(2)

注：1）これまで指定取消等の処分がなかったサービスについては除外している（介護老人福祉施設を除く）。
　　2）（　）内の数字は「指定の効力の一部又は全部停止件数」の別掲。
出所：第1回介護事業運営の適正化に関する有識者会議，参考資料2（平成19年7月19日開催）。

入までは福祉サービスは自治体，社協や社会福祉法人でなければならず，同じく医療サービスについても自治体，医療法人でなければならなかったが，居宅サービスについては法人格を有すること，人員や設備，運営基準を満たしていることが指定要件となった。すなわち営利法人やNPO法人であっても介護保険事業に参入できることになった。このことは，サービスの基盤整備に役立つことになった（**表7-5**）。

その反面，さまざまな事業所が参入したことで，サービスが適切に運営されていなかったり，介護報酬の不正受給等で介護保険事業所の指定取り消しを受ける法人も見られる。法人ごとに見た場合，営利法人が目立って多いことは，さまざまな事業所の参入を促進した負の部分ともいえるだろう（**表7-6**）。

④　介護の社会化，そして利用者の主体性とサービス利用のスティグマ性

介護保険制度のねらいは，高齢者介護を社会全体で支える仕組みを構築することであった。この「社会全体で支える」とは，単に介護保険制度という仕組みをつくり，運用するというだけでなく，現在は介護サービスを必要としない人たちも被保険者として保険料を納めることで，要介護高齢者を支えることを意味している。

制度導入以前，高齢者の介護はほとんどは家庭の主婦によって担われていた。しかし，家族規模の縮小化や家族の介護力の低下は，家族介護を担う人たちに大きな負担を強いることになっていた。このように高齢者介護を家族の中だけで担うには限界がきている社会状況の中で，高齢者介護を家族介護から社会的介護へとシフトさせていくことが介護保険導入の大きな使命であった。ところが，制度導入前は介護サービスを利用すること自体に対して「恥ずかしいこと」という認識を持つ人が多く，こうしたことも介護の社会化を阻む一因であった。

介護保険の導入後は，要介護認定を受けている人は年々伸びている（**表7-7**）。これは，国民の「保険料を納めている」という意識が，「必要なときにはサービスを使う」「そのために要介護認定を受けておく」ということに結びつきやすくなったのではないかと思われる。もちろん，制度導入後も介

護サービスを受けることに抵抗感を持つ人たちもいるが，制度導入当初は「介護で困っているので」と市町村や居宅介護支援事業所に相談にくる人たちが多かったが，近年では「ホームヘルパーにきてほしいので」「母が家の中に閉じこもってばかりで心配なので，デイサービスに行かせたい」など，利用したいサービスを具体的に示して相談にくる人たちが増えている。こうしたことを見ると，介護の社会化が進んだと考えられる。

表7-7　認定者数の推移

（各年4月）

平成12年4月	2,181,621
平成13年4月	2,582,459
平成14年4月	3,029,007
平成15年4月	3,484,324
平成16年4月	3,874,134
平成17年4月	4,108,155
平成18年4月	4,348,093
平成19年4月	4,408,305
平成20年4月	4,548,214

出所：「介護保険事業状況報告」より作成。

　介護保険制度は本来，利用者主体のサービス利用を意図したものであるが，前述したような相談の多くは介護者家族から持ち込まれることが多く，要介護状態になった高齢者が自らの望む暮らしの実現のためにサービスを利用したいと相談に訪れることは，まだまだ少ないようである。しかし，介護保険制度の導入を示唆した『新たな高齢者介護システムの構築を目指して』において，今後の高齢者介護の理念として「高齢者が自らの意思に基づき，自立した質の高い生活を送ることができるように支援すること，つまり『高齢者の自立支援』である。従来の高齢者介護は，どちらかといえば，高齢者の身体を清潔に保ち，食事や入浴等の面倒をみるといった『お世話』の面にとどまりがちであった。今後は，重度の障害を有する高齢者であっても，たとえば，車椅子で外出し，好きな買い物ができ，友人に会い，地域社会の一員としてさまざまな活動に参加するなど，自分の生活を楽しむことができるような，自立した生活の実現を積極的に支援することが，介護の基本理念として置かれるべきである」という考え方が示されている。こうした考え方が広く国民に浸透していくことが望まれる。

4　2005年改正による変化

　介護保険制度は，介護保険法附則第2条に「この法律の施行後5年を目途と

してその全般に関して検討が加えられ，その結果に基づき，必要な見直し等の措置が講ぜられるべき」と定められていた。2005（平成17）年の制度改正は，このように当初から予定されたプログラムであった。

しかしながら，介護保険制度を取り巻く状況はかならずしも順調とはいえず，下記に述べるような課題が出てきた。[(2)]

① サービス利用者が増加していくことで保険給付費が増加し，それにともなって保険料負担も増加することになり，制度の持続可能性から費用抑制が課題になってきた。

② 要介護認定者の内訳を見ると，軽度者の増加が顕著であるが，軽度者に適切なサービス提供を行えば状態の維持・改善が期待でき，ひいては保険給付費の抑制も期待できる。

③ 在宅でサービスを受ける場合に比べ，施設でサービスを受ける場合の方が給付が手厚くなっている現状について，その不均衡の解消をはかる必要性がある。

④ 認知症高齢者，独居高齢者の増加に対して，こうした人たちを地域で支える仕組みを構築することが必要である。

⑤ 不正事業者の増加

⑥ ケアマネジメントに関する問題

⑦ 要介護認定事務の不適正事例。

そして，介護保険制度は見直しの基本的視点として，①制度の持続可能性，②明るく活力ある超高齢社会の構築，③社会保障の総合化という3つの視点をもとに，制度改正が行われることになった。

2005年改正（2006年4月1日施行）の主な内容は，以下の5点である。

① 予防重視型システムへの転換：軽度者（要支援・要介護1）の大幅な増加と，軽度者に対するサービスが状態の改善につながっていないことへの対策

　ⓐ 新予防給付（要支援1・2を対象）を創設し，軽度者の悪化防止・改善をはかる。そのための介護予防ケアマネジメントを行う機関として地域包括支援センターを設置する。

ⓑ　地域支援事業を創設し，要支援・要介護になるおそれのある高齢者を対象とした介護予防事業を実施する。
②　施設給付の見直し：在宅と施設の利用者負担の公平性の考慮
　ⓐ　介護保険3施設（ショートステイ含む）等の居住費・食費を保険給付対象外とする。(2005年10月から実施)
　ⓑ　低所得者に対しては，施設利用が困難にならないように「特定入所者介護サービス費」の創設や社会福祉法人による利用者負担の減免の運用改善をはかることで，負担軽減をはかる。
③　新たなサービス体系の確立：一人暮らし高齢者や認知症高齢者の増加，在宅支援の強化，高齢者虐待への対応，医療と介護の連携などの課題に対応
　ⓐ　身近な地域で，地域の特性に応じた多様で柔軟なサービス提供が可能となるよう，地域密着型サービスを創設する。
　ⓑ　地域における(1)総合的な相談窓口機能，(2)介護予防ケアマネジメント，(3)包括的・継続的ケアマネジメント支援，(4)権利擁護事業を行う地域包括支援センターを創設する。
　ⓒケア付き居住施設の充実や有料老人ホームの見直しを行うなど居住系サービスの充実をはかる。
④　サービスの質の確保・向上：不正を行う事業者の増加など，サービスの質の確保の課題や，利用者のサービス選択やケアマネジメントの公平・公正性の確保という課題に対応
　ⓐ　介護サービス情報の公表制度を導入することで，情報開示の標準化を行う。
　ⓑ　事業者指定の見直しや指定の更新制を導入するなどで不正事業者に対する事後規制ルールを強化する。
　ⓒ　介護支援専門員の脂質・専門性の向上をはかるために，地域包括支援センターによる包括的・継続的ケアマネジメント支援（ケアマネジャー支援）を行うほか，介護支援専門員資格の更新制（5年ごと）を導入し，研修受講を義務化する等，ケアマネジメントの見直しを行う。

⑤ 負担の在り方・制度運営の見直し：被保険者の負担能力の適切な反映，より主体性を発揮した保険運営，市町村事務の負担軽減などの課題に対応
　ⓐ 負担軽減のため，市町村民税非課税世帯のうち所得の低い層（所得合計額80万円以下）の保険料率を0.75から0.5に引き下げ。また特別徴収（年金からの天引き）の対象を遺族年金，障害年金にも拡大等。
　ⓑ 要介護認定の代行申請を行える者に地域包括支援センターを追加等。
　ⓒ 事業所指定に関する市町村長の関与の強化，事業所への調査権限の強化。認定調査事務を介護保険業務に精通し，公正な事業を行える公益法人に業務委託することが可能になる。

　こうした制度改正は，理念的には介護予防・自立支援や介護保険だけでなく地域も含めて高齢者を支える仕組みの構築をはかるものであった。その一方，介護保険制度の支出抑制のねらいから，制度利用者に対して要介護認定で要支援1・2に誘導し，軽度者に対するサービス利用制限を行うことで，本来支援が必要な人たちに十分な資源が届かない状況を生み出した。また，介護報酬を切り下げたことで介護事業者の安定的な経営や質の良い従事者の確保と，働きがいのある仕事としての介護サービスの発展が難しくなるなど，サービス提供側にも悪影響を及ぼした面も否定できない。

　こうした状況を受けた2008（平成20）年の制度改正では，介護報酬が全体で3％アップされることが明らかになったが，その内容は介護報酬本体のアップではなく，さまざまな加算制度を創設することで全体としてのアップをはかる構造になっている。そのため，加算が取れない事業所では介護従事者の待遇改善にはつながりにくい面も否めないなど，今後の制度の安定的な発展とサービスの質の向上については，危惧があるといえる。

5　介護保険制度外サービス

　介護保険給付以外にも，さまざまなサービスがある。これらのサービスは，老人福祉法によるものであったり，それぞれの市町村が独自に設けているものである。市町村によって差異があるが，ここではさまざまな種類があることとして例示しておく。

① 配食サービス：自治体によって一日一食（昼食，あるいは夕食）であったり，一日二食の体制をとっているところがある。また，糖尿病食等のメニューが用意されているところもある。
② 緊急通報装置：ペンダント式の装置を用いて，緊急時には事前に登録した連絡先に通報できる。このサービスを利用するには通報先となる協力員が必要とする場合，あるいは消防署や緊急通報受信を委託している機関に連絡が入るシステムなど，さまざまな実施体制がある。
③ 日常生活用具等給付：介護保険給付外の用具の給付を行う。給付品目としては，火災報知器，自動消火器，電磁調理器，老人用電話等がある。
④ 要介護認定非該当者に対するサービス：自治体によっては，要介護認定非該当者に対して住宅改修費の支給，福祉用具の支給，家事援助等を行っているところもある。
⑤ 家族介護者リフレッシュ事業：介護者に対して文化行事等の鑑賞，マッサージサービス利用券の発行等を行ったり，保養施設を利用しての慰労会を行う等の事業。
⑥ オムツ代の助成事業：寝たきり高齢者等に対して，オムツの購入費の助成や，オムツ購入のための給付券を支給する等。
⑦ 住宅改修費の助成：介護保険の限度額を超える際に，助成を行う事業。
⑧ 寝具洗濯・乾燥サービス：寝たきり高齢者に対して，寝具の洗濯・乾燥を行う。
⑨ 理美容サービス：寝たきり高齢者に対して，訪問して理容・美容サービスを行う。
⑩ ホームケア促進事業：要介護高齢者がショートステイを利用する際，受け入れ施設側が利用者の介護方法を検討し，家族に介護方法を教える事業。

これら以外にも，たとえば徘徊のある高齢者に対して小型発信器（PHS）による居場所の特定を行う事業，積雪が著しい地域で一人暮らし高齢者・高齢者夫婦世帯に対して屋根の除雪を行う事業，訪問歯科診療等さまざまなものがある。

第2節　地域支援事業

1　介護予防の理念と制度

　介護予防とは，2005（平成17）年の介護保険制度改正において提示されたもので，その考え方は①高齢者が要介護状態になることをできる限り防ぐ（発生を予防する）こと，②要介護状態になっても状態がそれ以上に悪化しないようにする（維持・改善をはかる）こと，を意味する。(3)

　高齢者にとって，その人の生活機能が維持されることは，今まで送ってきた生活が今後も続けられることを意味する。また，加齢や疾病等によって生活機能が低下してきたとしても，それを現在の状態で維持したり，あるいは状態の改善がはかれるとすれば，それは高齢者の生活を健康で生き生きとしたものにし，生活の質（QOL）の維持・向上にも役立つものである（図7-3）。さらに，そうした介護予防は高齢者一人ひとりの生活の質に役立つだけでなく，要介護

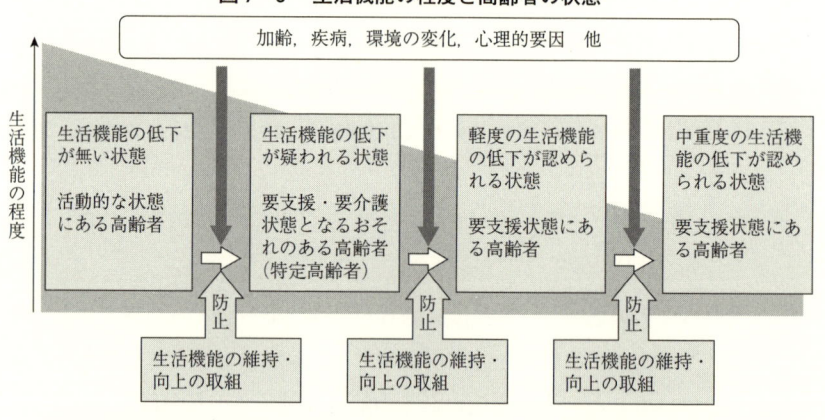

図7-3　生活機能の程度と高齢者の状態

加齢，疾病，環境の変化，心理的要因　他

生活機能の低下が無い状態	生活機能の低下が疑われる状態	軽度の生活機能の低下が認められる状態	中重度の生活機能の低下が認められる状態
活動的な状態にある高齢者	要支援・要介護状態となるおそれのある高齢者（特定高齢者）	要支援状態にある高齢者	要支援状態にある高齢者

防止　防止　防止

生活機能の維持・向上の取組　生活機能の維持・向上の取組　生活機能の維持・向上の取組

○加齢，疾病や環境の変化，心理的要因等をきっかけとして生活機能の低下が起こりうる。
○どのような状態でも，生活機能の維持・向上の取組により，生活機能の低下を防止することが期待される。
○とりわけ，急速な生活機能の低下が認められるまたは軽度な状態での「水際作戦」が，生涯わたって生活の質（QOL）を維持する上で重要である。

出所：厚生労働省老健局老人保健課「介護予防に係る基本的考え方」。

第7章　高齢者への介護・福祉サービス

図7-4　介護予防の全体像

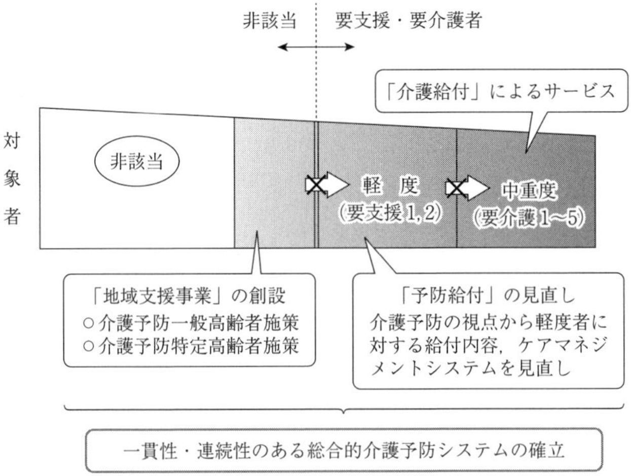

```
            非該当 | 要支援・要介護者
                  ←→
                         「介護給付」によるサービス
対
象        非該当              軽度      →   中重度
者                          (要支援1,2)      (要介護1〜5)

        「地域支援事業」の創設        「予防給付」の見直し
        ○介護予防一般高齢者施策     介護予防の視点から軽度者に
        ○介護予防特定高齢者施策     対する給付内容，ケアマネジ
                                   メントシステムを見直し

              一貫性・連続性のある総合的介護予防システムの確立
```

出所：厚生労働省『介護予防ケアマネジメント業務マニュアル』2005年，7頁。

状態等になることを防ぐことで，仮に要介護状態になったときに用いられる種々の介護サービスに関する費用を節約することにもつながるのである。すなわち，介護予防にはこうした社会的コストの削減という意味合いも持っている。この後者の論点は，介護保険制度改正における制度の持続可能性と関連するものである。

　こうした介護予防の目的を実現するために，2005年改正では新たに設けられた要支援1・2の対象者に対する予防給付を創設し，介護予防ケアマネジメントを実施することになった。また，要支援状態に移行する以前の高齢者に対しても対応すべく地域支援事業を創設し，特定高齢者（生活機能が低下し，近い将来介護が必要となるおそれがある高齢者）に対しては介護予防特定高齢者政策を，また元気な高齢者に対しても介護予防一般高齢者施策を創設し，介護予防をはかるシステムとしたのである（図7-4）。

2　介護予防の方法

（1）　予防給付

　予防給付は要支援1・2の者を対象とし，要支援状態の改善や重度化の予防

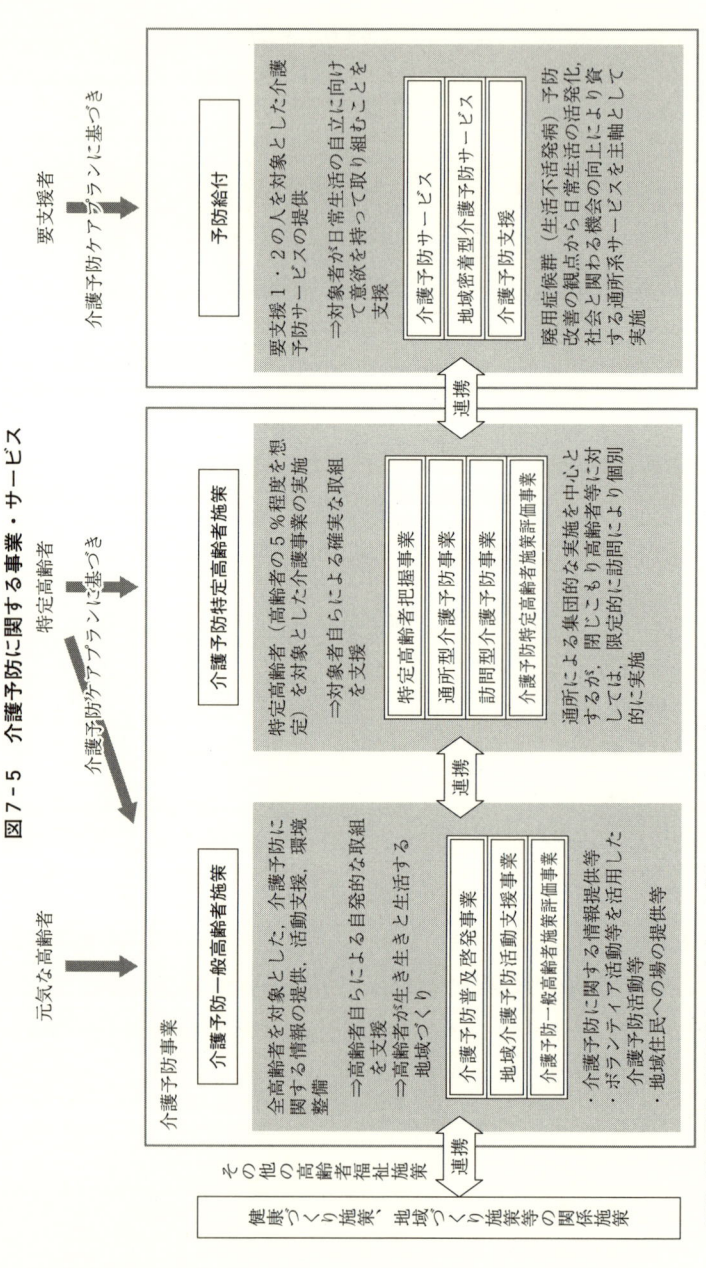

図7-5 介護予防に関する事業・サービス

元気な高齢者 → 特定高齢者 → 要支援者
　　　　　　介護予防ケアプランに基づき　　介護予防ケアプランに基づき

【介護予防事業】

介護予防一般高齢者施策
- 全高齢者を対象とした、介護予防に関する情報の提供、活動支援、環境整備
- ⇒高齢者自らによる自発的な取組を支援
- ⇒高齢者が生き生きと生活する地域づくり
  - 介護予防普及啓発事業
  - 地域介護予防活動支援事業
  - 介護予防一般高齢者施策評価事業
- ・介護予防に関する情報提供等
- ・ボランティア活動等を活用した介護予防活動等
- ・地域住民への場の提供等

介護予防特定高齢者施策
- 特定高齢者(高齢者の5%程度を想定)を対象とした介護事業の実施
- ⇒対象者自らによる特定な取組を支援
  - 特定高齢者把握事業
  - 通所型介護予防事業
  - 訪問型介護予防事業
  - 介護予防特定高齢者施策評価事業
- 通所による集団的な実施を中心とするが、閉じこもり高齢者等に対しては、限定的に訪問により個別的に実施

連携

【予防給付】
- 要支援1・2の人を対象とした介護予防サービスの提供
- ⇒対象者が日常生活の自立に向けて意欲を持って取り組むことを支援
  - 介護予防サービス
  - 地域密着型介護予防サービス
  - 介護予防支援
- 廃用症候群(生活不活発病)予防改善の観点から日常生活の活発化、社会と関わる機会の向上により資する通所系サービスを主軸として実施

その他の高齢者福祉施策
健康づくり施策
地域づくり施策等の関係施策

連携

出所:厚生労働省「介護予防ケアマネジメント業務マニュアル」2005年、9頁。

を目的としてサービス提供が行われる。また，これらのサービス提供にあたっては地域包括支援センターのスタッフによる介護予防ケアマネジメントが行われる（また，これらの業務の一部を居宅介護支援事業者に委託することができる）（図7-5）。

　介護予防ケアマネジメントは，要介護状態になることを要望するために「本人ができることはできる限り本人が行う」ことを基本とし，利用者の生活機能の向上に対する意欲を引き出し，サービス利用後の生活をわかりやすくイメージできるよう，具体的な日常生活における行為について目標を明確にし，セルフケアや地域の公的サービス，介護保険サービスを適切に利用する計画を作成し，達成状況を評価して必要に応じて計画の見直しを行う一連の過程であるとされる（図7-6）[4]。

　介護予防ケアマネジメントのアセスメントでは，高齢者の生活機能が低下した直接的・間接的な原因を把握しつつ，できないことをサービスで補うのではなく，セルフケア能力を高めていくことを考える。そのため，利用者本人の「できること」を利用者とともに発見し，向上させ，利用者の主体的な活動や地域社会への参加を高めることをめざした支援を行う。そのために予防給付やそれ以外のさまざまな社会資源を活用すると同時に，同居家族の協力や，近隣者の見守りや支えなどのインフォーマルな支援も積極的に活用していく（図7-7）。

　予防給付の対象となるサービスは前述したが（第1節），とくに介護予防通所介護・介護予防通所リハビリテーションにおいては，日常生活上の支援・生活行為向上支援といった共通的サービスに加えて，利用者の状態像に応じて提供される①運動器の機能向上，②栄養改善，③口腔機能の向上などの選択的サービスが位置づけられることになった。

　なお，予防給付のサービスについては，出来高払いとなっている介護給付サービスとは異なり，定額報酬制（包括払い）となっている。

（2）介護予防特定高齢者施策

　介護予防特定高齢者施策は，要支援・要介護状態になるおそれがある高齢者（特定高齢者：市町村の高齢者人口の約5％）を発見し，介護予防ケアマネジメン

図7-6 介護予防ケアマネジメントの流れ

介護予防事業における特定高齢者施策の流れ／新予防給付の流れ

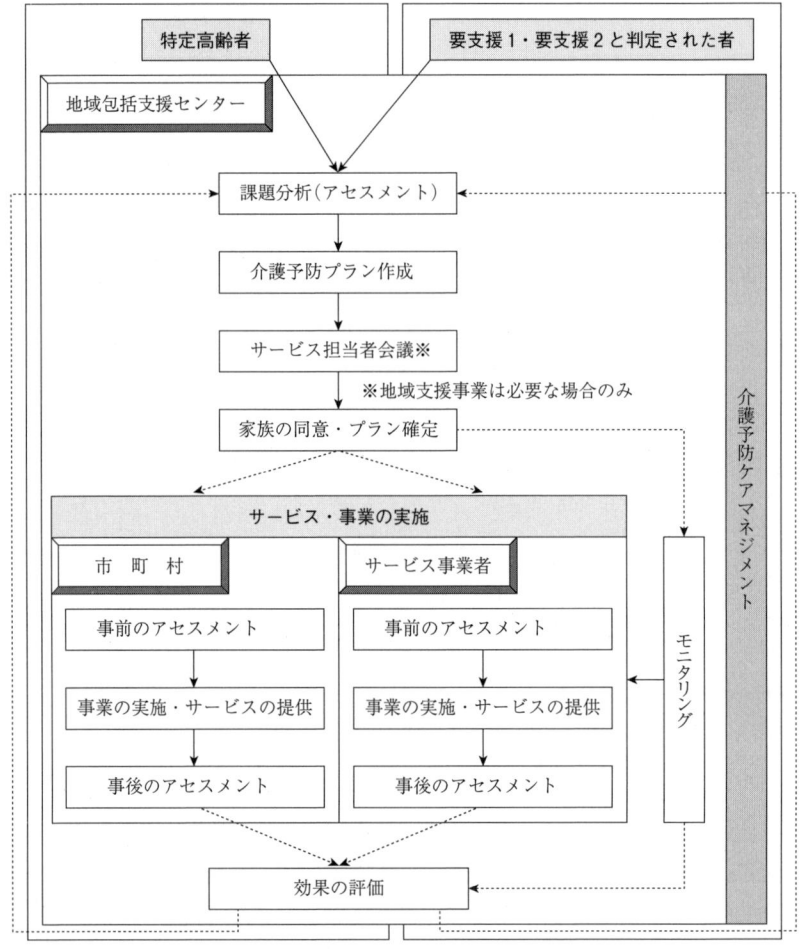

- 特定高齢者
- 要支援1・要支援2と判定された者
- 地域包括支援センター
- 課題分析（アセスメント）
- 介護予防プラン作成
- サービス担当者会議※
  - ※地域支援事業は必要な場合のみ
- 家族の同意・プラン確定
- サービス・事業の実施
  - 市町村
    - 事前のアセスメント
    - 事業の実施・サービスの提供
    - 事後のアセスメント
  - サービス事業者
    - 事前のアセスメント
    - 事業の実施・サービスの提供
    - 事後のアセスメント
- モニタリング
- 効果の評価

介護予防ケアマネジメント

出所：厚生労働省『地域包括支援センター業務マニュアル』2005年、171頁。

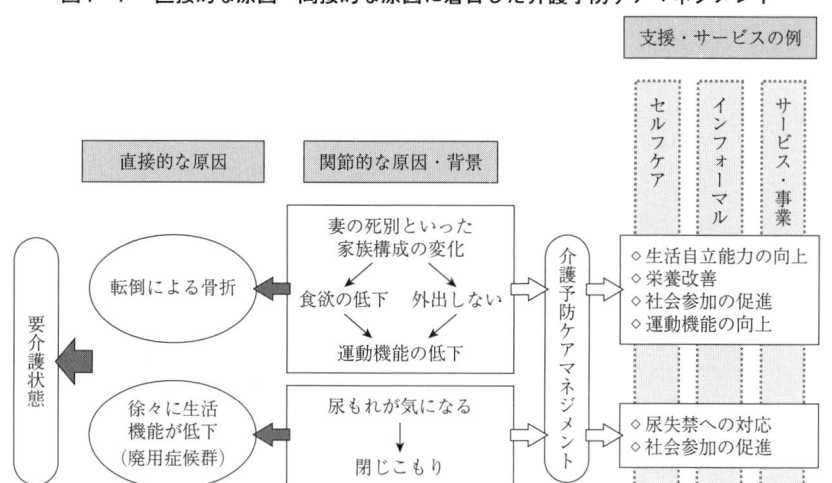

第 **7** 章　高齢者への介護・福祉サービス

図7-7　直接的な原因・間接的な原因に着目した介護予防ケアマネジメント

```
                                              支援・サービスの例
                                         ┌─────┬──────┬─────┐
                                         │セ    │イ     │サ    │
                                         │ル    │ン     │ー    │
                                         │フ    │フ     │ビ    │
         直接的な原因      関節的な原因・背景  │ケ    │ォ     │ス    │
                                         │ア    │ー     │・    │
                                         │      │マ     │事    │
                                         │      │ル     │業    │
                          妻の死別といった    介
                          家族構成の変化     護     ◇生活自立能力の向上
             転倒による骨折                予     ◇栄養改善
                        食欲の低下 外出しない 防     ◇社会参加の促進
                                         ケ     ◇運動機能の向上
  要                                      ア
  介                        運動機能の低下   マ
  護                                      ネ
  状         徐々に生活                     ジ
  態         機能が低下     尿もれが気になる   メ     ◇尿失禁への対応
            (廃用症候群)                   ン     ◇社会参加の促進
                            閉じこもり      ト
```
　　　　　　　　　＜軽度者の要介護状態等となる原因の例＞
出所：厚生労働省『介護予防ケアマネジメント業務マニュアル』2005年, 43頁。

トを実施し，生活機能の低下の予防を行っていくものである。

　特定高齢者の把握には，①当事者ルート（高齢者自ら・家族からの相談），②住民ルート（民生委員等からの相談），③民間ルート（地域や民間組織・団体が把握），④行政ルート（訪問活動による実態把握，要介護認定非該当者，老人保健事業の基本健康診査による生活機能評価），⑤関係機関ルート（さまざまな関係機関が把握）などの方法が想定されている。

　生活機能評価は基本チェックリスト（**表7-8**）を用いて行い，特定高齢者の候補者として参加することが望ましいと考えられる介護予防プログラムを判定する。そして，本人の意向や生活環境等もふまえて，介護予防ケアプランを作成することになる（**表7-8**）。

（3）　介護予防一般高齢者施策

　介護予防一般高齢者施策は全高齢者を対象とするもので，介護予防に関する情報の提供，活動支援，環境整備を行うことを目的とするもので，介護予防普及啓発事業，地域介護予防活動支援事業，介護予防一般高齢者施策評価事業などがある。

表7-8 基本チェックリスト

No.	質問項目	回答	
1	バスや電車で1人で外出していますか	0. はい	1. いいえ
2	日用品の買い物をしていますか	0. はい	1. いいえ
3	預貯金の出し入れをしていますか	0. はい	1. いいえ
4	友人の家を訪ねていますか	0. はい	1. いいえ
5	家族や友人の相談に乗っていますか	0. はい	1. いいえ
6	階段や手すりを壁をつたわらずに昇っていますか	0. はい	1. いいえ
7	椅子に座った状態から何もつかまらずに立ち上がっていますか	0. はい	1. いいえ
8	15分位続けて歩いていますか	0. はい	1. いいえ
9	この1年間に転んだことがありますか	1. はい	0. いいえ
10	転倒に対する不安は大きいですか	1. はい	0. いいえ
11	6ヶ月間で2～3kg以上の体重減少がありましたか	1. はい	0. いいえ
12	身長　　　cm　体重　　　kg（BMI＝　　　）		
13	半年前に比べて固いものがたべにくくなりましたか	1. はい	0. いいえ
14	お茶や汁物等でむせることがありますか	1. はい	0. いいえ
15	口の渇きが気になりますか	1. はい	0. いいえ
16	週に1回以上は外出していますか	0. はい	1. いいえ
17	昨年と比べて外出の回数が減っていますか	1. はい	0. いいえ
18	周りの人から「いつも同じ事を聞く」などの物忘れがあると言われますか	1. はい	0. いいえ
19	自分で電話番号を調べて、電話をかけることをしていますか	0. はい	1. いいえ
20	今日が何月何日かわからない時がありますか	1. はい	0. いいえ
21	（ここ2週間）毎日の生活に充実感がない	1. はい	0. いいえ
22	（ここ2週間）これまで楽しんでやれていたことが楽しめなくなった	1. はい	0. いいえ
23	（ここ2週間）以前は楽にできていたことが楽しめなくなった	1. はい	0. いいえ
24	（ここ2週間）自分が役に立つ人間だと思えない	1. はい	0. いいえ
25	（ここ2週間）わけもなく疲れるような感じがする	1. はい	0. いいえ

基本チェックリストと介護予防プログラムの関係

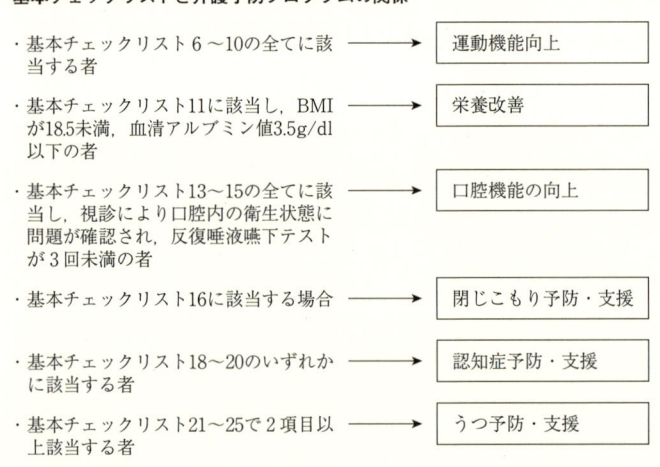

- 基本チェックリスト6～10の全てに該当する者　→　運動機能向上

- 基本チェックリスト11に該当し，BMIが18.5未満，血清アルブミン値3.5g/dl以下の者　→　栄養改善

- 基本チェックリスト13～15の全てに該当し，視診により口腔内の衛生状態に問題が確認され，反復唾液嚥下テストが3回未満の者　→　口腔機能の向上

- 基本チェックリスト16に該当する場合　→　閉じこもり予防・支援

- 基本チェックリスト18～20のいずれかに該当する者　→　認知症予防・支援

- 基本チェックリスト21～25で2項目以上該当する者　→　うつ予防・支援

3 その他の地域支援事業

地域支援事業は，以下の3つの事業から構成されている。

（1） 介護予防事業（必須事業）
  ① 介護予防特定高齢者施策の実施：(1)特定高齢者把握事業，(2)通所型介護予防事業，(3)訪問型介護予防事業，(4)介護予防特定高齢者施策評価事業
  ② 介護予防一般高齢者施策の実施：(1)介護予防普及啓発事業，(2)地域介護予防活動支援事業，(3)介護予防一般高齢者施策評価事業

（2） 包括的支援事業（必須事業）
  ① 介護予防ケアマネジメント事業
  ② 総合相談支援事業
  ③ 権利擁護事業
  ④ 包括的・継続的マネジメント事業

（3） その他（任意事業）
  ① 介護給付等費用適正化事業
  ② 家族介護支援事業：（例）家族介護教室，徘徊高齢者SOSネットワーク事業，認知症高齢者家族やすらぎ支援，在宅高齢者家族介護慰労金，介護者リフレッシュ事業等
  ③ その他の事業：（例）成年後見制度利用支援事業，地域自立生活支援事業（介護相談員の派遣，配食サービス，安否確認電話サービス）等

第3節 地域包括支援センター

1 地域包括の意味

（1） 地域包括ケアシステムとは

　介護保険制度は介護の社会化を推進することをめざして動き出した。しかし，介護保険制度がスタートして3年が経過した2003（平成15）年に，高齢者介護研究会によって『2015年の高齢者介護』が発行されることになる。介護保険制度がスタートして3年が経過し，制度運営の最初の3年のサイクルが経過した時点で，制度の課題を整理し，その先，すなわち団塊の世代が65歳以上に達す

図7-8 地域包括ケアシステム

個々の高齢者の状況やその変化に応じて，介護サービスを中核に，医療をはじめ様々な支援が継続的かつ包括的に提供される仕組み

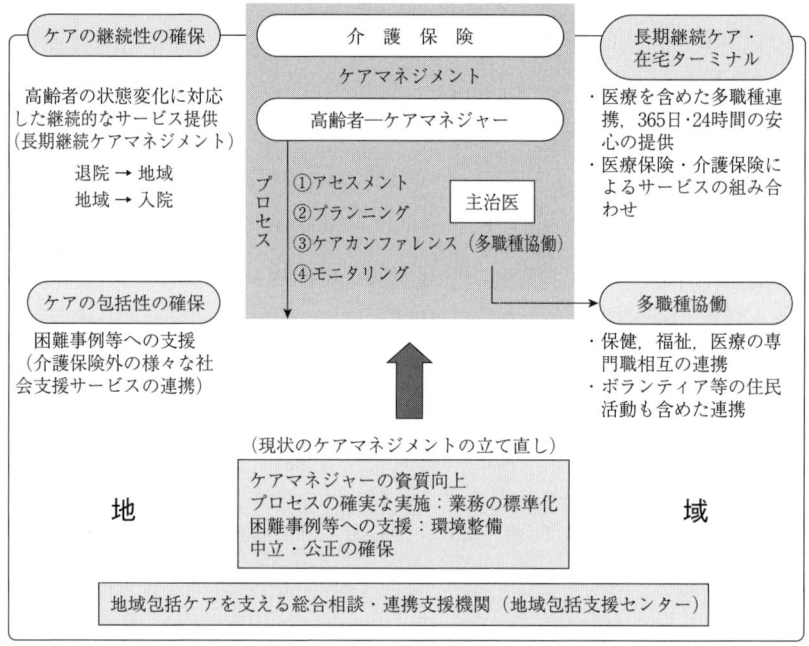

ケアの継続性の確保
高齢者の状態変化に対応した継続的なサービス提供
（長期継続ケアマネジメント）
　退院 → 地域
　地域 → 入院

ケアの包括性の確保
困難事例等への支援
（介護保険外の様々な社会支援サービスの連携）

介　護　保　険
ケアマネジメント
高齢者―ケアマネジャー
プロセス
　①アセスメント
　②プランニング
　③ケアカンファレンス（多職種協働）
　④モニタリング
主治医

長期継続ケア・在宅ターミナル
・医療を含めた多職種連携，365日・24時間の安心の提供
・医療保険・介護保険によるサービスの組み合わせ

多職種協働
・保健，福祉，医療の専門職相互の連携
・ボランティア等の住民活動も含めた連携

（現状のケアマネジメントの立て直し）
ケアマネジャーの資質向上
プロセスの確実な実施：業務の標準化
困難事例等への支援：環境整備
中立・公正の確保

地　　　域

地域包括ケアを支える総合相談・連携支援機関（地域包括支援センター）

出所：介護支援専門員実務研修テキスト作成委員会編『改訂介護支援専門員実務研修テキスト』長寿社会開発センター，2006年，35頁．

る2015年を見据えて，今後求められる高齢者介護の姿と，2015年までに実現すべきことを示したのが『2015年の高齢者介護』であった。

　その中では，目標とする「自立支援」，そしてその根底にある「尊厳の保持」が語られ，「尊厳を支えるケアの確立への方策」として，①介護予防・リハビリテーションの充実，②生活の継続性を維持するための，新しい介護サービス体系，③新しいケアモデルの確立：認知症高齢者ケア，④サービスの質の確保と向上が指摘された。この報告書の中で「要介護高齢者の生活をできる限り継続して支えるためには，個々の高齢者の状況やその変化に応じて，介護サービスを中核に，医療サービスをはじめとするさまざまな支援が継続的かつ包括的に提供される仕組み[5]」として，地域包括ケアシステムの必要性が述べら

れたのである（図7-8）。

(2) ケアマネジメントの適切な実施

　こうしたシステムの構築のためには，まずケアマネジメントが適切に行われることが求められる。そのため重要なことは，利用者・家族がケアマネジメント・プロセスにしっかりと参加できるように介護支援専門員が支援していくことである。介護保険制度の理念は，利用者が主体的にサービスを選び取っていけることであり，介護支援専門員はそのサポートを行うための専門職としてつくられ，制度に組み込まれたのである。このもっとも基本的な利用者主体の支援を展開するためには，利用者の意向をしっかりと反映したケアプランの作成が求められる。

　しかし，利用者の意向を反映することとは，単に利用者の「〇〇〇というサービスを使いたい」という要望を受けて，ケアプランをそのとおりにつくることとイコールではない。ケアマネジメントは利用者・家族と話し合いながら，その利用者にとってのより自立的で，尊厳の保たれた生活とは何かを一緒になって探していくのである。このように考えたとき，目標指向型の支援のあり方を提唱する大川弥生の指摘は示唆に富む。大川は，目標とは「一人ひとりの利用者のためにこれから創っていこうとする『最も幸せな人生』の状態，言い換えれば『あるべき人生』の具体像である。一人ひとりの利用者のこれまでの人生の価値観をふまえて，『今後，どのような状態にもっていけば，この人の人生は一番幸せになるのか』と考えるのが目標を定めるということ」だと述べている。[6] すなわち，単に老化や疾病，障害によってできなくなったことに対して介護サービスを提供することで補うという援助ではなく，利用者がこれまで送ってきた生活，そして生活上の不自由さを抱えてこれから送っていく生活を視野に入れ，どのように支援の目標を定めるのかを考えていくことが重要なのである。

　しかし，こうした目標を定めようとするとき，介護支援専門員と利用者・家族で話し合うだけでは足りないものがある。健康面の状態や心身の機能面の情報は主治医やリハビリテーションスタッフが持っているし，福祉用具や住宅改修が必要であれば，利用者の状態に適した活用の仕方は福祉用具の事業者が提

供してくれるかもしれない。このように，利用者の生活を支えるさまざまな関係職種が持っている情報も含めたアセスメントが必要になる。そうした情報と，利用者の「こんなふうに暮らしたい」という思いを含めて，現在の生活のしづらさを分析し，そうしたアセスメントに導かれたケアプランを関係者が共有するためにサービス担当者会議（ケアカンファレンス）が開催される。そして，提供されたサービスが目標を実現するために役立っているのかをモニタリングし，もし，不十分にしか機能していないとすれば再アセスメント・ケアプランの修正をはかっていく。こうしたケアマネジメント・プロセスをチームで行っていくことが重要なのである。

ケアマネジメントは利用者の状態が変化しても，継続してその時々に必要な社会資源を組み合わせて，提供し続けるアプローチである。そのように，要介護状態等にある高齢者の支援を続けていくと，さらにケアの継続性の確保，長期継続ケア・在宅ターミナル，ケアの包括性の確保，多職種協働という課題がでてくる。

（3） ケアの継続性の確保

ケアマネジメントは利用者の状況に応じて「必要なものを，必要なときに，必要なだけ」提供していくものであり，そうした調整機能を果たすことが介護支援専門員の主要な機能となる。要介護状態にある高齢者の心身の状態は変化しやすく，健康状態等によっては入院や介護施設の利用となることもある。それは，高齢者の生活に「自宅にいて在宅サービスを受けている状態から，病院・入所施設でサービスを受ける」あるいは「病院・入所施設から退院・退所し，自宅に戻って在宅サービスを受ける」という変化をもたらすことになる。ところが，「自宅から病院・施設」「病院・施設から自宅」へという変化に際して，現在の介護保険制度では，利用者のアセスメント・ケアプラン作成を行う援助主体が変化してしまう。自宅にいるときは，居宅介護支援事業所の介護支援専門員がアセスメント・プランニングを行っていたが，病院に入院すると，主治医による治療計画，看護師による看護計画，リハビリテーションスタッフによるリハビリテーション計画，介護スタッフによる介護計画が提供されることになる。また介護施設であれば，その施設でアセスメント・プランニングを

行い，施設サービス計画が立案・実施されることになる。

　ここでひとつの問題が生まれる。たとえば，自宅で暮らしていた利用者が健康を害して入院となる。病院ではもちろん疾病の治療が優先されるが，何らかの機能障害が残るかもしれないが，病状が安定し，入院による医学的管理が必要なくなれば退院となる。その際，入院時点の病状だけで利用者に対する医療・看護・リハビリ・介護計画が立案され，その計画が退院して再び自宅に戻った際の生活も見据えたものになっていなければ，病院から自宅への移行はスムーズに進まない。また，介護施設への入所でも同様である。自宅で暮らしていた時には，アセスメント・プランニングそしてプランに沿ったサービス提供場面で利用者の理解が進み，「この人は，過去にこんなふうに生きてきた人なんだ」「この人はこんなことを大切に考える人なんだ」「こういった働きかけをすると，この人の意欲は引き出せるんだ」というような，きめ細かな，しかし利用者の生活を支援するためには非常に重要な情報がたくさん発見され，それがケアプランに反映されている。

　しかし，施設に入所したら，アセスメントはまた一からやり直しで，施設にいるその人の現状だけでアセスメントがなされるとしたら，今まで自宅でのケアで活かされてきた情報や，その情報に基づくアセスメント・プランニングは施設ケアに引き継がれずに置かれてしまう。ところが，利用者の個別性は，今の状態を見るだけでは理解できないことが多々ある。きめ細かいケアをしようとすれば，過去の生活歴や，各種の援助者とのかかわりの中で見出される利用者の反応は非常に重要な情報になるはずである。

　利用者の生活する場所が自宅から病院・施設に，あるいは病院・施設から自宅に変わったとしても，以前のケア提供場面で把握されていたアセスメント内容や提供されていたケアプラン等の情報が，適切に次のサービス提供先に引き継がれていくことは大切なことである。もちろん，これは利用者の了解のもとに行われる必要があるが，こうしたことが行われることで，ケアプランの作成機関が移り変わっても継ぎ目のないケア（シームレスケア）が行われるようにしていく必要がある。

（4） 長期継続ケア・在宅ターミナル

　こうして長期にわたって利用者の支援が続けられると，最後にはターミナル期に至る。在宅でターミナル期を尊厳を持って送ることができるためには，介護サービスの提供だけでなく，疼痛緩和なども含めた適切な医療・看護サービスの提供が不可欠になる。提供されるサービスも，介護保険サービスと医療保険からのサービスが同時に提供される場合もでてくる。

　また，こうしたターミナル期では利用者の状態の変化が著しく，通常の介護支援サービスのように月に1回のモニタリングでケアプランを管理していくだけでは対応しきれないことがある。そのため，アセスメント・プランニングにおいて主治医や訪問看護師との連携は不可欠になり，また日常のケア提供場面でも，その都度の状態変化に応じた関係機関間での情報交換をきめ細かく行っていくことが必要になる。

　さらに，2005年改正からは末期癌の利用者も介護保険サービスの適用となった。こうした利用者は状態の変化がとくに著しく，病院から自宅に帰り，要介護認定を受けた時点では要支援だったものが，1か月もしないうちに自力での動作が困難になり，日常生活の全般にわたりさまざまな介護が必要になるといったケースもある。こうしたケースでは，主治医や医療系サービスとの連携と同時に，状態に応じた区分変更認定を行うために保険者との連携も必要になる。

（5） ケアの包括性の確保

　地域にはさまざまな利用者がおり，介護保険の給付の範囲内でサービス提供をするだけでは，その人たちの生活問題を十分にカバーできないケースもある。医療との連携が必要な在宅ターミナル期のケースはすでに述べたが，それ以外にも下記のようなさまざまなケースもある。

・何らかの理由で主介護者に大きな精神的負担がかかっており，介護の継続が困難になっている。
・低所得であったり多重債務問題があり，必要なサービスを購入できない。
・家族・親族や悪質業者等による金銭的搾取にあっている。
・家族関係が悪かったり，家庭内で虐待・介護放棄がある。
・社会的引きこもり状態にある子どもと同居している。

・障害を持った孫・不登校の孫等がおり，彼らに適切な支援が提供されていない。
・主介護者に認知症や精神障害があり，適切な介護が提供されていない，等々。

このようなケースは，介護問題以外にもさまざまな問題が家族の中に生起している，いわゆる多問題家族の様相を呈しているケースといえる。こうしたケースの支援には，それぞれの問題に対応できる各種の社会資源の関与が必要であり，介護支援専門員には利用者を家族単位でとらえ，介護保険サービスで対応するニーズと，それ以外のさまざまな資源で対応するニーズへのアプローチを可能にする支援ネットワークを組織する必要がでてくる。

こうしたさまざまなニーズを包摂したケアプランの作成と調整は，介護支援専門員一人では困難なことが多く，たとえば地域包括支援センターの主任介護支援専門員，社会福祉士等のバックアップを得つつ，家族全体を支援していく体制を構築していくことが必要になる。

(6) 多職種協働

今まで述べてきた①ケアの継続性の確保，②長期継続ケア・在宅ターミナル，③ケアの包括性の確保，を行っていこうとすると，必ず必要になるのが多職種協働である。介護支援専門員は利用者支援にかかわる各種の社会資源の調整役であり，連携における「扇の要」の役割を果たすものといわれる。しかし，これは介護支援専門員が指示して，他の社会資源がその指示に従うといった上下関係を意味するのではない。介護支援専門員は各種の社会資源がそれぞれに持っている実力を最大限に発揮し，利用者支援にあたってもらえるように調整をはかるのであり，その調整は利用者のより自立的で尊厳の保たれた生活を支えるためになされるのである。

多職種連携は，通常保健・医療・福祉等のさまざまに専門性が異なる各種の専門職が，共通の目標と役割分担のもとでチームとして機能するために行われるものと理解される。各種の専門職は，それぞれの専門性の観点から利用者を見つめ，サービス提供をしがちである。しかし，それでは時としてそれぞれに行われるサービス提供が衝突するような事態を招くこともある。介護支援専門

員は，それぞれの専門職が他の専門職の持つ専門性を尊重しつつ，自身の専門性を利用者のために活かしていけるように，調整をはかる必要がある。その調整のための道具がケアプランである。利用者のどんな生活を支えるのか（目標）について各専門職が理解し，そのうえでその目標達成に向けて自らの専門性をどう発揮すればよいか（役割分担）を考えながらサービス提供を行うことができると，それぞれの提供するサービスは相互補完的に利用者のために有効に機能するようになる。

また，連携の範囲は専門職だけでなく，非専門職をも含める場合も出てくる。たとえば，虐待や介護放棄のケースでは，虐待行為の発見や状態の変化の発見のために地域の関係者（たとえば民生委員など）の力を借りる必要がある。また，利用者本人に不安が強いケースや主介護者の精神的介護負担感が高いケースでは，たとえば傾聴ボランティアの派遣によってそうした不安を傾聴し，本人や主介護者の心理的な支援を行う場合もあるかもしれない。さらに，近隣住民が見守りやゴミ出し・買い物の手伝い等を行ってくれているケースもある。このように介護支援専門員は，専門職同士の連携を調整するだけでなく，インフォーマルな支援者とも連携がはかれるように調整する役割も求められる。

地域の中でこういったケアの提供される仕組みをつくっていくことが地域包括ケアシステム構築の課題であり，そうした総合相談・連携支援機関としての役割を担うのが地域包括支援センターなのである。

2　3職種の役割と業務

地域包括支援センターは包括的支援事業その他厚生労働省令で定める事業（特定高齢者把握事業等の介護予防事業や市町村が行う任意事業）を実施し，地域住民の心身の健康の保持および生活の安定のために必要な援助を行うことにより，その保健医療の向上および福祉の増進を包括的に支援すること（第115条の45）を目的とする，地域包括ケアの中核機関である。

地域包括支援センターは，そのスタッフとして①保健師，②社会福祉士，③主任介護支援専門員を配置する必要がある。ただし，人材確保の実情等から，この3職種については，それぞれに，これらに準ずる者を配置することで変え

ることができることになっている。社会福祉士については，その準ずる者とは「①福祉事務所の現業員等の業務経験が3年以上あり，かつ，②高齢者の保健福祉に関する相談援助業務に3年以上従事した経験があるもの」とされている。

これらのスタッフは，当該センターの担当区域における第一号被保険者数が3,000人以上6,000人未満ごとに各職種を1名配置することとされている。また，これより少ない人口規模では，第一号被保険者がおおむね1,000人未満では3職種のうち1人または2人を，おおむね1,000人以上2,000人未満では3職種のうち2人（うち1人はもっぱらその職務に従事する常勤職員），おおむね2,000人以上3,000人未満では，常勤の保健師等1人および常勤の社会福祉士等・主任介護支援専門員等のいずれか1人とされている。

地域包括支援センターが行う包括的支援事業とは，下記の4事業である。

① 介護予防ケアマネジメント事業（第115条の44第1項2号）

特定高齢者が要介護状態等になることを予防するため，その心身の状況等に応じて，対象者自らの選択に基づき，介護予防事業その他の適切な事業が包括的かつ効率的に実施されるよう必要な援助を行うもの。

② 総合相談支援事業（法第115条の44第1項3号）

地域の高齢者が，住み慣れた地域で安心してその人らしい生活を継続していくことができるようにするために，どのような支援が必要かを把握し，地域における適切なサービス，関係機関および制度の利用につなげる等の支援を行うもの。

③ 権利擁護事業（法第115条の44第1項4号）

地域の住民や民生委員，介護支援専門員などの支援だけでは十分に問題が解決できない，適切なサービス等につながる方法が見つからない等の困難な状況にある高齢者が，地域において，安心して尊厳のある生活を行うことができるよう，専門的・継続的な視点からの支援を行うもの。

成年後見制度の活用促進，老人福祉施設等への措置の支援，高齢者虐待への対応，困難事例への対応，消費者被害の防止に関する諸制度を活用し，高齢者の生活の維持をはかる。

④ 包括的・継続的ケアマネジメント支援事業（法第115条の44第1項5号）

図7-9 地域包括支援センターとその事業

多面的(制度横断的)支援の展開
行政機関、保健所、医療機関、児童相談所など必要なサービスにつなぐ
- 虐待防止
- 医療サービス
- 介護相談員
- 介護サービス
- ヘルスサービス
- 地域権利擁護
- ボランティア
- 成年後見制度
- 民生委員

被保険者
総合相談・支援事業
虐待防止・早期発見、権利擁護

- 社会福祉士等
- 主任介護支援専門員
- 保健師等

アプローチ

介護予防ケアマネジメント事業
- アセスメントの実施
- プランの策定
- 事業者による事業実施
- 再アセスメント
居宅介護支援事業所

新予防給付・介護予防事業

主治医

ケアマネジメント
支援

長期継続ケアマネジメント
包括的・継続的ケアマネジメント事業
- 包括的・日常的個別指導・相談
- 支援困難事例等への指導・助言
- 地域でのケアマネジャーのネットワークの構築
- 多職種協働・連携の実現

ケアチーム 連携
主治医 ケアマネジャー

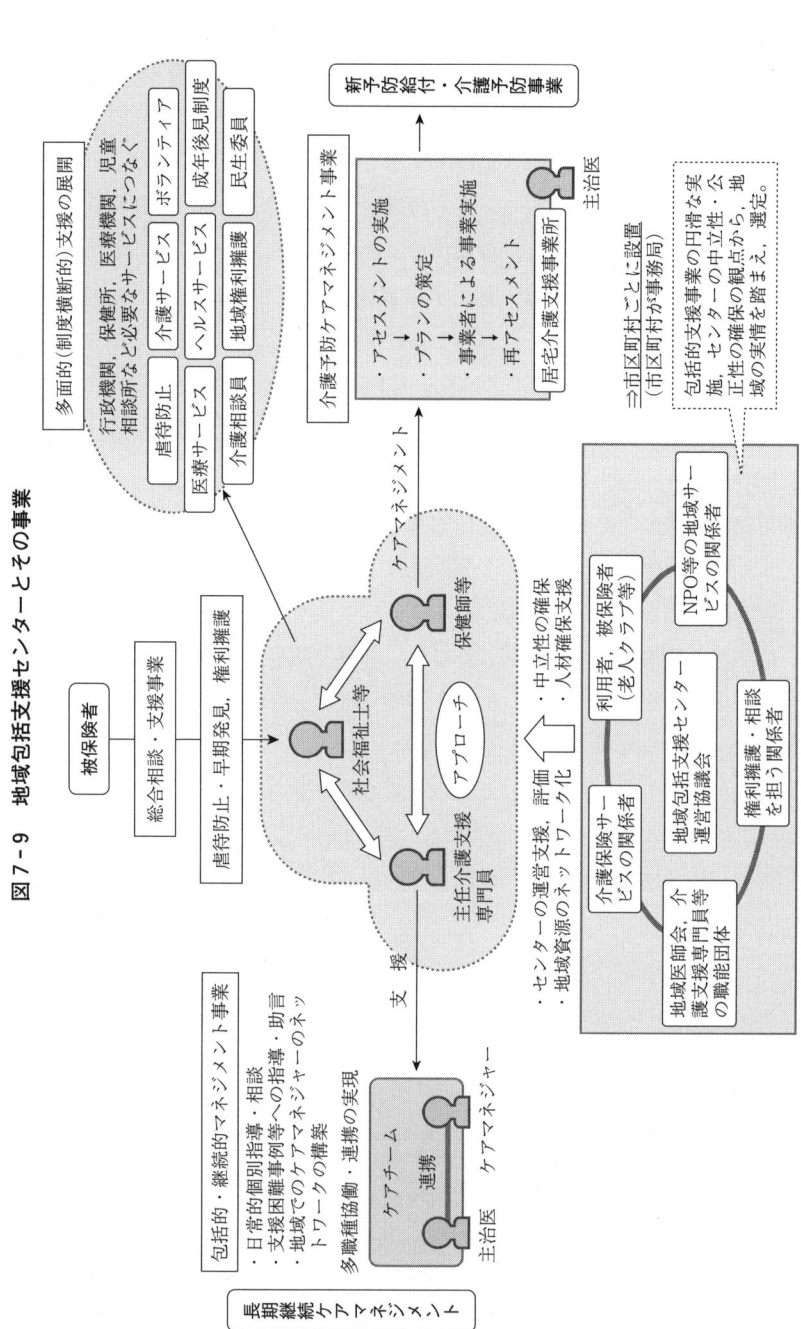

- センターの運営支援、評価
- 中立性の確保
- 地域資源のネットワーク化
- 人材確保支援

利用者(老人クラブ等)
介護保険サービスの関係者
地域医師会、介護支援専門員等の職能団体
地域包括支援センター運営協議会
権利擁護・相談を担う関係者
NPO等の地域サービスの関係者
被保険者

⇒市区町村ごとに設置(市区町村が事務局)
包括的支援事業の円滑な実施、センターの中立性・公正性の確保の観点から、地域の実情を踏まえ、選定。

出所：厚生労働省「全国介護保険担当課長会議資料」(2004年11月10日開催)。

地域の高齢者が住みなれた地域で暮らすことができるよう，主治医と介護支援専門員との連携や，他のさまざまな職種と多職種協働や地域の関係機関との連携をはかること，介護予防ケアマネジメント，指定介護予防支援および介護給付におけるケアマネジメントとの相互の連携をはかることで，個々の高齢者の状況や変化に応じた包括的・継続的なケアマネジメントを実現するため，介護支援専門員の後方支援を行うもの。

これらの4事業と地域包括支援センターに配置される3職種の関係であるが，①介護予防ケアマネジメント事業については保健師が，②総合相談支援事業・③権利擁護事業については社会福祉士が，④包括的・継続的ケアマネジメント支援事業については主任介護支援専門員が主として携わるが，実際にはこの3職種が連携協力しながらこれらの4事業を実施していくこととなっている。

また，3職種はそれぞれに専門性が異なる。そのため，それぞれが持っている専門知識や技術は異なるが，それゆえ互いに担当ケースの支援やネットワークづくりのための地域・関係機関への働きかけについてアドバイスしあうことは有効である。また，3職種はそれぞれに地域に出向き活動することも多い。そのため，常にセンターに詰めているわけではなく，不在の際に利用者や関係者から連絡が入ることもある。こうした際にも適切に応対ができるように，3職種間で相互にどういったケースを担当し，どのような活動を行っているのかを情報交換しておくことも大切である。このように，まずはセンター内でのチームアプローチがはかれるようにしていくことからはじめる必要がある（図7-9）。

3 権利擁護と虐待相談

地域包括支援センターが発足した2006（平成18）年度に，同時に施行されたのが，高齢者虐待の防止，高齢者の養護者に対する支援等に関する法律（以下高齢者虐待防止法）である。高齢者虐待防止法は，その目的を「高齢者虐待の防止，養護者に対する支援」（第1条）とするものである。

高齢者虐待防止法は，高齢者虐待を①養護者（高齢者を現に養護する者であって養介護施設従事者等以外のもの）による虐待，②養介護施設従事者等による虐

待,と定めている。その虐待の種類は下記のとおりである(第2条)。

① 養護者による高齢者虐待

 ⓐ 身体的虐待：高齢者の身体に外傷が生じ，または生じるおそれのある暴行を加えること。

 ⓑ 介護放棄（ネグレクト）：高齢者を衰弱させるような著しい減食，長時間の放置，養護者以外の同居人による虐待行為を放置するなど，養護を著しく怠ること。

 ⓒ 心理的虐待：高齢者に対する著しい暴言または著しく拒絶的な対応をすること，その他高齢者に著しい心理的外傷を与える言動を行うこと。

 ⓓ 性的虐待：高齢者にわいせつな行為をすること，高齢者にわいせつな行為をさせること。

 ⓔ 経済的虐待：養護者または高齢者の親族が，高齢者の財産を不当に処分すること，その他高齢者から不当に財産上の利益を得ること。

② 養介護施設従事者等による高齢者虐待

 養介護施設（老人福祉法，介護保険法に規定する施設）の職員が行うⓐ～ⓔの行為のこと。

また，法に規定される以外にも，日常生活に窮するような状態でありながらも，高齢者が自分自身の生活や健康の状態に著しく無頓着である自己放任(self neglect)という状態もあり，これについても支援の手を差し伸べる必要があることには変わりはない。

こうした高齢者虐待に対応するために，国・地方公共団体には関係機関・団体の連携の強化，支援体制の整備，専門的な人材確保や研修の実施，啓発活動に努めなければならないこと(第3条)，国民にはこれらの施策への協力が求められている(第4条)。さらに，各種専門職には早期発見に努めることが求められている(第5条)。

高齢者虐待への対応は，虐待事例の発見からはじまる。高齢者虐待防止法では「養護者による高齢者虐待を受けたと思われる高齢者を発見した者は，当該高齢者の生命又は身体に重大な危険が生じている場合は，速やかに，これを市町村に通報しなければならない」(第7条)と通報の義務が定められている。こ

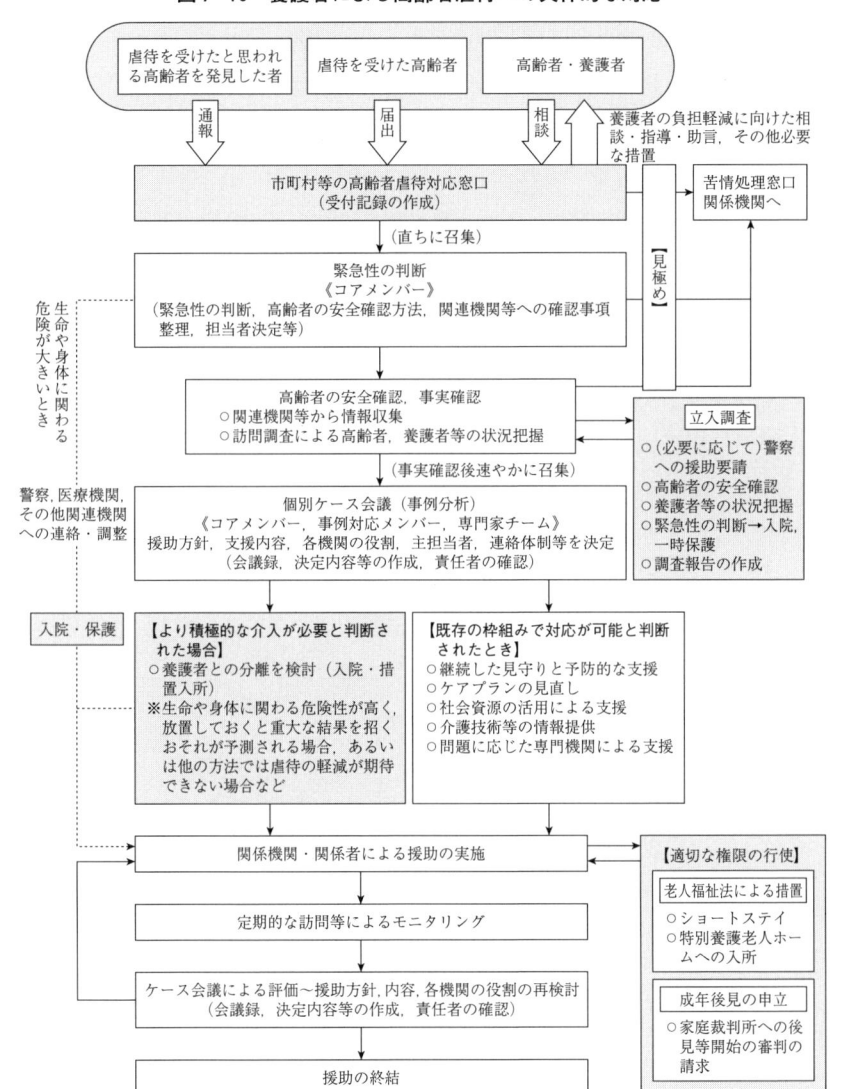

第 7 章　高齢者への介護・福祉サービス

図 7-10　養護者による高齢者虐待への具体的な対応

```
┌─────────────┐  ┌─────────────┐  ┌─────────────┐
│虐待を受けたと思わ│  │虐待を受けた高齢者│  │高齢者・養護者　│
│れる高齢者を発見  │  │              │  │              │
│した者          │  │              │  │              │
└──────┬──────┘  └──────┬──────┘  └──────┬──────┘
       │通報            │届出            │相談        養護者の負担軽減に向けた相
       ▼                ▼                ▼          談・指導・助言，その他必要
                                                     な措置
┌──────────────────────────────────────┐       ┌──────────┐
│　市町村等の高齢者虐待対応窓口　　　　　　　│──────▶│苦情処理窓口│
│　　　　　（受付記録の作成）　　　　　　　　│       │関係機関へ　│
└──────────────────┬───────────────────┘       └──────────┘
                   │（直ちに召集）                   ▲
                   ▼                                 │
          ┌──────────────────────┐              【見
          │　　　　緊急性の判断　　　　│              極
          │　　　《コアメンバー》　　　│              め】
          │（緊急性の判断，高齢者の安全│
          │確認方法，関連機関等への確認│
          │事項整理，担当者決定等）　　│
          └──────────┬───────────┘
 生                   ▼
 命      ┌──────────────────────┐
 や      │　高齢者の安全確認，事実確認　│         ┌──────────────┐
 身      │○関連機関等から情報収集　　　│         │　　立入調査　　│
 体      │○訪問調査による高齢者，養護者│─────▶│○（必要に応じて）警察│
 に      │　等の状況把握　　　　　　　　│         │　への援助要請　│
 関      └──────────┬───────────┘         │○高齢者の安全確認│
 わ                   │（事実確認後速やかに召集）  │○養護者等の状況把握│
 る                   ▼                         │○緊急性の判断→入院，│
 危          ┌──────────────────┐            │　一時保護　　　│
 険          │　個別ケース会議（事例分析）│            │○調査報告の作成│
 が          │《コアメンバー，事例対応メン│            └──────────────┘
 大          │　バー，専門家チーム》　　　│
 き          │援助方針，支援内容，各機関の│
 い          │役割，主担当者，連絡体制等を│
 と          │決定（会議録，決定内容等の作│
 き          │成，責任者の確認）　　　　　│
             └──────────┬───────┘
警察,医療機関,             │
その他関連機関　┌──────────┴──────────┐
への連絡・調整　▼                          ▼
┌────────┐┌──────────────────┐┌──────────────────┐
│入院・保護 ││【より積極的な介入が必要と ││【既存の枠組みで対応が可能│
│            ││判断された場合】          ││と判断されたとき】        │
└────────┘│○養護者との分離を検討　　　││○継続した見守りと予防的な│
             │　（入院・措置入所）　　　　││　支援　　　　　　　　　　│
             │※生命や身体に関わる危険性が││○ケアプランの見直し　　　│
             │高く，放置しておくと重大な結││○社会資源の活用による支援│
             │果を招くおそれが予測される場││○介護技術の情報提供　　　│
             │合，あるいは他の方法では虐待││○問題に応じた専門機関によ│
             │の軽減が期待できない場合など││　る支援　　　　　　　　　│
             └──────────┬─────────┘└─────────┬────────┘
                          │                          │
      ┌───────────────┴──────────┬───────────────┘
      ▼                                ▼
┌──────────────────────────────┐    ┌──────────────┐
│　関係機関・関係者による援助の実施　　　　　│◀──│【適切な権限の行使】│
└──────────────┬───────────────┘    │老人福祉法による措置│
                 ▼                            │○ショートステイ　│
     ┌──────────────────────┐              │○特別養護老人ホー│
     │　定期的な訪問等によるモニタリング　│              │　ムへの入所　　　│
     └──────────────┬───────┘              ├──────────────┤
                    ▼                            │成年後見の申立　│
     ┌──────────────────────┐              │○家庭裁判所への後│
     │　ケース会議による評価〜援助方針，　│              │　見等開始の審判の│
     │　内容，各機関の役割の再検討　　　　│              │　請求　　　　　　│
     │（会議録，決定内容等の作成，責任者の│              └──────────────┘
     │　確認）　　　　　　　　　　　　　　│
     └──────────────┬───────┘
                    ▼
          ┌──────────────┐
          │　　援助の終結　　│
          └──────────────┘
```

出所：「市町村・都道府県における高齢者虐待への対応と養護者支援について」（平成18年4月厚生労働省老健局）。

の通報先が市町村であり，また地域包括支援センターとされている。

　虐待を受けている高齢者は，何らかのサインを出していることが多く，こうしたサインを発見し，早期に対応することは重要である。法第7条では，発見者は高齢者の生命または身体に重大な危険が生じている場合は，速やかに，これを市町村に通報しなければならないと，通報義務が定められている。2007（平成19）年度の対応状況等に関する調査結果によると，虐待の通報者でもっとも多いのは介護支援専門員・施設職員（42.1%）となっており[7]，虐待事例を発見し，専門職が高齢者虐待に関する知識をもって発見・通報を行うことの重要性がわかる。

　虐待が発見され，通報がなされた以降の対応について，「市町村・都道府県における高齢者虐待への対応と養護者支援について」（厚生労働省老健局，2006年）に示された対応手順を示しておく（**図7-10**）。ここで重要なことは，虐待事例への支援は援助者一人でできるものではなく，関係者がチームとして支援にあたっていくことである。市町村職員や地域包括支援センタースタッフが中心になり，支援にかかわる関係者がこの過程を通じて情報の共有，役割分担を行い，協力しあいながら対応を行うことが大切である。

注

(1) 福祉用具の研究開発及び普及の促進に関する法律第 2 条，平成 5 年 4 月制定。
(2) 介護保険研究会監修『新しい介護保険制度 Q&A』中央法規出版，2006年，13～21頁。
(3) 厚生労働省『介護予防ケアマネジメント業務マニュアル』2005年，7 頁。
(4) 厚生労働省『介護予防ケアマネジメント業務マニュアル』2005年，37頁。
(5) 高齢者介護研究会『2015年の高齢者介護』2003年，32頁。
(6) 大川弥生『介護保険サービスとリハビリテーション』中央法規出版，2004年，56頁。
(7) 厚生労働省「平成19年度　高齢者虐待の防止，高齢者の養護者に対する支援等に関する法律に基づく対応状況等に関する調査結果」平成20年10月 6 日。

第8章　高齢者への相談支援

第1節　高齢者への相談支援

1　高齢者の生活ニーズ

(1)　高齢期の理解

　人は生理・心理・社会的存在であり、社会システムの中でその人なりの生活を営む存在である。人が社会生活を送るためには、さまざまな社会システムとかかわり、そこから必要なものを得るという関係を構築していく。たとえば、就労という関係を見てみよう。人は雇用先と雇用関係を結び、労働力を提供することで給与を得て、経済生活を営む。こうした就労は、金銭的な面だけでなく、働くことで「やりがい」や「帰属意識」等の無形の報酬を得る手段でもある。このように、人は社会システムとの関係から社会生活に必要なものを得て、生活を営む主体であり、それは高齢者においても同様である。

　エリクソン（Erikson, E. H.）は、ライフサイクルを8つの段階に分け、それぞれの段階での発達課題を示している。それらは、①乳児期：基本的信頼対不信、②児童前期：自律性対恥、疑惑、③遊戯期：積極性対罪悪感、④学齢期：勤勉対劣等感、⑤青年期：同一性対同一性拡散、⑥成人期：親密さ対孤立、⑦壮年期：生殖性対自己没頭、⑧老年期：統合性対絶望である。老年期における統合性とは、成功も失敗もあった今までの人生を受け入れ、自己の人生を肯定的にとらえることを意味している。

　しかしながら、老化にともなう身体機能の低下（喪失）や職業生活からの引退がもたらす経済的自由の低下（喪失）、さらに友人や配偶者との死別といった社会関係の喪失等、高齢期はさまざまな喪失体験をする時期でもある。このように、さまざまな喪失が重なって体験されることを複合喪失という。このよ

うに考えると，高齢期は人生の総まとめとして，自らの人生を肯定的に整理する時期であるとともに，そうした統合を危ぶませる大きな危機にさらされる時期でもあるといえる。

　また，高齢者はただ単にこうした危機にさらされるだけの存在ではない。小倉啓子は，要介護状態になり施設サービスを利用する高齢者の適応過程を研究する中で，「心身のハンディキャップをもってケアの対象として入居してくるが，自分のなかにあるものを総動員して，新しい生活環境との相互作用を行い，自分とホームとの関わり合いをポジティブなものに転換していく」[1]ことを明らかにしている。このように，高齢者はケアを受ける立場に身を置くようになることで大きなダメージを受ける反面，自らの持てる力を使って新しい環境に適応しようとしていく力強さを持っているのである。

　このような知見をもとにすると，高齢者に支援にかかわる援助者は，援助対象である高齢者を単に「老化により心身が弱ってきている人」であり，介護サービス等を必要としている人だと，高齢者の弱い面に焦点を当てるだけでなく，「人生の統合という課題に直面し」，その人も持っている力を使って精一杯困難な状況に立ち向かっている人と認識するべきである。さらに，援助者としてそうした適応や自己実現に対して助力しようとする姿勢を持ち続ける必要があるといえる。

（2）　高齢者の生活ニーズ

　ニーズとは，「人間が社会生活を営むために欠かすことのできない基本的要件を欠く状態」[2]をいう。高齢期に生きる人にとって，よく生きることは大切な課題である。そうしたよく生きることを妨げる高齢期の諸要因としては，健康状態や心身機能の低下，また一度そうした機能低下が起こると，若い頃に比べて回復までに時間がかかる，就労生活からの引退による収入面の減少，就労と関連して持っていた人間関係・社会関係の喪失（これはサラリーマン生活を送ってきた男性に顕著に現れやすい。あるいは，家庭の中で主婦の位置を嫁に譲り渡すという現象も同じである）などがあるとされる。

　しかし，高齢期は人生の中でもっとも個人差の大きな時期でもある。90歳を超えても健康で，就労面でも現役生活を送っている人がいれば，60歳を迎えた

ばかりで健康を害し,介護を要する人もいる。このように,高齢者といっても比較的健康な人の生活ニーズと,心身機能が低下し,他者の支援を要する人の生活ニーズとは自ずと大きく異なってくるといえる。

　比較的健康な人にとって,高齢期は職業生活の第一線から引退し,あるいは家庭生活の主役を次世代に譲り渡し,長い余暇時間をどう使うかという課題に直面する時期でもある。また,健康状態に不安を持ち,また何らかの介護を必要とする状態になった人たちにとっては,新しい「援助／介護を受ける自分」を受け入れ,折り合いをつけることを求められる状況に直面する。このように,高齢期,あるいは要介護状態への「移行期の危機」にさらされる時期である高齢期は,単に年金や介護といった社会サービスを必要とするだけでなく,こうした移行期を乗り越えていくための支援を必要としている人たちであるといえる。

　高齢者だけではなく,人としての生活を支援することを考えると,援助を必要とする人は生理＝心理＝社会的存在であるとみなす必要がある。さらに,人は過去から現在に至る歴史を持った存在である。このように考えると,援助対象である高齢者を理解するためには,生理面(健康・身体機能面),心理面(認知機能面,パーソナリティ),社会面(家族・親族・地域ネットワーク等),そして生活歴からその人を理解する必要がある。

　白澤政和はニーズの類型として,①経済的な安定を求めるニーズ,②就労の機会を求めるニーズ,③身体的・精神的な健康を求めるニーズ,④教育・文化・娯楽の機会を求めるニーズ,⑤居住の場に対するニーズ,⑥家族や地域社会での個別的生活の維持に対するニーズ,⑦公正や安全を求めるニーズ,⑧その他の社会生活上のニーズという8つの分類を示しているが[3],こうした観点から高齢者のニーズを把握しようとすることができる。

　また,介護を必要とする人のニーズについて,竹内孝仁は,①健康,②ADL,③介護負担,④家事,⑤経済,⑥家族関係,⑦社会交流,そしてストレスという枠組み(在宅介護の7つのニーズとストレス)を提示している[4]。要介護者の生活を心身の機能低下のみで見るのではなく,家事や経済,家族関係といった家庭内で起こる事柄や,家庭外との交流から把握し,さらに主介護者の感

じるストレス（介護負担感）によってこうした状況は大きく影響を受けることを示している。

　さらに，ニーズ，すなわち援助の必要性は，単に利用者が心身の機能低下をきたしているので，その補完を必要とする部分を明らかにするということではない。利用者が望む暮らしの姿と，現在の置かれている状況の乖離は何によってもたらされているのか，またその乖離はどのような援助によって解消されるのかを考えることがアセスメント・プランニングの要点になる。そして，現在の生活のしづらさを解決するために，援助者は，①高齢者個人に働きかけ，状況を解決しようとする動機づけを高める，②高齢者を取り巻く周囲の環境（物的環境の改善，人的環境－家族，周囲のかかわりのある人の認識や対応の改善，サービスの動員や調整等），③高齢者と周囲の関係の調整，という援助を提供するのである。

２　高齢者への相談援助活動の行われる場と実践のあり方

　高齢者への相談援助活動は，さまざまな場で，さまざまな職種において行われる。そうした相談援助活動を，高齢者のニーズとそれに対応する機関とマンパワーから考えてみる。

（１）　介護ニーズと相談援助活動

　介護を必要とする高齢者の相談機関としては，「居宅介護支援事業所」がある。介護支援専門員（ケアマネジャー）は要介護高齢者の相談にのり，介護保険給付やさまざまな社会資源をケアプランに位置づけ，在宅生活を支援する専門職である。また，要支援認定を受けた人に対しては，「地域包括支援センター」の保健師等の職種が介護予防プランの作成にあたる。

　また，こうした介護サービスを利用したい人は「行政の介護保険担当課」に最初に相談をすることもあり，こうした行政担当者もまた相談援助の力量を求められる。介護サービスには医療機関（主治医，看護師，医療ソーシャルワーカー等）を経由して，あるいは地域の民生委員のすすめで相談に至ることもある。また「高齢者総合相談センター（シルバー110番）」も介護に関する相談に対応する機関である。

高齢者が実際に介護サービスを利用しはじめると、もちろん介護支援専門員が定期的にモニタリングを行うのであるが、それ以外にも利用する介護サービス事業者の援助職者が利用者や家族の不安に耳を傾け、相談にのることもある。それは訪問介護員（ホームヘルプ）、訪問看護師や通所介護（デイサービス）・通所リハビリテーション（デイケア）の相談員かもしれない。あるいは短期入所生活介護・短期入所療養介護（ショートステイ）の相談員かもしれない。

　さらに、施設サービスの利用者であれば、日常のケアにかかわる介護職員・看護職員や、施設の相談員、施設ケアマネジャーがこうした役割を果たすことになる。

（2）　健康ニーズと相談援助活動

　介護を必要としなくても、高齢期は有病率が高くなる時期であり、保健医療サービスは大切な資源である。現時点で医療サービスを受けている人については、かかりつけ医や病院の医療ソーシャルワーカーなどが相談にのることができるだろう。

　また、自治体が行う特定健康診査・保健指導や後期高齢者健康診査によって、健康に関する相談を受けることもできる。

（3）　就労・社会参加ニーズと相談援助活動

　高齢期は一般に、職業生活から引退した時期であるとされるが、「高齢者の経済生活に関する意識調査」（内閣府政策統括官、2001年）によれば、60歳以上の30.1％が何らかの収入のある仕事をしている。この理由としては「生活費をまかなうため」という理由以外にも「健康によいから」「生きがいが得られるから」というように生きがい・社会参加的側面がある。

　こうした高齢者の職業相談等に関しては、公共職業安定所（ハローワーク）、高年齢者職業相談室やシルバー人材センターなどがある。

　また、ボランティア活動やさまざまな地域活動にかかわる高齢者も多く、こうした活動の担い手として活躍する高齢者像もまた、今日の高齢者の姿のひとつである。こうした高齢者を支援する機関として、社会福祉協議会のボランティアセンター、ボランティア協会、さらにNPOサポートセンターなどがある。

（4） 消費者問題・権利侵害問題と相談援助活動

　高齢者は悪質商法の被害にあいやすい。こうした消費生活における問題については，消費生活センター等の相談機関がある。また，こうした悪質商法や虐待・介護放棄等の高齢者の権利を侵害する事例については「地域包括支援センター」が権利擁護相談にのることになる。

　また，高齢者が認知症により意思能力に支障をきたした場合には，「日常生活自立支援事業（社会福祉協議会）」や「成年後見制度（弁護士会，司法書士会リーガルサポート，社会福祉士会ぱあとなあ等）」によって支援を受けることができる。

　以上見てきたように，高齢者の相談援助といってもさまざまなニーズに基づいた相談が持ち込まれることになり，それらに対して多様な相談窓口があることがわかる。地域におけるこうした各種の相談については，地域包括支援センターが総合相談窓口としての役割を担い，適切な相談機関へとつなぐ機能も担っている。

　また，マーシャル（Marshall, M.）は高齢者のソーシャルワークについて，ワーカー単独ではなくさまざまな職種が連携して取り組むものであることや，ヤングオールド（前期高齢者）とオールドオールド（後期高齢者）では取り組む問題が異なることを指摘している。[5]ひとつの相談窓口の持っている機能だけで高齢者のニーズが充足できる事例ばかりとは限らない。複数の多様な要素が関係している事例では，各種の相談機関やサービス提供機関が連携しながら支援を行うことが必要になる場合も少なくない。また，そうした支援は，高齢者を単に援助の受け手として見るだけでなく，「失われた能力を取り戻し，その人にとって大切な機能をできる限りのレベルにまで回復していくように援助」[6]することを心がけることが大切なのである。

第2節　相談援助の過程

1　ケアマネジメントの概念
（1）　ケアマネジメントの定義

　前節では，さまざまな高齢者の相談援助とそれらの機能を担うさまざまな機関について見てきた。本節では，その中でも要介護状態にある高齢者の相談援助方法であるケアマネジメントについて考えていく。

　ケアマネジメントとは，「対象者の社会生活上での複数のニーズを充足させるため適切な社会資源と結びつける手続きの総体」(7)と定義される。すなわち，複数で多様なニーズを抱えた利用者が地域で暮らし続けられるように，さまざまな社会資源を結びつけ，それらの社会資源間の調整をはかりながら，長期にわたって利用者を支援する方法である。

　こうしたケアマネジメントは，1970年代にアメリカにおいて，脱施設化にともなう精神障害者の地域生活支援の方法として生まれてきたものである（アメリカにおいてはケースマネジメントと称される）。その後，ケアマネジメントは，精神障害者だけでなく知的障害者や精神障害者，高齢者，被虐待児とその家族，HIVウイルス感染者など，さまざまな人たちの地域生活支援の方法として用いられることになる。

　また，ケアマネジメントはさまざまな国に紹介されることになる。たとえばイギリスでは，1990年の「国民保健サービスおよびコミュニティケア法」に組み込まれ，福祉サービスを利用するためにはケアマネジャーのアセスメント・プランニングを経ることが必要になった。また日本においては，2000（平成12）年に施行された介護保険制度の中に介護支援サービスとして組み込まれ，要介護高齢者の介護サービスの利用支援のための方法として普及していくことになる。

（2）　ケアマネジメントの構成要素

　ケアマネジメントの構成要素は，①利用者（ニーズ），②社会資源，③ケアマネジャー（ケアマネジメント機関）とされる（図8-1）。

図 8-1　ケアマネジメントの構成要素

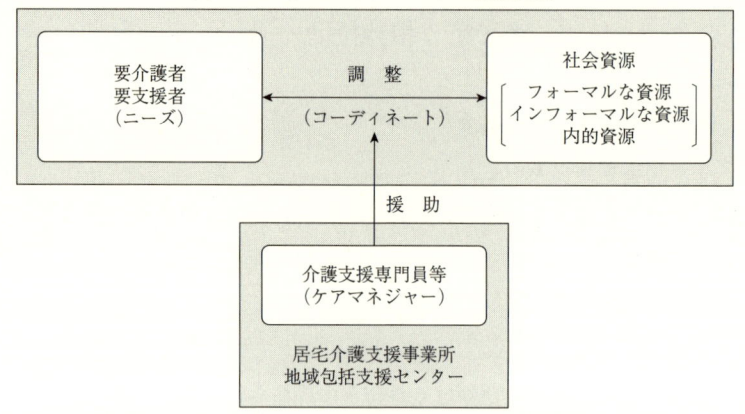

```
┌─────────────────────────────────────────────────┐
│  ┌──────────┐    調　整    ┌──────────────┐  │
│  │ 要介護者 │◄──────────►│  社会資源    │  │
│  │ 要支援者 │(コーディネート)│フォーマルな資源│  │
│  │ (ニーズ) │              │インフォーマルな資源│ │
│  └──────────┘              │  内的資源    │  │
│                            └──────────────┘  │
└──────────────────┬──────────────────────────────┘
                   │ 援　助
          ┌────────┴─────────┐
          │ 介護支援専門員等 │
          │ (ケアマネジャー) │
          ├──────────────────┤
          │ 居宅介護支援事業所│
          │ 地域包括支援センター│
          └──────────────────┘
```

出所：白澤政和他『ケアマネジメント』中央法規出版、2002年、3頁を一部修正。

① 利用者とは、社会生活における複数のニーズを抱えており、自らの力だけではそのニーズを充足するための社会資源を入手することが難しい人たちである。こうしたケアマネジメントを必要とする利用者とは、日本においては介護保険サービスの対象者や自立支援法におけるサービス利用計画費の対象者などが想起されるが、ホルト（Holt, B. J.）は慢性疾患を持つ人たち、高齢者、HIV／エイズ患者、未婚の母親、10代の母親、精神保健の利用者、退役軍人、発達障害のある人たち、児童虐待（被虐待児と家族）、児童・生徒、薬物依存症など、さまざまな人たちがケアマネジメントの援助を必要としていると述べている。[8]

② 社会資源とは、「福祉ニーズの充足のために利用・動員される施設・設備、資金・物品、諸制度、技能、知識、人・集団などの有形、無形のハードウェアおよびソフトウェアの総称」[9]を意味する。こうした社会資源の種類には、ⓐフォーマルな社会資源、ⓑインフォーマルな社会資源がある。さらに、ⓒ利用者の持つ内的資源も社会資源のひとつとされる。

　ⓐ フォーマルな社会資源：制度化されたもので、一定の利用要件を満たしていれば誰でも利用できるもの。たとえば、介護保険制度や障害者自立支援制度の給付対象となるサービスなどがあり、こうした支援の提供主体には、医療法人・社会福祉法人、NPO法人などがある。さらに、

市町村などの地方自治体が独自に用意しているサービスもある。また，営利企業が独自に用意しているサービスも，こうしたフォーマルな社会資源に含まれる。
　ⓑ　インフォーマルな社会資源：フォーマルな社会資源とは異なり，支援の提供側と利用者の間で結ばれる私的な人間関係を通して提供されるもの。これらの提供主体には，家族，親族，近隣住民，友人，知人，ボランティアなどがある。
　ⓒ　内的資源：利用者が持っている力のことであり，それらは能力，自信・自負心，意欲，希望などである。
③　ケアマネジャーとは，利用者のニーズをアセスメントし，そのニーズを充足することができる社会資源を地域社会の中から探しだし，利用者と結びつける役割を果たす専門職である。介護保険制度の中では，居宅介護支援事業所に所属する介護支援専門員や，地域包括支援センターのスタッフなどがこうしたケアマネジメント業務を担うことになる。

(3)　介護保険制度とケアマネジメント

　ケアマネジメントが介護保険制度に組み込まれたねらいは，高齢者が自らの意思に基づき，自立した質の高い生活を送ることができるよう支援することである。そのため，介護支援専門員という新しい資格を創設し，居宅サービスについてはケアプラン作成に対して居宅介護サービス計画費という保険給付を設けて，居宅介護支援事業所に所属する介護支援専門員（ケアマネジャー）が，利用者のアセスメント・ケアプラン作成・モニタリングという一連のケアマネジメント業務を行う仕組みとしたのである。また，施設サービスについても，各施設に介護支援専門員を置き，施設サービス計画の作成を義務づけることでケアプランに基づく支援が行われる仕組みとした。このように，本来ケアマネジメントは利用者の地域生活支援の方法であるが，介護保険制度においては介護支援サービスとして，居宅・施設両方の支援をケアプランに基づいて行う仕組みを導入したのである。

　その後，制度開始後の最初の３年の見直しにより，2003（平成15）年からは，利用者・事業者に対する居宅サービス計画書の配付を義務づけるなどの運営基

準改正,「居宅サービス計画書作成の手引き」を示し居宅サービス計画の書き方に関する標準化をはかり, ケアマネジメントのプロセスに沿った実践が行えるように介護支援専門員実務研修の内容を改める(10)等が行われた。(11)

　また, 次の見直し時期後の2006 (平成18) 年からは, 新予防給付の導入にともない, それまで介護支援専門員が要支援者・要介護者のケアプラン作成を担っていたものが, 要支援者については原則として地域包括支援センターのスタッフが対応することになる。このことで, 従来の介護支援専門員というひとつの窓口でサービス利用に関する相談・調整がはかられていたものが, 認定結果によってケアマネジメントプロセスへの入り口が分かれることになる。また, ケアマネジメントの質の向上をねらって介護支援専門員の研修受講の義務化, 5年ごとの更新制の導入, 事業所に所属する介護支援専門員の届け出を義務化し, 介護支援専門員ごとにケアプランのチェックを行える二重指定制の導入, ケアマネジャー支援を行う主任介護支援専門員の創設等の制度改正が行われた。また, 2008 (平成20) 年に国は「ケアプラン点検マニュアル」を示し, ケアプランがケアマネジメントのプロセスをふまえ「自立支援」に資する適切なケアプランになっているかについて介護支援専門員に気づきをうながし, 健全な給付の実施が行われることを求めている(12)。

　このように, 国はケアマネジメントの質の向上に大きな期待を寄せている一方, たび重なる制度改正や安定的な経営が困難な状況で, 現場の介護支援専門員の疲弊が見られることも事実である。

2　ケアマネジメントのプロセス

　ケアマネジメントのプロセスは, ①入り口 (ケース発見, スクリーニング, インテーク), ②アセスメント, ③ケース目標の設定とケアプラン作成, ④ケアプランの実施, ⑤モニタリング, ⑥再アセスメント, ⑦終結, という段階があるとされる。これらを, 介護保険制度における居宅介護支援のプロセスと関連させて説明する。

(1) 入り口 (ケース発見, スクリーニング, インテーク)

　ケアマネジメントは, 複数のニーズを持ち, 自らの力ではそのニーズを満た

す社会資源を得られない人を発見することからはじまる。ケース発見は，利用者が自ら市町村や地域包括支援センター，居宅介護支援事業所に相談にくることではじまる場合もあるが，実際には家族からの相談によってはじまることが多い。また，独居の認知症高齢者や夫婦共に認知症である高齢者世帯，あるいは高齢者虐待が起こっている世帯では，高齢者本人や家族から相談が持ち込まれることは稀であり，地域の見守り・発見ネットワークによるケース発見が重要となる。

スクリーニングは，ケアマネジメントが必要な人か否かを判断することである。介護保険制度では要介護認定がこれにあたる。認定結果が要介護の場合，居宅介護支援事業所がケアマネジメントを担当し，要支援1・2の場合には原則として地域包括支援センターが担当することになる。また，認定結果が非該当であっても何らかの支援が必要と思われる場合は地域包括支援センターがかかわり，介護予防ケアマネジメントの対象となることもある。

インテークとは，利用者を援助の過程に引き入れる最初の支援である。介護支援専門員は居宅介護支援のサービス（ケアマネジメント）について利用者に説明し，同意を得る（運営基準第4条）。この際，ケアプランは利用者の希望に基づき作成されるものであることを説明し，利用者自身がサービス利用の主体者であることを理解してもらうことが大切である（以下，基本的には要介護者に対するケアマネジメントのプロセスとして説明する。また，運営基準とは指定居宅介護支援等の事業の人員及び運営に関する基準を指すものとする）。

(2) アセスメント

アセスメントとは情報収集と分析のプロセスである。介護支援専門員は利用者の生活全般にわたる情報を収集し，利用者の生活上の困難がなぜ，どのようにして起こってきているのかを理解する。なお，このアセスメントの用語について介護保険制度では「課題分析」という日本語が当てられているが，課題とはすなわちニーズのことを想起させ，ニーズを書き出すことがアセスメントであるというように，アセスメントを矮小化してとらえさせる懸念があった。

本来アセスメントは，なぜ困難な状況が生まれてきているのかという現状の分析と，それをどのような方向で解決していきたいのかという目標の把握の両

方を含んだものであり,「重要な問題は『(それを) なんと呼ぶか』ではなく,『何が起こっているか』である。『何が起こっているか』を判定するための機能のアセスメントは,身体的・精神的・社会的・環境的側面を網羅しなければならない」という見方は大切である。また,アセスメントにおいて,主治医による専門的意見を重視することも大切である (運営基準第13条18項, 19項)。

なお,ケアマネジメントでは,アセスメントシートを用いてさまざまな情報を収集することが一般的である。これらのシートにはさまざまなものが開発されており,それらが介護支援専門員業務を支援するコンピュータソフト化されている。

介護支援専門員は利用者宅を訪問し,アセスメントを実施する (運営基準第13条7項)。その際,単にアセスメントシートの項目を順次尋ねていくのではなく,利用者の主訴を中心にしながら,利用者の生活全般へと話題を広げていくような面接技法が必要である。また,利用者は要介護状態になり,さまざまな生活上の不自由さや今後の生活への不安など,さまざまな感情を抱いている。こうした利用者の感情面に注意を向けながら,利用者に対して共感的にかかわっていく。それと同時に,利用者の保たれている力（能力）や今までやってきたこと（自負心）,今後の希望などにも焦点を当て,利用者が持っている力に応じた自立した生活,そしてその人の人となりをふまえた尊厳の保たれた生活とはどのような形になるのかを見つけていくのである。

介護支援専門員は,ケアマネジメントの目標となる利用者の望む暮らしを把握し,そうした目標と隔たっている現在の生活の状態をどのようにすれば目標に近づけていくことができるか,そのためにはどんなニーズ（援助の必要性）があるかを明らかにしていくのである。その際,利用者側から見たニーズ（フェルト・ニーズ）と介護支援専門員が把握するニーズ（ノーマティブ・ニーズ）は,必ずしも最初から一致しているわけではない。介護支援専門員はアセスメント面接の中で構築する信頼関係をもとに,両者の間でのニーズに関する合意がはかれるように支援していく。

ニーズに関する合意がはかれると,ケアマネジメントは次の段階であるプランニングへとスムーズに至ることができる。たとえば,利用者も介護支援専門

員も，利用者の望む暮らしの実現のためには「家の中を自由に歩けるようになりたい」ということをニーズと認めるなら，そのために介護支援専門員は「通所リハビリを利用して，ある訓練を受けるという方法はいかがでしょうか。そのためには，主治医の先生にリハビリの必要性を伺ってみましょうか」とサービス利用に関する提案をすることができる。利用者は，自らの望む暮らしに向けたサービス利用の提案を吟味することができる。[15]

しかし，ニーズに関する合意がはかれない場合，サービス導入は介護支援専門員が意図するようには進まない。そのため，介護支援専門員は一度の面接だけでなく，継続的な利用者とのかかわりの中からニーズに関する合意のための話し合いを続けていくことになる。

(3) プランニング

アセスメントで明らかにされたニーズに対して，どのような社会資源を，いつ・どれくらいの頻度・量で利用するのか，それをどのサービス提供機関／支援者から得ることができるのか等を利用料負担も含めて検討するのがプランニングの段階である。

介護支援専門員は，利用者のニーズを充足するためにもっとも適切と思われる社会資源を地域社会の中から探し出し，利用者にケアプラン（原案）として提示する。そのためには，介護支援専門員は自らの所属する事業所の活動する地域内にある社会資源の種類や，それぞれのサービス内容やその質について熟知しておく必要がある。たとえば，通所介護サービスであっても，A事業所は個別レクリエーションが充実しており，B事業所では集団レクリエーションを得意としている等，個々の社会資源による特徴の違いがあり，利用者によってどの事業所がより有効に機能するかを考えるのである。

また，費用負担に関しては，介護保険給付では支給限度基準額内で，かかった費用の1割を利用者が負担することでサービス利用が可能である。また，それ以外のサービスにおいてはそれぞれ別途費用負担が発生する。さらに，インフォーマルなサポートについては，報酬の授受という関係ではなく，利用者と支援者の間にある人間関係・情緒的な関係において支援が提供される。そのため，介護支援専門員はそうした両者の関係性を視野に入れつつ，インフォーマ

ルな支援者との関係が続けられるように配慮する必要がある。すなわち，時にはインフォーマルな支援者のかかわりに感謝を述べ，時にはその人の愚痴に耳を傾ける等をしながら，インフォーマルな支援者を支えていくことも必要になる。

（4）ケアプランの実施

ケアプランに位置づけた各種の社会資源が実際に利用できるように調整をしていくのが，ケアプランの実施である。介護支援専門員は各種の社会資源に対してサービス提供依頼を行うが，その際に，利用者の状況やニーズ，ケアプラン全体とその中で当該機関が果たす役割（サービスの内容，種類，頻度から，時には利用者に対するかかわり方まで）などを説明し，理解を求める。

また，複数の社会資源が利用者とかかわることによって，それぞれの機関が個々バラバラに利用者にかかわるということが起こりうる。すなわち，利用者にかかわる機関が多くなればなるほど，サービス提供者の足並みは乱れやすくなる。しかし，ケアプランという道具によって，立場も専門性も異なる機関・支援者が，利用者の望む暮らし（目標）の実現のために協力しあうことができる。このように，チームケアの調整役となるのが介護支援専門員であり，そのための道具がケアプランなのである。

さらに，チームケアは関係者が一堂に会して意見交換をするサービス担当者会議という方法によっても促進される。介護支援専門員はサービス担当者会議を開催し，ケアプランに位置づけた各種のサービス提供機関から専門的な意見を得る（出席できない場合には，事前に連絡して意見を聴取しておく）ほか，利用者が更新認定や区分変更認定を受けた場合にも，担当者会議を開催する必要がある（運営基準第13条14項）。

（5）モニタリング

ケアプランが実施された後も，介護支援専門員は利用者の状況を把握し続ける。モニタリングとは，ケアプランが計画どおりに実施されているか，利用者の心身あるいは社会的な状況が変化することで新たなニーズが発生しているかのチェックを継続的に行うことである。こうしたアセスメントを，介護支援専門員は月に最低1回，利用者宅を訪問して行う必要がある（運営基準第13条13

項)。また，運営基準上はこのように定められているが，介護支援専門員は状況に変化が起こった際に利用者や家族から連絡をもらうことや，サービス提供を依頼している事業者や地域の支援者から必要に応じて利用者の状況の変化を知らせてもらうことなど，利用者・家族，サービス提供者等にもモニタリング機能を担ってもらうことで，利用者の変化に応じた対応をすることができるのである。

(6) 再アセスメント

　モニタリングによってケアプランが利用者の現状に合わないことが明らかになった場合，介護支援専門員はモニタリングで得られた情報を加えてアセスメントをやり直し，利用者の今現在の状況に応じてケアプランを修正する必要がある。こうした再アセスメント・ケアプランの修正によって，利用者の状況の変化に対応しつつ，「利用者に必要なものを，必要な時に，必要なだけ」提供する支援を展開できるのである。

(7) 終　結

　ケアマネジメントは長期ケア (long-term care) の方法であるといわれる。長期にわたってサービス提供を行い，利用者がターミナル期を経て死去することで，居宅介護支援は終結することになる。またそれ以外にも，利用者が長期入所となることで，居宅ケアとしては終結する場合がある。この場合には，そこから施設ケアがはじまるわけであり，居宅ケアで蓄積した利用者の個別ケアに関する情報がこれからケアを提供する入所施設に引き継がれることが大切である。また，他自治体に住む家族と同居することになり，当該居宅介護支援事業所との支援関係が終わる場合もある。この場合でも，施設入所の場合と同様，利用者の居宅ケアに関する情報が今後支援を提供する居宅介護支援事業者に引き継がれることが大切である。

3　ケアマネジメントと援助の実際

(1) ケース発見

　Aさんは82歳の女性である。一人暮らしであり，一人娘はすでに亡くなり，娘婿や孫は他府県で暮らしており，Aさんと日常的な行き来はない。膝関節炎

図8-2　Aさんの退院時の状況

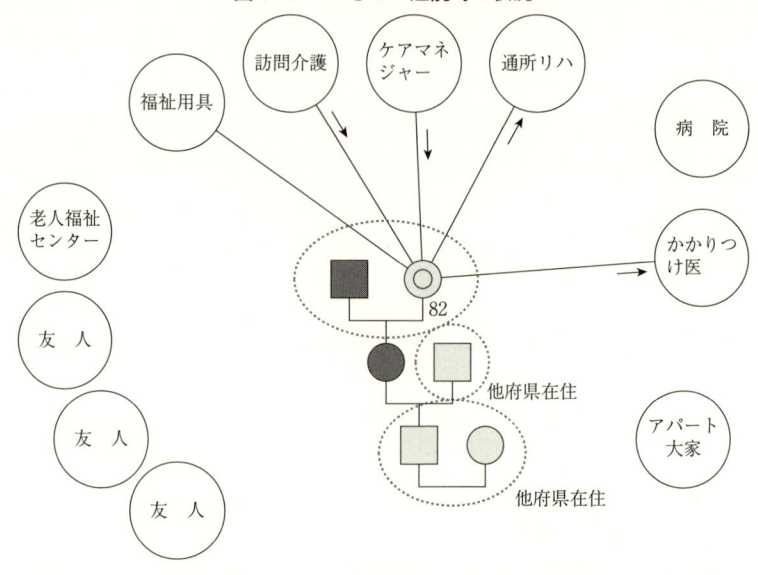

で歩行が不自由になってきたところ，転倒・大腿骨頸部を骨折し，入院することになった．治療を受けて退院となったが，以前のように歩けなくなったため介護サービスが必要ということで，入院中に要介護認定の申請を行った．認定結果は要介護2であり，退院を控えて，居宅介護支援事業所に居宅介護支援の依頼をすることになった（**図8-2**）．

(2) アセスメント

B居宅介護支援事業所のC介護支援専門員（以下，Cケアマネ）は，入院中にAさんと面接し，「退院してからも，一人暮らしをしたい」というAさんの希望や，退院後に心配な事柄（トイレ，買物，調理，通院など）について話しを伺った．また，Aさんの了解を得て主治医，病棟看護師，リハビリテーションスタッフ（以下，リハスタッフ）からも情報を収集し，退院後の生活でAさんがどのくらいの生活ができ，どういったことが困難になるのかについて把握した．さらに，Aさんと面接を行うことで，「家に帰ってからは，また今までのように老人福祉センターのカラオケ教室に通って，馴染みの人との付き合いがしたい」という今後の生活の希望も聞くことができた．

Ｃケアマネは，Ａさんの住環境のアセスメントのため，病院のリハスタッフに依頼し，Ａさんの許可を得てＡさんの住まいのアセスメントを行った。Ａさんはアパートの１階に部屋を借りて生活しており，玄関の段差やトイレ，浴室などに手すりが必要であること，今までは布団で寝起きしていたが，今後はベッドを使うほうがよいこと等の意見を得た。ＣケアマネはＡさんと相談し，アパートの大家と相談して，手すりの取り付け等について交渉することにした。Ａさんはこのアパートに20年近く住んでおり，大家はＡさんの事情を理解して，手すりの取り付けを了解をしてくれた。

（３）　プランニング

　退院後の介護サービスの利用等について，Ｃケアマネは次のケアプラン（原案）を提案した。

　①　住宅改修による玄関，トイレ，浴室への手すりの設置。
　②　ホームヘルパーによる買物援助・入浴見守り（週２回），馴染みの開業医までの通院援助（週１回）。
　③　通所リハビリによるリハビリ訓練（週２回）。
　④　ベッド，車いすのレンタル。

（４）　ケアプランの実施

　この原案についてＡさんと話し合い，同意を得た（**表8‑1**）。さらに，退院を控えて病院にてサービス担当者会議を開催し，各事業者とＡさんの顔合わせ，サービス内容の確認等を行った。

　そして，Ａさんが退院するまでに，住宅改修による手すりの取り付けや福祉用具レンタルによるベットの搬入などを行い，Ａさんの退院となった。

（５）　モニタリング

　Ｃケアマネは，Ａさんが退院して最初の１週間は，各サービスの初回利用日の度に電話連絡を行い，Ａさんがサービス利用で感じたことや不都合はなかったかなどを確認し，Ａさんがサービス事業者と円滑な関係を結んでいけるように配慮した。幸い大きな問題もなく，Ａさんはサービスを利用した生活へと馴染んでいった。

　また，退院の際に大家に連絡を入れ，Ａさんの様子を伝えたところ，大家か

表8-1　居宅サービス計画書

第1表

居宅サービス計画書(1)　　　作成日　平成20年10月15日

初回・紹介・継続　　認定済・申請中

利用者名　A 殿　　生年月日　大正13年8月1日（85歳）　　住所　〇〇県〇〇市〇〇町〇〇

居宅サービス計画作成者氏名　C

居宅介護支援事業者・事業所名及び住所地　〇〇県〇〇市〇〇町〇〇

居宅サービス系作成（変更）日　平成　年　月　日　初回居宅サービス計画作成日　平成20年9月10日

認定日　平成20年9月1日　　認定の有効期間　平成20年9月1日～平成21年2月28日

要介護状態区分	要介護1・**要介護2**・要介護3・要介護4・要介護5
利用者および家族の生活に対する意向	退院して、また自分の家で暮らしたい。できれば、前のように老人福祉センターのカラオケ教室の仲間との付き合いもしたい。
介護認定審査会の意見及びサービスの種類の指定	なし
総合的な援助の方針	A様が退院したあとも、健康状態が安定して過ごせるように、そして日常の困り事があっても介護サービスを活用して、以前と同じような暮らしができるように支援していきます。また、後には、カラオケ教室のお仲間との交流も図れるように支援していきます。
生活援助中心型の算定理由	1．一人暮らし　2．家族等が障害、疾病等　3．その他（　　　　　　）

第2表

居宅サービス計画書(2)　　　作成日　平成20年10月15日

ニーズ	援助目標				援助内容					
	長期目標	（期間）	短期目標	（期間）	サービス内容	※1	サービス種別	※2	頻度	期間
安心して動けるように、家の中を整えたい	家の中で安心して動けるように、家の環境を整える	2008.11.4	玄関先、トイレ、浴室等に手すりをつける	2008.11.4	住宅改修による手すりの取り付け	〇	福祉用具貸与	E福祉用具事業者		退院時
			ベッドを使い、寝起きをしやすくする	2008.11.4	ベッドのレンタル	〇	福祉用具貸与	E福祉用具事業者		退院時
買い物など、家事を手伝って欲しい	できるだけ自分で家事ができるように、一緒に家事を行う	2008.11.4 ～ 2009.4.30	買い物に行ける	2008.11.4 ～ 2009.1.31	ホームヘルパーによる援助	〇	訪問介護	F訪問介護事業所	2回／週	2008.11.4 ～ 2009.4.30
			調理や掃除、洗濯を一緒に行い、自分でできるように練習する	2008.11.4 ～ 2009.1.31	ホームヘルパーによる援助	〇	訪問介護	F訪問介護事業所	2回／週	2008.11.4 ～ 2009.4.30
安心して入浴できる	自分で入浴できる	2008.11.4 ～ 2009.4.30	見守りのもと、安心して入浴できる	2008.11.4 ～ 2009.1.31	入浴時の見守り	〇	訪問介護	F訪問介護事業所	1回／週	2008.11.4 ～ 2009.4.30
自分で安心して歩けるようになりたい	自分で安心して歩けるようになる	2008.11.4 ～ 2009.4.30	通所リハビリに通い、訓練を受ける	2008.11.4 ～ 2009.1.31	理学療法士による歩行訓練	〇	通所リハビリテーション	G通所リハビリ事業所	2回／週	2008.11.4 ～ 2009.4.30
主治医のところに通院する	週1回、H医院に通院する	2008.11.4 ～ 2009.4.30	通所の介助を受ける	2008.11.4 ～ 2009.1.31	車いすでの外出、通院の介助	〇	訪問介護	F訪問介護事業所	1回／週	2008.11.4 ～ 2009.4.30

表8-2　週間サービス計画表

第3表								
週間サービス計画表								
	月	火	水	木	金	土	日	日常生活
06:00								起床06:30
								朝食07:00
08:00								
10:00	訪問介護（家事・入浴）	通所リハ		訪問介護（通院通行(行き)）	通所リハ			
				訪問介護（通院通行(行き)）				
12:00								昼食12:00
14:00			ボランティアの付き添いで、老人福祉センターで、カラオケ教室に参加	訪問介護（買物・家事）				
16:00								
18:00								夕食18:00
20:00								就寝20:00
22:00								
週単位以外のサービス	福祉用具レンタル（ベッド），住宅改修（手すりの設置），大家・民生委員による見守り（随時）							

ら「私も時々，Ａさんの様子を見に行くようにする」といってくれた。Ａさんにこのことを報告すると，Ａさんはとても喜んでいた。また，地域の民生委員にも見守りを依頼することについて，Ａさんに了解を得て，民生委員に連絡し，見守りを依頼した。

　退院後の月末には，ＣケアマネはモニタリングのためＡさん宅を訪れた。Ａさんは「いろいろ手助けしてもらって，何とか過ごしています」とサービス利用について感謝を述べた。週1回の通院や週2回の買物援助と入浴の見守り，週2回の通所リハ等は，それぞれスムーズにサービス利用ができており，Ｃケアマネは次月も同様のケアプランでサービス提供を行うことについてＡさんの

255

図8-3　Aさんの退院後の状況

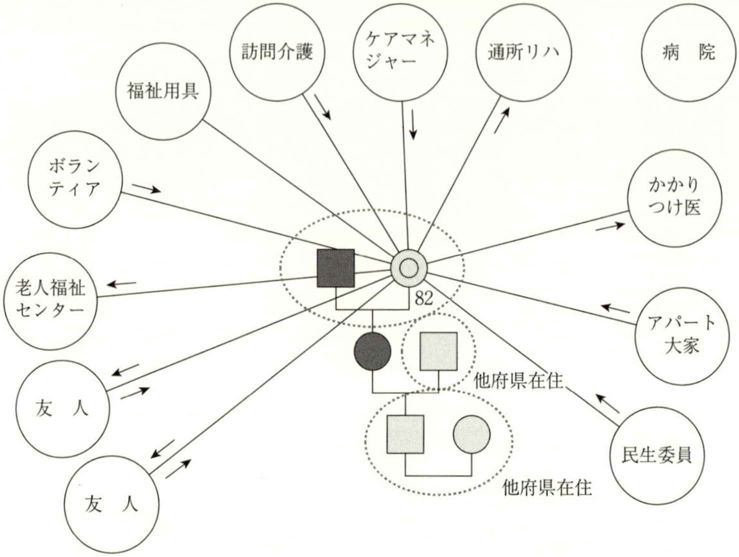

了承を得て，現行のケアプランを継続することにした（**表8-2**）。

（6）再アセスメント・ケアプランの修正

　翌月のモニタリング訪問時，CケアマネはAさんに日々の生活の様子について尋ねると同時に，退院前に話していた老人福祉センターのカラオケ教室の件について話題を向けてみた。すると，Aさんから「一緒に教室に参加していた何人かからは電話がかかってきます。『また教室にお越しなさい』といってくれるのです。でも，なかなかセンターまでは行けませんね」という言葉が聞かれた。Cケアマネが，「車いすを押して一緒にセンターまで行ってくれるボランティアを探してみましょうか」と提案すると，Aさんは，そんな人がいるならぜひお願いしたいと返答した。Cケアマネは市社会福祉協議会のボランティアセンターに連絡し，Aさんのためのボランティアを探してくれるようにDボランティア・コーディネーター（以下，DCo.）に依頼した。その後，DCo.からAさんに連絡があり，調整のためのやりとりがなされ，後日センターへの付き添いをしてくれるボランティアが見つかった旨の連絡が入った。そして，入院前にAさんが通っていたカラオケ教室が開催される毎週水曜日の午後に，A

さんはボランティアと一緒にカラオケ教室に通うようになり，馴染みの仲間とカラオケを楽しむことができる生活が戻ってきた（図8-3）。

　このようにして，Aさんはサービスを利用しながらの生活を継続していくことになった。その後，Aさんが風邪を引いて寝込んだ際には，主治医による往診やヘルパーの訪問回数を増やすなど，ケアプランを一時的に修正しながら対応し，その後もAさんは地域での一人暮らしを続けている。

注
(1) 小倉啓子『ケア現場における心理臨床の質的研究』弘文堂，2007年，70頁。
(2) 三浦文夫「ソーシャル・ニーズ」『現代社会福祉事典』全国社会福祉協議会，1988年。
(3) 白澤政和監修『利用者ニーズに基づくケアプランの手引き』中央法規出版，2000年，114頁。
(4) 竹内孝仁『ケアマネジメント』医歯薬出版，1996年，21～29頁。
(5) メアリー・マーシャル／西尾祐吾・杉本敏夫訳『老人ソーシャルワーク』相川書房，1988年，3～18頁。
(6) A.ブラックワイス・F.ブレナン／山名敦子・松本栄二訳『高齢者ソーシャルワークスーパービジョン』筒井書房，1995年，16頁。
(7) 白澤政和『ケースマネジメントの理論と実際』中央法規出版，1992年，11頁。
(8) バーバラ・J.ホルト／白澤政和監訳『相談援助職のためのケースマネジメント入門』中央法規出版，2005年，208～215頁。
(9) 小笠原慶彰「社会資源」『現代社会福祉学レキシコン（第2版）』雄山閣出版，1993年，164頁。
(10) ケアマネジメント実践研究委員会『ケアマネジメントの原則に則った実践の確保方策に関する研究報告書』（長寿社会開発センター，2003年）をもとに，『居宅サービス計画書作成の手引き』（長寿社会開発センター，2003年）が出版され，改訂を重ねていくことになる。
(11) 介護支援専門員実務研修テキスト作成委員会編『介護支援専門員実務研修テキスト』長寿社会開発センター，2003年が発行され，改訂を重ねていくことになる。
(12) 厚生労働省老健局『ケアプラン点検マニュアル』2008年。
(13) マリオン，W.ショウ編／老人の専門医療を考える会訳『高齢者ケアへの挑戦』1997年，2頁。

⒁　こうした居宅介護支援において収集すべき情報に関して，国は課題分析手法について情報収集項目として備えておくべき項目を「課題分析標準項目」として示している。「介護サービス計画書の様式及び課題分析標準項目の提示について」（平成11年11月12日老企第29号）。

⒂　ケアマネジメントのプロセスにおいて，理論的にはアセスメントを経てプランニングに至るが，実際にはこのように，アセスメントとプランニングは実務上は一体的に進んでいくことが一般的である。

第9章　高齢者の人権を守る法制度

第1節　脅かされる高齢者の人権

1　高齢者を取り巻く犯罪および被害

　近年，高齢者が巻き込まれる詐欺事件や消費者被害などがマスコミなどにも大きく取り上げられている。金融機関を巻き込み大きな社会問題となった「オレオレ詐欺」「振り込め詐欺」など，犯罪集団は，そのターゲットを高齢者に絞り込んでいた。

　2007（平成19）年度では，上記の詐欺事件が6,430件にものぼり，さらに形を変えて「還付金詐欺」なども行われるようになった。

　また，高齢者をターゲットにした消費者被害も数多く報告がなされており，それらの詳細を国民生活センターがまとめている。

　2008（平成20）年9月に国民生活センターは，「判断力が不十分な消費者に係る契約トラブル——認知症高齢者に係る相談を中心に」（**図9-1**）を発表した。この発表よりも以前に，2003（平成15）年3月には「知的障害者，精神障害者，痴呆性（認知症）高齢者の消費者被害と権利擁護に関する調査研究」を発表している。その報告では，判断力が不十分な消費者に係る相談件数が，1997（平成8）年度から2001（平成13）年度までの5年間に2.6倍になったとしているが，その後も件数の増加傾向は続いている。1998年からの10年間でみると，2005年度には1998年度の5倍以上の1万2607件にまで達し，2006年度以降においても，年間1万件以上の相談が全国から寄せられている。判断力が不十分な消費者に係る相談全体の傾向を見ると，契約当事者が70歳代以上の相談割合が増加しており，かつ認知症高齢者に係るトラブルが増加傾向にあることがうかがえる。

　国民生活センターではPIO-NETという全国消費生活情報ネットワーク・

図9-1 判断力が不十分な消費者の相談件数とその割合（1998〜2008年度）

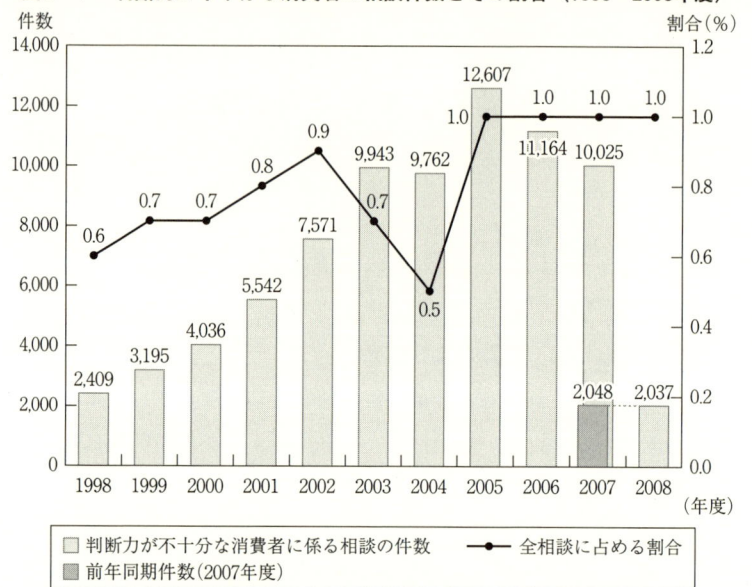

年度	件数	割合(%)
1998	2,409	0.6
1999	3,195	0.7
2000	4,036	0.7
2001	5,542	0.8
2002	7,571	0.9
2003	9,943	0.7
2004	9,762	0.5
2005	12,607	1.0
2006	11,164	1.0
2007	10,025（前年同期2,048）	1.0
2008	2,037	1.0

出所：「判断力が不十分な消費者に係る契約トラブル」国民生活センター，2008年，2頁。

図9-2 契約当事者の年代別件数と割合（2003〜2008年度）

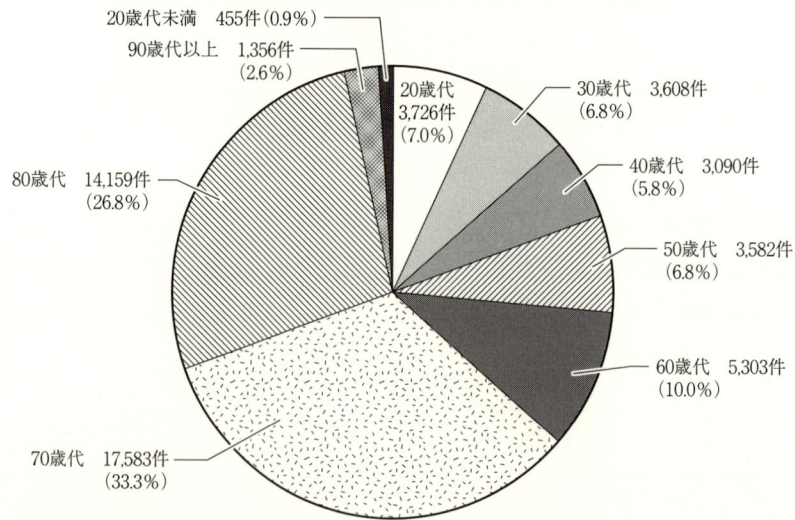

- 20歳代未満　455件（0.9％）
- 20歳代　3,726件（7.0％）
- 30歳代　3,608件（6.8％）
- 40歳代　3,090件（5.8％）
- 50歳代　3,582件（6.8％）
- 60歳代　5,303件（10.0％）
- 70歳代　17,583件（33.3％）
- 80歳代　14,159件（26.8％）
- 90歳代以上　1,356件（2.6％）

注：割合は判断力が不十分な消費者に係る相談全体（年齢が不明・無回答のものを除く）を100とした値である。
出所：図9-1に同じ，3頁。

第9章　高齢者の人権を守る法制度

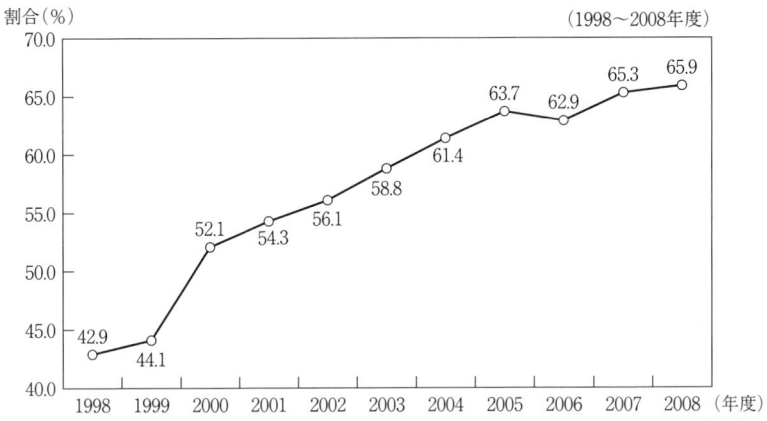

図9-3　契約当事者が70歳以上の割合の年度別推移

割合（％）　　　　　　　　　　　　　　　　　　　　（1998～2008年度）

- 1998: 42.9
- 1999: 44.1
- 2000: 52.1
- 2001: 54.3
- 2002: 56.1
- 2003: 58.8
- 2004: 61.4
- 2005: 63.7
- 2006: 62.9
- 2007: 65.3
- 2008: 65.9

注：判断力が不十分な消費者に係る相談全体（年齢が不明・無回答のものを除く）を100とした割合である。
出所：図9-1に同じ，3頁。

表9-1　70歳代からの商品・サービス別相談件数

（2003～2008年度）

順位	判断力が不十分な消費者に係る相談全体		うち契約当事者が70歳代以上	
	商品・役務	件数	商品・役務	件数
第1位	ふとん類	5,121	ふとん類	3,625
第2位	健康食品	3,543	健康食品	2,690
第3位	サラ金・フリーローン	3,118	新　聞	1,825
第4位	浄水器	2,394	リフォーム工事	1,667
第5位	新　聞	2,330	浄水器	1,530
第6位	リフォーム工事	2,251	商品一般	1,147
第7位	商品一般	2,089	家庭用電気治療器具	870
第8位	電話情報サービス	1,894	建物清掃サービス	818
第9位	アクセサリー	1,868	他の工事・建築サービス	807
第10位	和　服	1,211	商品相場	757

注：「リフォーム工事」とは，増改築工事，壁工事，屋根工事，塗装工事，内装工事のことをいう。
出所：図9-1に同じ，4頁。

図9-4 70歳代以上の販売購入形態別件数と割合

(2003〜2008年度)

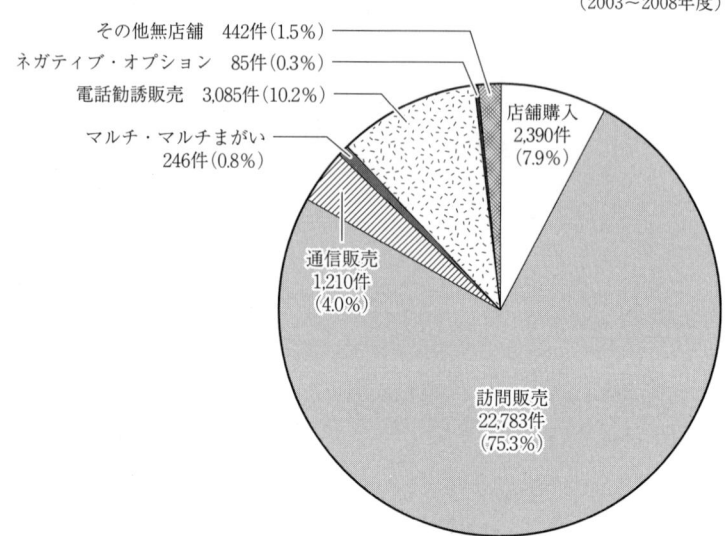

- その他無店舗　442件(1.5%)
- ネガティブ・オプション　85件(0.3%)
- 電話勧誘販売　3,085件(10.2%)
- マルチ・マルチまがい　246件(0.8%)
- 通信販売　1,210件(4.0%)
- 店舗購入　2,390件(7.9%)
- 訪問販売　22,783件(75.3%)

注：割合は判断力が不十分な消費者に係る相談全体（不明・無関係を除く）を100とした値である。
出所：図9-1に同じ，2008年，5頁。

システムに蓄積されたデータと，ヒアリング調査などによって調査結果を公表している。その報告によると，「判断力が不十分な消費者に係る相談件数」が増加傾向にあり，すべての相談件数の約1.0%を占めていることが**図9-1**からわかる。とくに**図9-2**からは認知症等の70代高齢者の相談件数が増加している状況にあり，何らかの消費者問題に巻き込まれている状況が理解できる。

また**図9-3**では，介護保険制度導入後の2000（平成12）年から一挙に相談件数が増加しているが，制度創設によりサービス利用者の増加またはサービス提供主体の増加などの要因が考えられる。また，介護保険によるサービスを受けるようになったことを契機とし，ケアマネジャーやホームヘルパーなどの福祉専門職との交流を通じて訪問販売などの商品契約被害の発見がなされ，それら専門職を通じた消費生活センターへの相談・救済を求めるケースが増加したことも考えられる。

また，**表9-1**，**図9-4**は相談内容別の順位を示しており，布団，住宅増改築，健康食品，浄水器など訪問販売に関する相談が男女とも多いことがわかる。

資料　新聞記事から見た高齢者の被害

> 「弱者標的無法リフォーム——悪質契約375件5年で3倍」
> 　訪問販売による住宅リフォームをめぐって行政の窓口に寄せられた相談が昨年度は全国で計8694あり，このうち認知症などで判断力が十分でない人が契約者となった例が，少なくとも375件，契約額は計約5億4800万円に上ることが国民生活センターのまとめでわかった。5年前の133件から3倍に急増し，被害は全国各地に広がる。高齢者ら弱者が食い物にされている実態が明確になった。
> 　　　　　　　　　　　　　　　　　（『朝日新聞』2005年6月18日付朝刊）
>
> 「『認知症姉妹事件』から1年」
> 　埼玉県富士見市に住む認知症の80歳と78歳の姉妹が，悪質リフォーム業者に約5000万円の契約を結ばされ全財産を失い，信販会社に自宅を競売に掛けられた問題が明るみに出たのが昨年の5月。以来，認知症の高齢者や知的障害者など「判断不十分者」が悪質商法の被害に遭っている実態が次々と浮かび上がっている。
> 　　　　　　　　　　　　　　　　　　（『毎日新聞』2006年6月1日付）

　また，PIO-NETのデータによれば「被害に遭っている認知症高齢者の大半は一人暮らしである」ことからも，家族などが気づくことが困難であることが理解できる。

　被害例として，認知症の女性が訪問販売員にいわれるがまま契約し，そのまま販売員と同行し郵便局でお金を支払ったケースや，その他いずれも高額な布団や，絵画，掛け軸，健康器具，健康食品などの購入をさせられたなどがある。

　このような消費者被害を未然に防止するために，国民生活センターは「消費者被害未然防止の課題」として次の3つを挙げている。

　①専門性を備えたキーパーソンの存在が不可欠，②「福祉・介護の契約時代」に見合うセーフティーネットづくり，③求められる成年後見制度の見直し，である。①に関しては，認知症高齢者などがひとりで過ごす時間を減らしながら，日常生活にかかわるキーパーソンが地域に必要であると指摘している。②に関しては，複数のクレジットカードや消費者金融からの借り入れなどによる多重債務に陥るケースも見られるため，日常的な介護・福祉サービス機関との連携を強化し，被害予防に向けたネットワークづくりが不可欠であるとしている。③に関しては，成年後見人の供給が不十分であり，地域行政がいかに対応

するかが重要な課題である。また，後見申立手続の時間がかかることへの不満が増加していることや，十分な財産を有しない人のための手続費用と後見人報酬を補助する仕組みを検討し，よりいっそう利用しやすい仕組みとして育てる必要がある。

このように，社会的に支援を必要とする認知症高齢者などの被害を防止するためにも，その相談・解決に向けた社会的セーフティーネットの構築が欠かせないといえる。

2　高齢者への身体拘束

2001（平成13）年3月に厚生労働省「身体拘束ゼロ作戦推進会議」がまとめた「身体拘束ゼロへの手引」が発行された。

この手引では，「身体拘束はなぜ問題なのか」という視点で次のようにまとめている。身体拘束がもたらす多くの弊害として，身体的弊害では，①本人の関節の硬縮，筋力の低下といった身体機能の低下や圧迫部位の褥瘡の発生などの外的弊害をもたらす。②食欲の低下，心肺機能の感染症への抵抗力の低下などの内的弊害をもたらす。③車いすに拘束しているケースでは無理な立ち上げによる転倒事故，ベッド柵のケースでは乗り越えによる転落事故，さらには抑制具による窒息などの大事故を発生させる危険すらある。このように，本来のケアにおいて追求されるべき「高齢者の機能回復」という目標とまさに正反対の結果を招く恐れがある。

また精神的弊害では，①本人に不安や怒り，屈辱，あきらめといった大きな精神的苦痛を与え，そして人間としての尊厳を侵す。②身体拘束によって認知症がさらに進行し，せん妄の頻発をもたらすおそれもある。③また，本人の家族にも精神的苦痛を与える。自らの親や配偶者が拘束されている姿を見たとき，混乱し，後悔し，そして罪悪感にさいなまれる家族は多い。④さらに，看護・介護スタッフも，自らが行うケアに対して誇りを持てなくなり，安易な拘束が士気の低下を招く。身体拘束は看護・介護スタッフ自身の士気の低下を招くばかりか，介護保険施設などに対する社会的な不審，偏見を引き起こす恐れがある。そして，身体拘束による高齢者の心身機能の低下は，その人のQOLを低

表9-2 身体拘束の定義

① 徘徊しないように，車いすやいす，ベッドに体幹や四肢をひも等で縛る。
② 転落しないように，ベッドに体幹や四肢をひも等で縛る。
③ 自分で降りられないように，ベッドを柵（サイドレール）で囲む。
④ 点滴・経管栄養等のチューブを抜かないように，四肢をひも等で縛る。
⑤ 点滴・経管栄養等のチューブを抜かないように，又は皮膚をかきむしらないように，手指の機能を制限するミトン型の手袋等をつける。
⑥ 車いすやいすからずり落ちたり，立ち上がったりしないようにY字型抑制帯や腰ベルト，車いすテーブルをつける。
⑦ 立ち上がる能力のある人の立ち上がりを妨げるようないすを使用する。
⑧ 脱衣やおむつはずしを制限するために，介護衣（つなぎ服）を着せる。
⑨ 他人への迷惑行為を防ぐために，ベッドなどに体幹や四肢をひも等で縛る。
⑩ 行動を落ち着かせるために，向精神薬を過剰に服用させる。
⑪ 自分の意思で開けることのできない居室等に隔離する。

下させるのみでなく，さらなる医療的処置を生じさせ経済的にも少なからぬ影響をもたらす。

　表9-2に，昭和63年厚生労働省告示第129号に明示された「身体拘束の定義」を整理しておく。

　また，老人保健施設の人員，施設及び設備並びに運営に関する基準（平成11年3月31日厚生省令第40号）には，「サービスの提供に当たっては，当該入所者又は他の入所者等の生命又は身体を保護するため緊急やむを得ない場合を除き，身体的拘束その他入所者の行動を制限する行為（以下「身体的拘束等」という。）を行ってはならない」「介護老人保健施設は，前項の身体的拘束等を行う場合には，その態様及び時間，その際の入所者の心身の状況並びに緊急やむを得ない理由を記録しなければならない」とある。また，2000（平成12）年3月に施行された精神保健福祉法では抑制禁止を明記しており（第36条2項，昭和63年厚生省告示第129号，第130号），患者および利用者本人または親族等の事前の承認，または医師の判断に基づき合理的な理由がある場合以外は禁止することになっている。高齢者の施設においても，認知症高齢者に対して身体拘束を行うことや，ベッドから落下する恐れのある人などについても上記身体拘束に該当するような行為は行わないよう努力することとなっている。福祉現場では，厚生労働省からの通知を受け，人員不足や転倒のリスク，施設側の法的責任問題につながるケースに対して，どのような方策があるか検討を重ねている。現在では

組織のトップから現場職員の隅々まで身体拘束をしないケアの在り方を検討し努力している状況にある。また，法的には「指定介護老人福祉施設の人員，設備及び運営に関する基準法第11条4項」に「指定介護老人福祉施設は，指定介護福祉施設サービスの提供に当たっては，当該入所者又は他の入所者等の生命又は身体を保護するため緊急やむを得ない場合を除き，身体的拘束その他入所者の行動を制限する行為（以下「身体拘束等」という。）を行ってはならない」と規定している。同様の規定は「介護老人保健施設の人員及び運営に関する基準第13条4項」「指定介護療養型医療施設の人員，設備及び運営に関する基準第14条4項」にも規定されており，身体拘束の原則禁止規定が明記されている。

3 介護殺人

近年，介護をめぐる殺人事件が後を絶たない。加藤悦子の調査では，1998（平成10）年から2007（平成19）年までの10年間に生じた「介護殺人」事件は350件で，355人が死亡していた（**図9-5**参照）。

この「介護殺人」に関する定義は明確に定まっていないが，精神医学，家族社会学，社会福祉学などの分野を中心にその研究が行われつつある。

介護殺人は「高齢者虐待のもっとも悲惨な形」「人権を侵害する虐待の究極的な現象」との指摘もある。しかし，殺人事件でありながらも，犯行に及んだ人物に対する判例は執行猶予つきの判決が多数下されている。このことは，「介護」を理由とする「殺人」が高齢者の「生きる権利」を奪う行為でありながら，温情的な判決がなされることに対しての，社会的あきらめが根底にあると考えられる。このことは，高齢者の生活を社会的に守る整備が不十分であることと同時に，高齢者介護がいまだ「家族」の問題であるとの認識があるからではないかと考えられる。

介護保険制度の創設など，高齢者の「介護」の課題に対して社会的な整備は進められているが，悲惨な事件は増加傾向にあるといえる。

また，加藤の分析（**表9-3**参照）では，家族形態の一致（二人暮らし）や，介護者ひとりに集中している点などの共通または類似の事例が多数確認され，介護負担による殺人であることは共通している。そして，介護殺人事件は刑法の

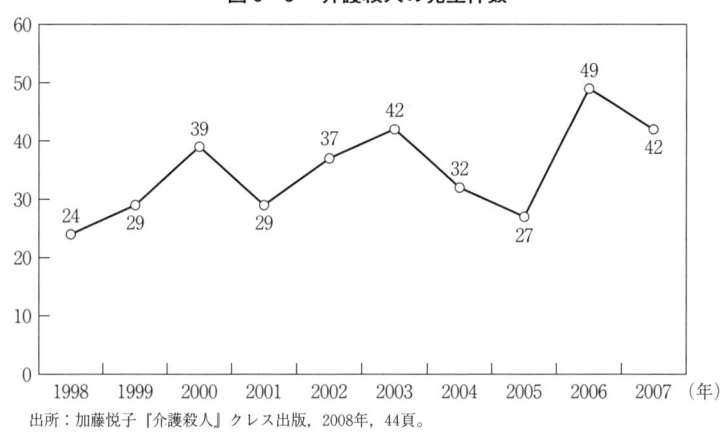

図9-5　介護殺人の発生件数

年	件数
1998	24
1999	29
2000	39
2001	29
2002	37
2003	42
2004	32
2005	27
2006	49
2007	42

出所：加藤悦子『介護殺人』クレス出版，2008年，44頁。

表9-3　検討事例と介護殺人によく見られる特徴との一致点

	過去の事例によく見られる傾向	事例1	事例2	事例3	事例4
殺害形態	心　中	○			
家族形態	二人暮らし	○	○		○
介護者	夫	○			
	未婚の息子		○		○
	健康不良	○	○		
	介護が一人に集中	○	○	○	○
被介護者	認知症	○		○	
	寝たきり			○	○
社会資源	病院を利用	○	○	○	
	何らかの介護サービスを利用	○	○		○
	入院・入所先を探していた	○			
経済状態	金銭的困窮		○		○

出所：図9-5に同じ，70頁。

　適用条文から分析すると，自殺関与および同意殺人（刑法第202条），殺人（同第199条），傷害致死（同第205条），保護責任者遺棄致死（同第219条）の4通りが考えられるとしている。しかし，これらの刑を執行しても，それらの犯行が減少するといった効果はいまのところ得られていないのではないか。つまり，積極的な意味でこれらの悲惨な事件が起きないような予防的な措置が，今後も求められてくるといえる。

資料　介護疲れによる殺人事例

> 「介護に疲れ…」妻殺害容疑浦和署調べ　逮捕の夫が供述
> 　さいたま市浦和区領家4丁目のアパートで1日，住人の無職出川節子さん（73）の遺体が見つかった事件で，浦和署は4日，行方が分からなくなっていた無職の夫，隆一容疑者（77）を殺人容疑で逮捕したと発表した。同署によると，「妻の介護に疲れ，首を絞めた」と供述しているという。
> 　同署の調べによると，隆一容疑者は6月30日昼ごろ，アパートで節子さんの首をロープで絞め，殺した疑いがある。節子さんは足が不自由で1人では歩けず，部屋には節子さんの殺害をほのめかす書き置きが残っていたという。
> 　隆一容疑者は，事件直後から行方が分からなくなっていた。4日午後0時25分ごろ，ＪＲ埼京線武蔵浦和駅の改札口付近にいたところを，警戒していた同署員に見つかった。「近くのビジネスホテルを泊まり歩いていた」などと話しているという。
> 　　　　　　　　　　　　　　　　　　　（『朝日新聞』2009年7月5日付埼玉朝刊）

第2節　成年後見制度

1　成年後見制度の概要

　1999（平成11）年12月1日第146回臨時国会において，任意後見契約に関する法律案等関連四法案が可決され，成立した。この法律は「民法の一部を改正する法律」として，従来の禁治産・準禁治産の制度を改正し，新たに法定後見制度の改正（補助・保佐・後見の三類型化・成年後見人等の権限規定の充実等）を内容とする法律改正と，成年後見制度を創設し，判断能力の不十分な高齢者等を法的に保護するシステムとして2000（平成12）年4月1日より施行された。
　この成年後見制度は，高齢社会への対応および知的障害者・精神障害者等の福祉の充実の観点から，自己決定権の尊重，残存能力の活用，ノーマライゼーション等の理念と従来の本人の保護理念との調和を旨として，柔軟かつ弾力的な利用しやすい制度として検討され制定されたのであり，社会福祉の理念を基本とする法整備として位置づけられている。この法律改正によって，「行為無能力者」という概念はなくなった。以前から，とくに，禁治産・準禁治産とい

表9-4 成年後見制度の特徴

① 禁治産・準禁治産の制度を，補助・保佐・後見の3類型に改め，それぞれ「補助人」「保佐人」「成年後見人」が選任され本人を保護する。 ② 後見制度および保佐制度の改正 　　ア：配偶者法定後見人制度を廃止し，家庭裁判所による選任を行う 　　イ：複数後見人・法人成年後見人制度の導入 ③ 身上配慮義務および本人の意思尊重 ④ 監督体制の充実 ⑤ 任意後見制度の新設

う用語は差別的な意味合いを感じさせることや，戸籍謄本にそのことを記載しなければならないなど，家族・親族などが宣告自体を拒否したり，差別への被害の広がりのおそれなどの問題が指摘されていた。

また，従来では，禁治産・準禁治産宣告を受けた場合，その後の法的権限が著しく制限され，日常生活用品も自由に購入することができないなど，宣告者への保護的機能が強調されていた。しかし，今回の民法改正により，「自己決定権の尊重」を中心とする精神から，「被後見人の行為は，被後見人又は後見人が取り消すことができる。ただし，日常生活に必要な範囲の行為は，取り消すことができない」（第9条）とし，柔軟な対応と，本人の意思を尊重した対応を可能としている。

ここで，成年後見制度の代表的な特徴を4つに分類し，その法解釈や運用上の問題点について触れることとする（表9-4）。

まず，制度全体を通じて「申立権者」の規定である。補助・保佐・後見にかかわる家庭裁判所への申請は，本人・配偶者・親族または検察官が申請者となることができるとしている（表9-5）。また，申請にあたっては身寄りのない認知症高齢者・知的障害者・精神障害者等に対する補助・保佐・後見の開始の申立権を市町村長に付与する権限が，老人福祉法・知的障害者福祉法・精神保健及び精神障害者福祉法により示されている。したがって，本人・親族などからの申請が困難または不可能な場合など，市町村長の裁量により申立ができることになっている。また，市町村長の申立権の範囲について，従来の4親等内の親族から2親等内の親族確認に改正され，2007（平成19）年4月から2008（平成20）年3月までに，全国の市町村で1,564件の市町村長による申立が行わ

表9-5　成年後見制度

		補助開始の審判	保佐開始の審判	後見開始の審判
要件	（対象者）（判断能力）	精神上の障害（認知症・知的障害・精神障害等）により事理を弁識する能力が不十分な者	精神上の障害により事理を弁識する能力が著しく不十分な者	精神上の障害により事理を弁識する能力を欠く常況に在る者
開始の手続	申立権者	本人，配偶者，四親等内の親族，検察官等 任意後見受任者，任意後見人，任意後見監督人 （注）福祉関係の行政機関については，整備法で規定		
	本人の同意	必　要	不　要	不　要
機関の名称	本人	被補助人	被保佐人	成年被後見人
	保護者	補助人	保佐人	成年後見人
	監督人	補助監督人	保佐監督人	成年後見監督人
同意権・取消権	付与の対象	申立ての範囲内で家庭裁判所が定める「特定の法律行為」	民法13条1項各号所定の行為	日常生活に関する行為以外の行為
	付与の手続	補助開始の審判 ＋同意権付与の審判 ＋本人の同意	保佐開始の審判	後見開始の審判
	取消権者	本人，補助人	本人，保佐人	本人，成年後見人
代理権	付与の対象	申立ての範囲内で家庭裁判所が定める「特定の法律行為」	同　左	財産に関するすべての法律行為
	付与の手続	補助開始の審判 ＋代理権付与の審判 ＋本人の同意	保佐開始の審判 ＋代理権付与の審判 ＋本人の同意	後見開始の審判
	本人の同意	必　要	必　要	不　要
責務	身上配慮義務	本人の心身の状態及び生活の状況に配慮する義務	同　左	同　左

出所：社団法人日本社会福祉士会『成年後見実務マニュアル』中央法規出版，2007年，123頁。

れた。

　また，任意後見制度が新設され，老化や認知症などで判断能力が衰えた時に備えて，事前に「任意後見人」を指定しておき，判断能力が不十分になった時に，財産管理・身上監護の事務について代理権を与える「任意後見契約」を結んでおく制度も整備された。

2　成年後見事件の推移

　最高裁判所事務総局家庭局の発表では，2007（平成19）年4月から2008（平

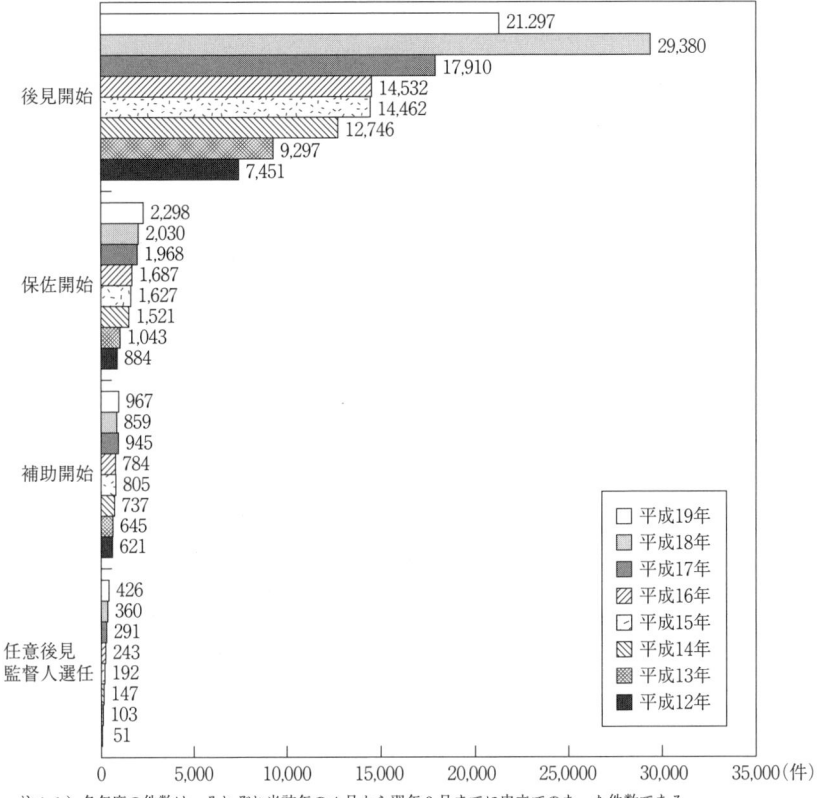

第9章 高齢者の人権を守る法制度

図9-6 成年後見関係事件申立件数表

区分	平成19年	平成18年	平成17年	平成16年	平成15年	平成14年	平成13年	平成12年
後見開始	21,297	29,380	17,910	14,532	14,462	12,746	9,297	7,451
保佐開始	2,298	2,030	1,968	1,687	1,627	1,521	1,043	884
補助開始	967	859	945	784	805	737	645	621
任意後見監督人選任	426	360	291	243	192	147	103	51

注：1）各年度の件数は，それぞれ当該年の4月から翌年3月までに申立てのあった件数である。
2）平成19年4月から平成20年3月までの任意後見契約締結の登記は合計6,733件であり，1年目以降8年目までの登記件数累計は27,281件である（法務省民事局による）。
出所：最高裁判所事務総局家庭局『成年後見関係事件の概要～平成19年4月から平成20年3月』2頁。

成20）年3月までの成年後見関係事件（後見開始，保佐開始，補助開始および任意後見監督人選任事件）の申立件数は合計で24,988件（前年は32,629件）となった。うち後見開始の審判の申立件数は21,297件となっている。

また，保佐開始の審判の申立件数は2,298件，補助開始の審判の申立件数は967件，任意後見監督人選任の審判の申立件数は426件という状況であった（図9-6）。このように，毎年2万人から3万人の規模で後見開始の審判の申立があり，そのうち多くが成年後見人として選任されている。また，申立人は本人の子がもっとも多く全体の約38％を占め，次いで本人の兄弟姉妹が約16％，配

271

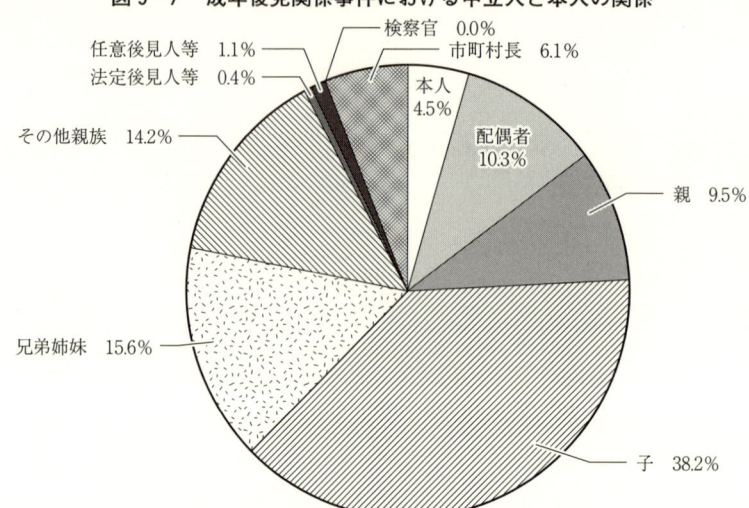

図9-7 成年後見関係事件における申立人と本人の関係

検察官 0.0%
任意後見人等 1.1%
市町村長 6.1%
法定後見人等 0.4%
本人 4.5%
その他親族 14.2%
配偶者 10.3%
親 9.5%
兄弟姉妹 15.6%
子 38.2%

注：1）平成19年4月から平成20年3月までに終局した後見開始，保佐開始，補助開始及び任意後見監督人選任事件の終局事件を対象とした。
　　2）申立人が該当する「関係別」の個数を集計したもの（25,441件）を母数とした割合であり，1件の終局事件について複数の申立人がある場合に，複数の「関係別」に該当することがあるため，終局事件総数（25,392件）とは一致しない。
　　3）その他親族とは，配偶者，親，子及び兄弟姉妹を除く，四親等内の親族をいう。
出所：図9-6に同じ，5頁。

偶者が約10％となっている（**図9-7**）。同時に，本人の年齢別割合で見ると70歳代が24.0％，80歳以上が51.5％となっており，約70％以上が高齢者である。申立の動機については財産管理処分がもっとも多く21,733件であり，財産管理能力が衰えた段階での親族による相続関係の動機が多いと思われる。最後に，後見・補佐・補助開始および任意後見監督人選任事件にともなう鑑定費用は，5万円以下が全体の56.9％と多く，次いで5万円以上10万円以下のものが41.6％であった。

3　成年後見制度の課題

2005（平成17）年，日本弁護士連合会は最高裁判所，法務省，厚生労働省に，12項目にわたり「成年後見制度に関する改善提言」を行った。①申立手続きの簡素化，②鑑定手続きの省略，③登記アクセスの改善，④審判書および登記事

項の改善，⑤銀行実務の扱いの改善，⑥報酬制度の明確化，⑦医療同意と後見人の職務，⑧本人の死亡後の後見任務の範囲，⑨家裁の後見監督機能の強化，⑩市町村長申立の活性化，⑪成年後見人等報酬の公的援助の抜本的拡充，⑫成年後見人の被選挙権の確保，である。ここで，先述した後見等開始審判の申立件数は飛躍的な増加傾向にあるが，援助が必要な認知症高齢者人口は2005年には170万人にのぼると推計されている。このことは，現状が全体の2.5％程度しか運用されていないことを示し，今後ますます積極的な活用をうながす必要性があるといえる。しかし，現状では申立手続きが複雑であり，今後より簡素化すると同時に，利用者の立場に立った成年後見が開始できるよう家庭裁判所とのコンタクトをスムーズに行う方法を検討すべき時期に来ていると考えられる。また，日常的な生活支援を行っていくことや，本人の財産保護の観点からも銀行実務がより改善される必要性がある。そして，国は，介護保険制度や障害者自立支援法等の弾力的な運用に基づき，資力がない者も必要な援助が受けられるよう，公的援助の制度化が不可欠である。また，成年後見が開始されると選挙権が剥奪される状態は，自己決定の尊重，ノーマライゼーションの理念を趣旨として考えれば早期に是正されるべきである。このように，日本弁護士会による提言が行われているが，法律の運用にともなう問題や，自己決定の原則やノーマライゼーションの理念が，一般社会をはじめ企業，公的機関を問わずよりいっそうの理解と協力を広げていく必要性があるといえる。

　また，何よりもこれら成年後見制度を支える質の高い後見人が多数輩出され，また各種職能団体での組織的な支援も望まれるところである。

第3節　福祉サービス利用援助事業

1　福祉サービス利用援助事業（日常生活自立支援事業）の概要

　福祉サービス利用援助事業は，判断能力が不十分な高齢者や障害者などの自立を支援するため，福祉サービス利用の援助や日常的な金銭管理サービスを行うもので，2000（平成12）年の介護保険制度導入とともに，社会福祉の増進のための「社会福祉事業法等の一部を改正する等の法律」（平成12年法律111号）の

表9-6 福祉サービス利用援助事業（日常生活自立支援事業）の特徴

① 都道府県社会福祉協議会の支援（社会福祉法81条）。
② 援助内容は，福祉サービスの利用援助，日常的金銭管理，通帳等の書類保管など。
③ 福祉サービス利用援助契約を締結する，契約制度。
④ 契約能力がある者を対象とし，判断が難しい場合は「契約締結審査会」で判断する。
⑤ 生活支援員の専門性・雇用形態に関する基準がない。
⑥ 有料のサービスであり，費用は地域により異なる。

施行により，第二種社会福祉事業として位置づけられた。事業の実施主体は，各都道府県社会福祉協議会となっており，事業実施にあたっては都道府県社会福祉協議会に，①福祉サービス利用援助事業が都道府県の区域内においてあまねく実施されるために必要な事業，②当該事業に従事する者の資質の向上のための事業，③福祉サービス利用援助事業に関する普及及び啓発の実施，を義務づけている（社会福祉法第81条）。また，2007（平成19）年度から，「日常生活自立支援事業」の名称で，都道府県社会福祉協議会を実施主体とした国庫補助事業を開始している。この日常生活自立支援事業（国庫補助事業）の内容は，実施主体が都道府県社会福祉協議会または指定都市社会福祉協議会，ただし，事業の一部を市区町村社会福祉協議会等（基幹的社会福祉協議会）に委託できるとしている（平成18年度末の基幹的社会福祉協議会等は596か所）。事業の対象者は，判断能力が不十分な認知症高齢者・知的障害者・精神障害者などで，本事業のサービスを受けるためには，本人との契約に基づくサービス利用契約を締結しなければならず，上記対象者が民法契約における契約能力を有していることが前提となっている。

表9-6の①から⑥までが福祉サービス利用援助事業（日常生活自立援助事業）の特徴的内容であるが，2002（平成14）年9月末の推計によると，「在宅で一人暮らしの認知症高齢者，知的障害者，精神障害者数」は33.9万人と推計されているが，2006（平成18）年度中に契約を締結したものは21,904件であった。これは33.9万人のわずか6.5％となり，必ずしも高い契約率とはいえない。

この低い契約率の背景としては，次の3点が考えられる。ひとつ目は，契約締結能力を厳密に審査し，利用対象者を絞り込んでいるという点，二つ目に有料によるサービスであるため，十分な支払い能力があることが前提となってい

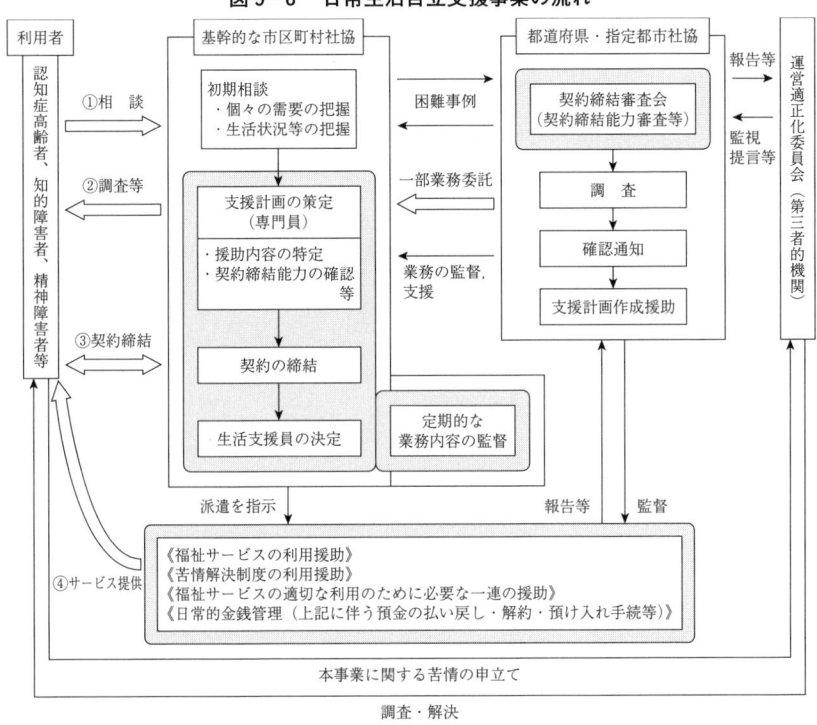

第9章 高齢者の人権を守る法制度

図9-8 日常生活自立支援事業の流れ

出所：厚生労働省社会・援護局地域福祉課「福祉サービス利用援助事業について」2007年，12頁。

る。三つ目に，社会福祉協議会という団体が，個人の通帳・印鑑または生活資金を取り扱い，その安全性を確保できるのかといった機関自体の社会的認知の問題が考えられる。

また，実施主体は都道府県社会福祉協議会となっており，実際の相談窓口は基幹的社会福祉協議会が行うこととなっている。ただし，地域によってはすべての社会福祉協議会がその窓口を果たしている場合もあり，統一されていない。しかも，実際の活動に際して位置づけられている「生活支援員」が上記内容を取り扱うことに対応した教育訓練システムにも課題があると考えられる。新たに位置づけられた職域に対する財政的裏付けが不十分であるとのことから，雇用形態も地域によって常勤・契約型常勤・非常勤など一様でなく，その専門性や事業展開に関する推進性はきわめて弱いといえる（**図9-8**）。

表9-7 日常生活自立支援事業と成年後見制度の比較

制度名	日常生活自立支援事業	成年後見制度
対象者 （認知症高齢者・知的障害者・精神障害者等）	○精神上の理由により日常生活を営むのに支障がある者 （判断能力が一定程度あるが十分でないことにより自己の能力で様々なサービスを適切に利用することが困難な者）	○精神上の障害により事理弁識する能力 　能力が不十分な者＝補助 　能力が著しく不十分な者＝保佐 　能力を欠く常況に在る者＝後見
担い手・機関	○都道府県・指定都市社会福祉協議会 事業の一部委託先として基幹的社会福祉協議会法人の履行補助者として専門員，生活支援員	○補助人・保佐人・成年後見人 （自然人として，親族，弁護士，司法書士，社会福祉士等及び法人）※複数可
手続	○基幹的社協等に相談・申込 （本人，関係者・機関，家族等） 本人と社会福祉協議会との契約	○家庭裁判所に申立 （本人，配偶者，四親等以内の親族，検察官，市町村長（福祉関係の行政機関は整備法で規定）等） ※本人の同意：補助＝必要 　　　　　　　　保佐・後見＝不要 家庭裁判所による成年後見人等の選任
意思能力の確認・審査や鑑定・診断	○「契約締結判定ガイドライン」により確認困難な場合，契約締結審査会で審査	○医師の鑑定書・診断書を家庭裁判所に提出

出所：図9-6に同じ，34頁。

2　日常生活自立支援事業と成年後見制度の関係

ここで，**表9-7**で日常生活自立支援事業と成年後見制度の関係を示す。

成年後見制度が，財産管理および身上監護に関する契約等の法律行為全般を行う仕組みであるのに対し，日常生活自立支援事業は，利用者ができる限り地域で自立した生活を継続していくために必要なものとして，福祉サービスの利用援助やそれに付随した日常的な金銭管理等の援助を行うことが目的である。また，任意後見制度は家庭裁判所が関与し，任意後見監督人を選任するという形態であるのに対して，日常生活自立支援事業は，委任契約に基づく事業として手続ができる仕組みであり，より簡便である。そして，サービスの利用援助を建前としている関係上，本人の契約締結能力があることが前提となっており，契約能力を有しない場合，成年後見制度へとつなげることとなる。

以上，福祉サービス利用援助事業について解説を行ってきたが，成年後見制度とともに，利用者の状態に応じた権利擁護支援を行っていくうえで有効に活

用されることがのぞまれる。しかし，両制度とも一定の利用料金の負担が生じるため，経済的負担に耐えられることが大きな課題である。

「措置制度」から「契約制度」へ福祉サービスのあり方が変化したことによって，なによりも利用者自身の「自己責任」や「自立」が強調されるようになった。自己の能力に基づき自己決定できる段階であれば，最大限本人の個人の尊厳やノーマライゼーションの理念に基づく支援が望まれるが，一定の行為能力に制限のある人への権利擁護の課題は今後も多く残されているといえる。[1]

第4節　高齢者の人権保障の課題

1　国際高齢者年と5つの原則

1992年に行われた第47回国連総会において，1999年を国際高齢者年とする決議が採択され，世界各国での高齢者福祉への理解と取組みを広げることが確認された。その際，国際高齢者年に確認されたテーマは「すべての世代のための社会をめざして（towards a society for all ages）」であり，高齢化問題は高齢者が置かれている状況，個人の生涯にわたる発達，世代間の関係，社会開発との関係等，多くの分野，世代にかかわる問題であることに鑑み，このテーマが設定された。

また1991年の第46回国連総会において採択された「高齢者のための国連原則(the United Nations Principles for Older Persons)」を促進し，これを政策および実際の計画・活動において具体化することが国際高齢者年の目的であることも確認された。

この国際高齢者年の採択の背景は，高齢化社会への対応を迫られているのは日本だけではなく，先進国共通の課題であったことから，新たな社会状況の変化に対応した理念を国際的に整理する意図が込められていたといえる。その理念は，以下の5つの視点によって構成されている。

①　自立（independence）：高齢者は収入や家族・共同体の支援および自助努力を通じて十分な食料，水，住居，衣服，医療へのアクセスを得るべきである。仕事，あるいは他の収入手段を得る機会を有するべきである。退職

時期の決定への参加が可能であるべきである。適切な教育や職業訓練に参加する機会が与えられるべきである。安全な環境に住むことができるべきである。可能な限り長く自宅に住むことができるべきである。

② 参加（participation）：高齢者は、社会の一員として、自己に直接影響を及ぼすような政策の決定に積極的に参加し、若年世代と自己の経験と知識を分かち合うべきである。自己の趣味と能力に合致したボランティアとして共同体へ奉仕する機会を求めることができるべきである。高齢者の集会や運動を組織することができるべきである。

③ 介護（care）：高齢者は家族および共同体の介護と保護を享受できるべきである。発病を防止あるいは延期し、肉体・精神の最適な状態でいられるための医療を受ける機会が与えられるべきである。自主性、保護および介護を発展させるための社会的および法律的サービスへのアクセスを得るべきである。思いやりがあり、かつ、安全な環境で、保護、リハビリテーション、社会的および精神的刺激を得られる施設を利用することができるべきである。いかなる場所に住み、あるいはいかなる状態であろうとも、自己の尊厳、信念、要求、プライバシーおよび、自己の介護と生活の質を決定する権利に対する尊重を含む基本的人権や自由を享受することができるべきである。

④ 自己実現（self-fulfillment）：高齢者は、自己の可能性を発展させる機会を追求できるべきである。社会の教育的・文化的・精神的・娯楽的資源を利用することができるべきである。

⑤ 尊厳（dignity）：高齢者は、尊厳および保障を持って、肉体的・精神的虐待から解放された生活を送ることができるべきである。年齢、性別、人種、民族的背景、障害等にかかわらず公平に扱われ、自己の経済的貢献にかかわらず尊重されるべきである。

2　高齢者の生きる権利と社会的責務

今、日本および世界は人口高齢化への移行時代に突入している。また、高齢者人口が増加することを通じて、高齢者を取り巻く社会問題も大きな影響と社

会的関心を呼び覚ますようになってきた。先述した国際高齢者年の5つの原則も，改めてどのような権利を守っていくべきか，あるいはどのような高齢者の権利が侵害されやすいのかなどに気づかされる。

　高齢者の生きる権利とは，ひとりのまぎれもない人間としての権利を主張するものでなければならない。また，過去の歴史の中で無意識のうちに行使された差別や偏見，そして人権侵害などの過ちに関して，私たちは歴史から学ぶべきである。そして，これらの歴史から学んだ知見は，常に相互に確認し合い，相互に気遣いながら，相手の存在を認め合う行為から出発するものでなければならない。この原点ともいえる行為が，日常生活に追われる中で希薄となり，感情や思い込みが入り交じり，相手を傷つける行為へとつながっていく。私たちは，人権とは何かという意味を追求しながら社会的な方策を尽くさなければならない。法的整備，社会政策的アプローチ，教育的アプローチ，その他さまざまな啓発活動も展開できる。そして，繰り返し原点に戻り一人ひとりが確認しながら，相互確認をしなければならないといえる。法を破り，社会のルールを破り，人を傷つけてしまってからでは遅いのである。

　高齢者が安心して暮らし続ける社会は，多くの社会構成員にとっても心地よい社会となるといえる。そのような社会をめざして，相互に手と手を取り合って生きていく社会をめざし，社会的責務として取り組み続けることが必要である。

　これまで触れてきたように，家庭内虐待，介護殺人などの事件は増加しており，現実には高齢者福祉の課題や制度全体の限界などの課題が存在する。高齢者の人権が一般的・普遍的な問題となり，そのことと同時に深刻化，顕在化している実情もある。これらの課題に対して，今後もさまざまな社会的施策を講じていかなければならないといえる。

　さて，わが国では憲法第25条において，すべての国民に「健康で文化的な最低限度の生活を営む権利」を保障している。また，憲法第4条では，すべて国民は「法のもとに平等であって」，人は人として価値的に何らの差異もなく平等であり，差別されてはならないとして，「人格の平等」と「人格の尊厳」を規定している。また，憲法第13条では個人の尊厳原理を定め，幸福追求権を保

障している。これらの憲法規定からも，高齢者が幸福を追求するための権利を求め，尊厳と人格を保有するひとりの人間であり，その価値においても何らの差異もなく平等であることが確認できる。そして，これらの基本的な権利を権利主体として高齢者の自己決定権を保障していく社会をめざしていくべきであるといえる。

3 高齢者の人権保障の課題

　わが国では，高齢者に対する社会的方策として，「老人福祉法」「介護保険法」「高齢者虐待防止法」「高齢社会対策基本法」など各種の法整備が進められつつあり，世界的にも国際高齢者年の制定などによりその意識が高まりつつある。しかし，これらの法整備とともに政策主体である国家の実効性ある施策が同時に機能しなければならない。

　高齢者虐待や介護殺人，消費者被害など，社会的に解決していかなければならない課題は多い。また，法整備や国の実効性ある施策と同時に，高齢者がまぎれもないひとりの人間であることの社会的認知と社会的啓発が，よりいっそう進められなければならない。このことは，単に法整備や国家施策のみで対応できることではなく，社会的・文化的な深化や，教育の連続性，そして根本的には，「人間そのもの」をどうとらえていくのかといった社会全体の意識の高揚と，人間社会の本質的な問いに突きあたるといえる。つまり，最終的には「人間」と「人間」がどのように共生し，いかにして相互に支えあっていけるのかを検討していかなければならないのである。これらの問いは今日まで追い求められつつも，いまだ完成の域に達していない。現代の社会状況からその課題の深さが容易に理解できる。そして，これらの社会制度や社会文化を貫徹する思想には，人間本来の「生」についての共通の認識と理解が，社会全体で深められ共有されなければならないといえる。

　このような本質的な問題の糸口を探り続けることが，高齢者をはじめとするすべての人々への人権保障を確立していくための課題であるといえる。

注

(1) 従来の「地域福祉権利擁護事業」という名称は，事業内容に対し名称が大きすぎる，利用者にわかりにくい等の指摘を受け，2007（平成19）年より「日常生活自立支援事業」に変更された。また，社会福祉法第81条では，これらの事業に関する法的根拠が示されているが，同法では「福祉サービス利用援助事業」としている。

参考文献

大曽根寛『成年後見と社会福祉法性』法律文化社，2001年。
加藤悦子『介護殺人』クレス出版，2008年。
金子善彦『老人虐待』星和書店，1987年。
国民生活センター『介護サービスと介護商品にかかわる消費者相談』国民生活センター，2001年。
厚生労働省編『厚生労働白書（平成18年度版）』ぎょうせい，2006年。
高齢者居住法研究会編『高齢者居住法』大成出版社，2001年。
成年後見センター・リーガルサポート『実践成年後見』No.23，民事法研究会，2007年。
高崎絹子『身体拘束ゼロを創る』中法法規出版，2004年。
多々良紀夫『高齢者虐待』中央法規出版，2003年。
津村智智恵子・大谷昭『高齢者虐待に挑む』中央法規出版，2004年。
日本社会福祉士会『成年後見実務マニュアル』中央法規出版，2007年。
日本弁護士連合会『高齢者の人権と福祉』1996年。
野﨑和義監修『社会福祉六法（平成21年版）』ミネルヴァ書房，2009年。

学 習 課 題

第1章

1　現在，わが国では，「高齢者」と「老人」，「高齢期」と「老年期」は，ほぼ同様の意味で用いられているが，その異同について考察しなさい。

2　現代社会のどのような点に，エイジズム（高齢者または老人差別）が見られるか考察しなさい。

3　わが国の人口高齢化の特徴と要因，およびその影響と課題を，一覧表にしてまとめなさい。

4　高齢者の生活状況には個人差があるが，マス（集団）として巨視的に見た場合，どのような特徴があるか，健康状況，経済状況，家族の状況，居住環境，社会参加の状況に区分し，一覧表にしてまとめなさい。

第2章

1　わが国では，なぜ「介護の社会化」が遅れたのか，その理由を考察しなさい。

2　あなたの身近な高齢家族（祖父母など）が，認知症や脳血管障害などで全面介護が必要になった場合，家族での介護がどの程度可能なのか，1日（24時間）の生活場面を想定して，考察しなさい。

3　高齢者虐待と児童虐待を，虐待内容，被虐待者，虐待加害者などにまとめ，その異同点を考察しなさい。

第3章

1　わが国の高齢者介護政策の歩みの特徴を，年代ごとにまとめなさい。次に，そのまとめから，わが国の高齢者介護政策の問題点を年代ごとにまとめなさい。

2　ゴールドプランと介護保険制度には，どのような連続点と断絶があるのか。本文はもとより，表3-6の新ゴールドプランの「当面の整備目標」と「今後取り組むべき高齢者介護サービス基盤の整備」に着目し，考察しなさい。

3　介護保険制度実施前と後では，高齢者介護制度はどのように変化したのか，サービス利用方法，サービス内容，費用，事業者などの項目に区分し，一覧表にして対比しなさい。

4　介護保険実施以後，介護事業者の中でもっとも著しく事業伸張・拡大したのは営利企業であるが，その要因を介護政策の側面から考察しなさい。

第4章

1　1970年代後半からはじまった特別養護老人ホームでのサービスの質向上の取組みの意義と，現在のケアサービスに及ぼしている影響を考察しなさい。

2　あなたが住む地域の小規模施設（グループホーム，宅老所，小規模多機能型居宅介護など）を訪問し，その長所（意義）と課題を考察しなさい。

3　あなたが住む地域のユニットケア型と従来型の特別養護老人ホームをそれぞれ訪問し，それぞれの長所（意義）と問題点，課題を考察しなさい。

第5章

1　認知症高齢者の生きづらさ（生活の不自由さ）の理由を，その障害特性の面からまとめなさい。

2　認知症高齢者の障害特性に着目し，認知症の高齢者が穏やかに生活できるために援助者に求められる「認知症ケアの基本10か条」を作成しなさい。

3　あなたの住む地域にあるグループホーム，認知症専用型デイサービス，特別養護老人ホームなど，認知症の人が多く利用している施設を訪問し，認知症高齢者の障害特性に配慮したケアが行われているかどうか参与観察しなさい。

4　特別養護老人ホームやグループホームなど，「生活の場」で行われる

ターミナルケアの意義と課題をまとめなさい。

第6章

1 介護保険法の基本的な内容（骨格）を，テキストの項目に沿って簡潔にまとめなさい。
2 介護保険法は2005年に大幅に改定されている。新たに創設された新規制度とともに，改定された制度の「新旧対照表」を作成しなさい。
3 老人福祉法，高齢者虐待防止法など，本文で取り上げられている高齢者の保健福祉に関する法制度の概要を簡潔にまとめなさい。
4 上記3の法制度と介護保険制度との関係を，一覧表にしてまとめなさい。

第7章

1 介護保険サービス（地域支援事業も含む）をサービス類型別に分類し，その概要を一覧表にしてまとめなさい。
2 本文203頁以下の「介護保険実施前と後の変化」と第3章第4節の「高齢者介護制度の変化」（70頁～）を併読し，介護保険実施後の高齢者介護サービスの利点（長所）と問題点，課題を考察しなさい。
3 地域包括支援センターの役割と業務をまとめなさい。次いで，在宅介護支援センター，居宅介護支援事業所との相違点をまとめなさい（第8章も併読のこと）。
4 あなたの住む市町村の介護保険事業計画を閲覧し，介護保険実施後，介護保険サービスの推移（要介護・要支援認定者数，サービス利用者数，介護保険事業所数，介護保険料（標準額），介護給付費など）を調べなさい。

第8章

1 高齢者（高齢期）の特性とその生活ニーズをまとめ（第1章も併読のこと），高齢者の相談援助に求められるソーシャルワーカーの基本的な留意点を考察しなさい。
2 ケアマネジメントの実施プロセスの要点と，それぞれの段階における留

意点とをまとめなさい。
3　第3節「ケアマネジメントと援助の実際」から，介護保険制度下のケアマネジメントの意義と留意点を考察しなさい。
4　可能ならば，地域包括支援センターや居宅介護支援事業所を訪問し，ケアマネジャーの仕事のやりがいと困難さ，留意している点などについて聞き取り調査をしなさい。

第9章

1　なぜ現代社会においては，高齢者の人権侵害が多発するのか。その社会的要因を考察しなさい。
2　「介護殺人」と児童虐待で児童を死に至らしめる事件とを調査し，両者の異同点を考察しなさい。
3　成年後見制度の概要をまとめるとともに，他国（とくに北欧や西欧）の成年後見制度も調べ，比較考察しなさい。
4　特別養護老人ホームや認知症グループホームなどの高齢者施設には成年後見制度を利用している高齢者が少なくない。第5章の学習課題で上記施設を訪問した際に，成年後見人の活動内容を聞き取るとともに，要介護高齢者の権利擁護においてどのように有効に機能しているのか（またはしていないのか）聞き取り調査をしなさい。
5　日常生活自立支援事業を実施している社会福祉協議会を訪問し（または同事業に関する事業報告書を閲覧し），この事業の実態調査を行い，課題を考察しなさい。

索　引

あ　行

アクティブエイジング　2, 22
アセスメント　154, 189, 224, 225, 245-247, 250, 252
アセスメントシート　248
彩福祉グループ事件　69
有吉佐和子　51
インテーク　154, 246, 247
インフォーマルな社会資源　244
ADL　96
エイジズム　2
営利法人　208
エーデル改革　72
NPO　174
NPO法人　174, 208
応益負担　70
応能負担　70
おむつの随時交換　90, 91, 108
おむつの定時交換　90, 91, 108
おむつ外し　90, 91, 108
オールド・オールド　242

か　行

介護　82, 83
　　――の基本　81
　　――の社会化　66, 68, 71, 72, 208
　　――の目的　81
介護期間の長期化　38, 39, 71
介護企業　57, 76
介護給付　152, 155, 162, 189
介護給付費　29, 210
介護計画　→ケアプラン
介護殺人　58, 61, 266, 279, 280
介護サービス情報の公表　211
介護支援専門員（ケアマネジャー）　150, 153, 154, 186, 189, 199, 200, 205, 211, 223, 227, 228, 240, 245, 248-250
介護従事者　84

介護従事者等の人材確保のための介護従事者の処遇改善に関する法律（介護人材確保法）　163
介護職員　83, 97
介護心中　59, 61
介護認定審査会　153
介護放棄　→ネグレクト
介護報酬　161, 163, 208, 212
介護報酬改定　163
介護保険事業計画　206
介護保険制度　25, 73, 209, 245
　　――の運営基準　202, 203
　　――の概要　150
　　――の財源構成　161
　　――の限界　32
　　――の支給限度額　161
　　――の住所地特例　151
　　――の被保険者　150
　　――の保険給付　151, 161
　　――の保険者　150
介護保険制度外サービス　212
介護保険法　29, 145, 147
　　――の基本理念　149
　　――の目的　148
　　――の改定（2005年）　42, 67, 148, 155, 166, 192, 198, 210, 214, 215, 226
介護保険料　158, 161, 206
　　――の特別徴収　158, 212
介護目標　123
介護予防　29, 42, 148, 214, 222
介護予防給付　189
介護予防ケアマネジメント　217, 247
介護予防ケアマネジメント事業　229, 231
介護予防支援サービス　192
介護予防事業　155
介護予防プラン　192
介護療養型医療施設　202
介護療養型老人保健施設　201
介護老人福祉施設　145, 201

287

介護老人保健施設　195, 196, 201
外部サービス利用型特定施設入居者生活介護　197
かかりつけ医の意見書　153
家事機能の外部化　38
家族介護　33, 208
　──への幻想　36
家庭内虐待　279
緩和ケア　134, 136
給付管理　189, 194
キューブラー・ロス，E.　134
居宅介護サービス費　155
居宅介護支援事業者　153, 154
居宅介護支援事業所　240, 247
居宅サービス　189
居宅サービス計画（在宅ケアプラン）　154, 155
居宅療養管理指導　155, 194, 199, 200
喜楽苑　89, 110
禁治産　268, 269
グリーフケア　141
グループホーム　135
ケア　→介護
　──の継続性　224, 227
　──の語源　83
　──の包括性　226, 227
ケアカンファレンス　154, 224, 250, 253
ケアハウス　145, 196
ケアプラン　124, 154, 159, 189, 223, 247, 249
　──の作成　189, 227, 245, 246
　──の実施　246, 250, 253
　──の修正　256
ケアマネジメント　154, 189, 205, 210, 223, 000
　──の概念　243
　──の構成要素　243
　──のプロセス　246
　──の目標　248
ケアマネジャー　→介護支援専門員
経済的虐待　40
軽費老人ホーム　144, 145, 196, 200
敬老　1
ケース発見　246, 251
見当識障害　102
権利擁護　232
権利擁護事業　229, 231

高額介護サービス費　155, 161
後期高齢者　6, 8, 11, 42, 242
　──の増加　29, 32, 43
後期高齢者医療制度　174
合計特殊出生率　10
『恍惚の人』　51
厚生省　73
高度経済成長　7, 47, 48, 52
公費支出の抑制　72
高齢化社会　4
高齢期　237
高齢者，障害者等の移動等の円滑化の促進に関する法律（バリアフリー新法）　183, 184
高齢者，身体障害者等が円滑に利用できる特定建築物の建築促進に関する法律（ハートビル法）　183
高齢者，身体障害者等の公共交通機関を利用した移動の円滑化の促進に関する法律（交通バリアフリー法）　183
高齢者医療制度　169
高齢社会　4
高齢社会対策基本法　167
高齢社会対策大綱　168
高齢者虐待　39, 83, 247, 280
　──の立入調査　165
　──の変化　40
高齢者虐待の防止，高齢者の養護者に対する支援等に関する法律（高齢者虐待防止法）　39, 163, 164, 232, 233
　──の定義　164
　──の目的　164
高齢者ケアの三原則　125
高齢者世帯　14, 15
高齢者専用賃貸住宅（高専賃）　177, 182, 196, 200
高齢者の居住の安定確保に関する法律（高齢者居住法）　176
高齢者の社会参加　21
高齢者の消費者被害　259, 263, 280
高齢者の人権保障　280
高齢者のための国連原則　277
高齢者への相談援助活動　240
高齢者保健福祉推進十カ年戦略　→ゴールドプラン

索引

高齢者向け優良賃貸住宅　178-180
国際高齢者年　277, 279
ことぶき園　98, 99, 102-104, 108
個別介護　94
個別処遇　88, 108
ゴールドプラン　63-65, 69, 204
　　──の問題点　69

さ 行

再アセスメント　155, 246, 251, 256
在宅介護支援センター　66
在宅ケアプラン　→居宅サービス計画
在宅ターミナルケア　136, 226, 227
サービス担当者会議　→ケアカンファレンス
支給限度基準額　249
施設ケアプラン　→施設サービス計画
施設サービス　189
施設サービス計画（施設ケアプラン）　155
市町村特別給付　155, 158, 162, 202
市町村老人保健福祉計画　204
指定介護療養型医療施設　201
下村恵美子　103, 104, 108
社会資源　244
社会的入院　60, 204
社会福祉事業の規制緩和　71
社会福祉施設緊急整備5カ年計画　49
社会福祉法人　144
社会保険方式　70, 147, 150, 204, 205
若年性認知症　121
終結　246
住宅改修　21, 198
住宅内での事故　20
住民参加型在宅福祉活動　54
収容の場から生活の場への転換　87, 89, 94, 108
主任介護支援専門員　246
準禁治産　268, 269
小規模施設　100, 102, 103
小規模生活単位型特別養護老人ホーム　105
小規模多機能　98, 99, 109
小規模多機能型居宅介護　158, 198, 199
小規模多機能型居宅介護事業　144
少子化　5, 8, 11
症状苦　83
ショートステイ　53

シルバーハウジング　180
シルバービジネス　55, 56
神愛園　85-88, 91, 94, 109
新ゴールドプラン　63, 65, 66, 146, 204
身体介助　81
身体拘束　97, 98, 110, 264, 266
　　──の禁止　203
身体的虐待　40
新予防給付　155, 210, 246
心理的虐待　40
生活支援員　275
生活の場　87, 89
　　──でのターミナルケア　137, 138
生活不活発病　→廃用性症候群
生活リハビリ浴　92
生産年齢人口　11
性的虐待　40
成年後見制度　229, 242, 268, 276
　　──の課題　272
成年後見人　271
税方式　70, 147
清鈴園　96
誠和園　85, 91-94
前期高齢者　6, 11, 242
全国老人ホーム基礎調査　88, 90, 94, 96, 108
選別主義　49, 146
総合相談支援事業　229, 231
措置制度　145, 204, 205
措置制度から利用契約制度へ　70, 277

た 行

第一号被保険者　150, 161, 202, 229
大都市圏　7
　　──の高齢化　6, 11
第二号被保険者　150, 161
第2次臨時行政調査会　147
宅老所　103
宅老所よりあい　103, 104, 108
武田京子　58
多職種協働　227, 231
ターミナル期　226
ターミナルケア（終末期ケア）　113, 129, 133-135, 137, 138
ターミナルステージ（終末期）　113, 129, 133,

289

134, 140
団塊の世代　37
短期入所生活介護　145, 155, 196, 199
短期入所療養介護　196
男性介護者　35, 41
　――の増加　34
短命社会　1, 8, 38
地域支援事業　155, 166, 182, 210, 214, 215
地域包括ケア　228
地域包括支援センター　67, 148, 155, 166, 167, 192, 210, 211, 217, 221, 227-229, 240, 242, 245, 247
地域密着型介護老人福祉施設　200
地域密着型介護老人福祉施設入所者生活介護　158, 198, 200
地域密着型サービス　148, 155, 189, 198, 211
地域密着型特定施設入居者生活介護　158, 198, 200
痴呆性老人処遇技術研修事業　52
チームケア　250
中間施設　61
中間浴（リフト浴）　92
長期継続ケア　226, 227
長寿社会対策大綱　54
長命社会　1, 8, 14, 36, 37
　――の実現　9, 10
通院者率　13
通所介護　145, 155, 195, 199
通所リハビリテーション　155, 195
槻谷和夫　98-100, 102
定額報酬制　217
デリバリーサービス　43
特殊浴　91, 92, 108
特定高齢者　215, 217
特定施設入居者生活介護　155, 182, 196
特定非営利活動促進法（NPO法）　174, 175
特定福祉用具販売　155
特別養護老人ホーム　47-50, 84, 103, 144, 145, 196
　――における看取り　129, 134
都道府県老人福祉計画　145

な　行

長浜和光園　93

日常生活自立支援事業　242, 273, 274, 276
日常生活動作能力　→ADL
日本型福祉　18, 36, 53, 54, 57, 62, 67
入浴サービス　53
任意後見制度　270, 276
任意後見人　270
任運荘　90, 110
認知症　113, 114
　――の記憶障害　118
　――の原因疾患　114
　――の言語障害　120
　――の行為障害　120
　――の周辺症状　115-117, 128
　――の障害特性　113, 117, 121, 124, 126
　――の症状　115
　――の診断基準　113
　――の中核症状　115-117, 121, 128
　――の認知・認識障害　119
認知症介護の立ち遅れ　51
認知症ケア　43, 113
　――における小規模施設の優位性　102
　――の基本　117, 123
認知症高齢者　25
　――とのコミュニケーション　127
　――の異常行動　115, 122
　――の増加　43, 96
　――の日常生活自立度判定基準　25
　――の問題行動　115
認知症対応型共同生活介護　145, 158, 198, 199
認知症対応型通所介護　158, 198, 199
認知症対応型老人共同生活援助事業　144, 145
認認介護　35
ネグレクト（介護放棄）　40
寝たきり高齢者　25, 43, 48, 60
寝たきり浴　91
寝たきり老人短期保護事業　53

は　行

バイキング形式の食事　94
廃用性症候群（生活不活発病）　88, 194
バックグランドアセスメント　127
バトラー，R. N.　1
病苦　83
費用徴収制度　55

索　引

フォーマルな社会資源　244
福祉サービス利用援助事業　273
福祉の措置　47, 145, 146
福祉見直し　52, 53
福祉用具　197, 199
福祉用具貸与　155
福祉寮母講習　88
普通浴　92
普遍主義　49, 146
平均寿命　8
包括的・継続的ケアマネジメント支援事業　229, 231
訪問介護（ホームヘルプサービス）　47-50, 145, 155, 192, 199
訪問介護員（ホームヘルパー）　192
訪問看護　155, 193, 199
訪問調査　153
訪問入浴介護　155, 192
訪問リハビリテーション　155, 194
ホームヘルプサービス　→訪問介護

ま 行

マズロー，A.　82
看取り　129, 131, 132
モニタリング　155, 226, 245, 246, 250
モニタリング面接　255
森幹郎　11, 62

や 行

夜間対応型訪問介護　158, 198
ヤング・オールド　2, 6, 242
有訴者率　13
有料老人ホーム　146, 196, 200, 211
ユニットケア　102, 105, 108, 109, 201
ユニバーサルデザイン　185
要介護高齢者　25, 29
　　——の増加　29
要介護者　152
要介護状態　152
要介護認定　25, 152, 153, 208
　　——の手順　152

要介護認定調査　151
要介護高齢者　11
要介護・要支援認定者数　29
養護老人ホーム　144, 145, 196, 200
要支援者　152, 189
要支援状態　152
要支援認定　151
余暇階級　21
予防給付　151, 155, 162, 215

ら 行

ライフサポートアドバイザー（LSA）　180
離床　108
リフト浴　→中間浴　92
利用契約制度　204
療養型通所介護　196
臨時行政調査会　53, 55
老化に起因する症状　14
老人医療費　169, 170
　　——の無料化　52, 55, 60
　　——の無料化の廃止　53, 61
老人介護支援センター　144
老人居宅介護等事業　144, 145
『老人生活研究』　91, 97
老人短期入所事業　145
老人短期入所施設　144
老人デイサービス事業　144, 145
老人デイサービスセンター　144, 195
老人病院　60, 61
老人福祉施設　144
老人福祉センター　144
老人福祉法　1, 8, 143, 201
　　——に基づく高齢者介護　70
　　——の基本理念　143, 144
　　——の制定　47, 48
　　——の措置　73
老人保健施設　61, 69, 84
老人保健制度　169
老人保健福祉計画　63, 65, 72
老人保健法制定　60
老老介護　35, 39, 71

執筆者紹介 (50音順)

永和　良之助（えいわ　よしのすけ）　…はじめに，第1～5章
1947年　生まれ
　　　　同志社大学大学院法学研究科修了。
　　　　特別養護老人ホーム，老人デイケア勤務を経て，
　　　　元佛教大学社会福祉学部教授。2014年逝去。
　　　　市民福祉オンブズマンやNPOによる福祉活動にも取り組み，社会福祉法人ともの家理事長や京都介護・福祉サービス第三者評価等支援機構会長をつとめる。
著　書　『私たちが考える老人ホーム──新たな老人福祉の創造』（編著）中央法規出版，1996年
　　　　『なぜ高齢者福祉は腐蝕するのか』創風社出版，1998年　など

坂本　勉（さかもと　つとむ）　…第6・9章
1963年　生まれ
　　　　佛教大学大学院社会学研究科社会福祉学専攻博士課程（前期課程）修了。
　　　　松下ボランティアクラブ，大阪府交野市保健福祉部，神戸医療福祉専門学校を経て，
現　在　佛教大学社会福祉学部准教授
　　　　京都府八幡市介護保険事業計画等策定委員会会長，同市地域包括支援センター運営協議会，地域密着型サービス運営協議会委員長などをつとめる。
著　書　『社会福祉原論』（共著）高菅出版，2002年
　　　　『現代地域福祉論』（共著）高菅出版，2006年　など

福富　昌城（ふくとみ　まさき）　…第7・8章
1963年　生まれ
　　　　同志社大学大学院文学研究科社会福祉学専攻博士課程（前期課程）修了。
　　　　（社福）聖徳園枚方ホームケアセンター，京都保育福祉専門学院，滋賀文化短期大学を経て，
現　在　花園大学社会福祉学部教授
　　　　ソーシャルワークやケアマネジメント実践の教育・研修，研究に携わる。㈳京都社会福祉士会会長，㈳京都府介護支援専門員会顧問などをつとめる。
著　書　『三訂介護支援専門員実務研修テキスト』（共著）長寿社会開発センター，2007年
　　　　『相談援助の理論と方法Ⅰ』『相談援助の理論と方法Ⅱ』（共編著）中央法規出版，2009年　など

高齢者福祉論

| 2009年10月20日 | 初版第1刷発行 | 〈検印省略〉 |
| 2015年9月20日 | 初版第3刷発行 | |

定価はカバーに
表示しています

	永和　良之助
著　者	坂本　　　勉
	福富　昌城
発行者	杉田　啓三
印刷者	中村　勝弘

発行所　株式会社　ミネルヴァ書房
607-8494 京都市山科区日ノ岡堤谷町1
電話(075)581-5191／振替01020-0-8076

© 永和良之助ほか, 2009　　中村印刷・藤沢製本

ISBN978-4-623-05553-1
Printed in Japan

ミネルヴァ書房編集部編
社会福祉小六法 [各年版]
四六判／本体1600円

野﨑和義監修／ミネルヴァ書房編集部編
ミネルヴァ社会福祉六法 [各年版]
四六判／本体2500円

ミネルヴァ書房編集部編
保育小六法 [各年版]
四六判／本体1600円

山縣文治・柏女霊峰編集委員代表
社会福祉用語辞典 [第9版]
四六判／本体2200円

「シリーズ・21世紀の社会福祉」編集委員会編
社会福祉基本用語集 [七訂版]
四六判／本体1600円

―――― ミネルヴァ書房 ――――
http://www.minervashobo.co.jp/